学校变革的思政力量

大思政育人实践与思考

刘秋燕 著

华南理工大学出版社
SOUTH CHINA UNIVERSITY OF TECHNOLOGY PRESS

·广州·

图书在版编目（CIP）数据

学校变革的思政力量：大思政育人实践与思考/刘秋燕著. -- 广州：华南理工大学出版社，2024.12. -- ISBN 978-7-5623-7915-7

Ⅰ.G631

中国国家版本馆 CIP 数据核字第 2024T3D962 号

Xuexiao biange De Sizheng Liliang—Dasizheng Yuren Shijian Yu Sikao
学校变革的思政力量——大思政育人实践与思考
刘秋燕　著

出 版 人：	房俊东
出版发行：	华南理工大学出版社
	（广州五山华南理工大学17号楼，邮编510640）
	http：//hg.cb.scut.edu.cn　E-mail：scutc13@scut.edu.cn
	营销部电话：020-87113487　87111048（传真）
策划编辑：	袁　泽
责任编辑：	刘　锋
责任校对：	盛美珍
印 刷 者：	广州小明数码印刷有限公司
开　　本：	787mm×960mm　1/16　印张：13.25　字数：262千
版　　次：	2024年12月第1版　印次：2024年12月第1次印刷
定　　价：	58.00元

版权所有　盗版必究　　印装差错　负责调换

内容简介

本书是一部深入探讨在新时代背景下，如何通过大思政育人和集团化办学的双重实践，将一所具有60多年办学历史的传统老校焕发生机和活力的典型著作。

本书以广东省东莞中学松山湖学校（集团）大朗中学（以下称"松湖朗中"）为例，从大思政视域下的"六位一体"育人理念出发，以立德树人为根本任务，将课程育人、文化育人、活动育人、实践育人、管理育人、协同育人有机地融为一体，很好地回应了中学生如何全面健康成长的时代命题，详细阐述了用大思政的力量变革一所学校、实现华丽蝶变的全过程。

同时，本书特别聚焦思政课堂建设和育人评价体系等方面，结合作者多年思政课一线教学经验，分享了大思政视域下如何从课堂模式、课堂语言、教学资源等方面着手，打造具有人文性的思政课堂。

本书展示了大思政育人理念在普通中学优化升级和思政课程建设中的重要作用和深远影响，为广大教育管理者和思政课教师提供了新的思路、方向和路径，可供借鉴和复制推广。

探寻大思政育人之光

（序）

在当今教育变革的浪潮中，思政教育的重要性愈发凸显，它承载着为党育人、为国育才的神圣使命，关乎着青少年的成长方向与民族的未来。如何让思政教育落地生根、开花结果，是每一位教育工作者都必须深入思考的问题。刘秋燕校长的这部《学校变革的思政力量——大思政育人实践与思考》专著，恰如一盏明灯，为我们照亮了大思政育人实践与探索之路，具有非凡的意义与价值。

刘秋燕校长深耕教育领域多年，兼具深厚的理论素养与丰富的实践经验。她不仅是一位优秀的教育管理者，更是思政教育的坚定践行者与研究者。她在学术上造诣颇高，发表众多论文、主持多项课题，还将理论与实践紧密结合，致力于推动学校的思政教育变革。在她的引领下，东莞中学松山湖学校（集团）大朗中学在大思政育人方面取得了显著成效，成为同行学习的典范。书中所呈现的大思政育人体系，是她多年心血的结晶，也是对新时代教育需求的精准回应。

本书以松湖朗中为例，从大思政视域下的"六位一体"育人理念出发，详细阐述了课程育人、文化育人、活动育人、实践育人、管理育人、协同育人如何有机融合，形成全方位、多层次的育人体系。这种体系的构建，紧扣立德树人的根本任务，以学生为中心，关注学生的全面健康成长，回应了时代对中学生培养的迫切需求。

在课程育人方面，松湖朗中的松朗课程建设令人瞩目。它以发展素质教育为导向，坚持"国家课程校本化，校本课程个性化"原则，充分挖掘地方特色教育资源，构建了丰富多元的课程体系。无论是"地方共建课程"展现的大朗非遗文化、地方毛织产业特色，还是"教师开发课程"基于教师特长与学生喜好开设的各类主题课程，都为学生提供了广阔的学习天地。同时，"一心三全"中学生发展指导系列课程更是一大亮点，围绕"生命教育"与"生涯教育"主题，通过全员、全程、全面的指导，为学生成长保驾护航，助力学生明确人生方向，提升综合素质。

文化育人板块同样精彩纷呈。松湖朗中依托集团优质文化母体，秉持"大气明朗 生命自觉"的办学理念，营造出浓郁的校园文化氛围。从别具一格的"朗娃"吉祥物诞生记，到"三礼四节，青春五月"系列校园文化活动，无一不彰显着学校对文化育人的深刻理解与精心雕琢。校园处处皆风景，一景一文化，这些文化元素不仅是校园的装饰，更是潜移默化影响学生思想与行为的精神滋养，让学生在美的熏陶中坚定文化自信,传承中华优秀传统文化。

活动育人与实践育人更是丰富多彩、形式多样。通过节庆纪念日、仪式教育活动、校园节(会)、团队活动以及各类主题实践、劳动实践、研学旅行、志愿服务等,为学生搭建起成长的舞台。学生们在参与中增强社会责任感、创新精神和实践能力,将理论知识与实际行动紧密结合,真正做到知行合一。

管理育人保障学校有序运行,协同育人整合各方力量。学校通过完善管理制度、加强师德师风建设等举措,将思想政治教育贯彻到学校管理细节;同时,积极构建社会共育机制,凝聚家庭、社会之力,共同为学生德育工作添砖加瓦。

尤为值得一提的是,书中对思政课堂建设和育人评价体系的深入剖析。刘秋燕校长结合自身一线教学经验,分享了打造具有人文性思政课的诸多策略,从创新课堂模式、锤炼课堂语言,到挖掘教学资源、优化教学评价,为思政课教师提供了极具操作性的方法借鉴,有助于切实提升思政课的教学质量与育人实效。

这部专著的意义不止于理论探讨,更在于为广大教育工作者提供了可复制、可推广的实践范本。它让我们深刻地认识到,思政教育绝非空洞说教,而是可以充满温度、富有活力的;它也让我们清晰地看到,大思政育人并非遥不可及的理想,而是能够落地生根、开花结果的行动指南。无论是学校管理者寻求教育变革的突破点,还是思政课教师追求课堂教学的卓越成效,抑或是教育研究者探索前沿教育理念的实践转化,都能从书中汲取智慧与力量。

相信这本书将为教育界同仁带来新的启发与思考,助力更多学校在大思政育人的道路上扬帆远航,为培养德智体美劳全面发展的社会主义建设者和接班人贡献力量。让我们翻开书页,共同探寻大思政育人之光。

是为序。

刘敬东

清华大学马克思主义学院教授,哲学博士,博士生导师

道义集天爵，菁华极人文
——浅谈思想政治课中的人文追求
（代自序）

何谓人文？《现代汉语词典》说人文是"人类社会各种文化现象"。教育家朱永新说："人文，一个是关心人，一个是关心文。关心人类命运，关心他人；关心人类文明，关心人类文化，加起来就是人文。"由此可见，人文追求的核心是以人为本，关注人性。《普通高中思想政治课程标准（实验）》中也明确提出，"重视高中学生在心理、智力、体能等方面的发展潜力，针对其思想活动的独立性、选择性、多变性、可塑性等特点，在尊重学生个性差异和各种生活关切的同时，恰当地采取释疑解惑、循循善诱的方式""立足于学生现实的生活经验，着眼于学生的发展需求""关注学生的情感、态度和行为表现""使学生在充满民主气息的教育过程中，提高主动学习和发展的能力""采用多种方式，全面反映学生思想政治素质的发展状况"。

这些理念的提出启示我们，思想政治课所要传授的不仅是知识和技能，更应该传递情感、态度和价值观。精神的培植与做人道理的启蒙比知识的传授更为重要，因为习得的知识可能转眼便成云烟，而课堂里获得的感动与人文关怀，会让学生铭记一生。所有的政治教师都应关注政治所蕴含的丰富的人文精神，在政治教学中贯彻新课程标准，培养学生的人文精神，引领和促进学生的精神发育，有效地唤醒学生人性中最宝贵的东西，使学生在学习过程中得到精神的升华和生命的启迪，从而完成健康的人格构建。这里，我想结合自己的教学实践，谈谈在思想政治课的教学方法、教学资源和教学评价中的人文追求。

蕴含人文思想的教学方法

"亲其师，信其言，乐其道。"蕴含人文思想的教学方法，必须体现主体与客体相互作用的教育学规律；体现当代社会更加注重人与人之间平等交往和对人尊严以及个体价值关切的现实；富含情感因素，符合高中生学习目的和动机尚不稳定的实际特点。重视教学方法的人文性，我主要做了以下实践：

走下讲台，打造民主的师生关系。居高临下的讲台代表着一种权威，暗含着师生关系的不平等，一定程度上疏远了师生关系。著名特级教师李烈说：

"走下讲台,到学生中去,老师站到学生中间,忘掉自己是老师,不是在寻找一种感觉,而完全是以一颗童心在心理上和学生相容,这是师生之间全方位的信任,是一种真正的师生情。"可见,走下讲台,教师与学生的空间距离缩小了,教师的活动范围增大了,师生交流量增多了,心理距离拉近了。教师在学生身边随心从容地来回走动,还能实时掌握并处理学生当下的情况,关注到每位学生对知识的掌握情况,及时把控教学进程,提高课堂学习效率。

愉悦教学,形成快乐的课堂氛围。孔子云:知之者不如好之者,好之者不如乐之者。一个充满人文追求的课堂必定是一个快乐的课堂,为此,我积极地进行了"愉悦教学"的尝试。所谓"愉悦教学",就是以人的全面发展理论为基础,以学生身心发展规律和学生自身发展需求为依据,从情感入手,促使学生主动发展的一种教学方法。在教学培养目标上,愉悦教学强调"在发展中求愉快,在愉快中求发展"。

例如,在讲授"价值观的导向作用"时,我首先提问:"在我们的学习和生活中,要经常做出许多决定。而有的时候会让我们犹豫不决,陷入两难的境地。"接着列举了下列情形,请学生做出决定,并说明理由:"你想高中毕业后再读大学深造,但你的家境极其困难,使你无法如愿。这时,你的一位亲戚愿意无偿资助你,但你有充足的理由证明他的钱来路不正。你还会接受他的资助吗?""你拾到一个内有2000元的钱包,当你交还给失主时,他拿出200元感谢你,你会接受吗?""在闲聊时,许多人说一个不在场同学的坏话,而且这些话是违背事实的。你与那同学并没有什么特殊的交情,你会站出来为他说几句公道话吗?""考场上,监考老师因事离开了考场,而你又有一道题解答不出来,你会作弊吗?"……这些富有趣味性的情境作业引发了学生的学习兴趣,他们进行了积极的思考和讨论,并形成了自己的观点。最后,老师进行总结:人的活动都是在一定思想意识的指导下进行的,其中最根本的是世界观、人生观和价值观。价值观就像一把尺、一杆秤,当你需要做出决定的时候,帮助你抉择。比如当遇到考场的问题时,你会把成绩和诚实量一量、称一称。如果你不具备诚实的价值观念,你就会选择作弊;如果你具有诚实的价值观念,你就会选择不作弊。

上述的案例,善于挖掘教材本身的情感因素,以此熏陶感染学生;选择的话题能马上引起学生的强烈兴趣,产生力量和智慧;不失时机地进一步引导学生质疑求索,努力让学生独立思考、充分讨论;最后,教师富有激情和理性的总结性语言,深深敲击着学生心灵,成为学生永驻心间的美好回忆。

合作学习，提升学习效率。美国科学家曾对人的大脑遗忘率进行了统计，结果发现各种学习方式的遗忘率分别为：阅读90%，听课80%，应用70%，看电影60%，看展览50%，讨论30%，讲话30%，自己动手做10%，研究性学习5%。由此看来，带着问题进行探究性学习能取得最大的学习效果。在政治课教学中，教师要考虑学生发展的多种需要，给学生足够的自主支配的时间和空间，鼓励学生用适合的方法展示成果，使不同层次的学生能从活动中、合作中、探究中获得收益。而小组合作学习的方式不失为一种好的选择，它遵循"组内异质，组间同质"的原则进行分组，小组按照任务确定组织者、记录员、操作员、汇报人等，教师依据教学内容设计合作学习问题和学习目标，通过小组讨论、成员发言、师生互动等形式，在民主氛围中共同磋商，各抒己见，相互学习，教师适当点拨，启发引导，让多方之间相互启发、相互补充，实现在思维智慧上的碰撞，从而产生新的思想，使原有的观念更加完善和科学，产生"1+1＞2"的效果。为了提高合作学习的有效性，鼓励学生多思考、多发言，在课堂的小组讨论中，我为每个小组准备了一本记录本，请小组长将本组的发言情况做好记录。根据每组发言人次的多少和发言质量，评选出最佳学习小组，并给最佳学习小组的每个成员奖励，例如优先挑选座位、平时成绩加分等，同时还与综合评定挂钩。经过1年多的试验，我所带班级的整体成绩有了明显提升，学风明显改善，取得了良好的效果。

培养人文素养的教学资源

课标指出，要重视在生活中认识社会。生活中从来就不缺乏教学资源，教师更应超越教材内容的局限，积极引导学生穿越生活资源聆听底层的声音，尤其是学会反思自己当下的处境是否公平合理、是否充满人道精神，怎样才会变得更好。当一个中学生自觉地关注个体在历史长河中的命运和遭遇时，他离一个人文主义者的距离就不远了。

链接时政资源，培养公民意识。政治学科的时政性要求教师善于捕捉社会热点问题，密切关注国内外重大事件，将时政热点整合到学科课程教学之中。一方面将社会热点融入教学情境，针对学生思维疑难点设计问题，能帮助学生培养理性分析社会问题的能力，形成正确的价值判断；另一方面，也能有利于引导学生关心国内外大事，提高学生的政治敏锐性，树立公民意识和社会责任感。

例如，在学习"中华民族精神"时，我播放了《雅安不哭》的视频，一幅幅灾区人民乐观积极的画面、一段段八方支援的鼓励文字……让学生充分感受到了"爱国主义、团结统一、自强不息"的中华民族精神,爱国情感油然而生。可见,选择有价值的时政热点,不仅有利于课本知识的顺利达成,更能带来受教育者情感态度和价值观的提升。

整合学科资源,扩宽知识视野。柏拉图在其巨著《理想国》中设想了层层筛选的教育制度、逐级而上的课程体系,其最终目的是要培养担负领导国家大任的哲学家,即"哲学王"。"哲学王"并非天赋的,而是经过长期的教育经历及思维的培养积淀而成的。"每门学科具有其独特的功能,凡有所学,皆会促成性格的发展"。它们在潜移默化中使我们的性格更饱满,使我们的思维更开阔,使我们的生活更有趣。在思想政治课中如果教师善于整合各学科资源,那么将有助于较好地达成教学目标。

美文是培养情感和人文素养的源泉。例如,在分析"事物是永恒发展"时,教师首先富有情感地朗诵了刘大白的《旧梦之群》:"少年是艺术的/一件一件地创作。壮年是工程的/一座一座地建筑;老年是历史的/一页一页地翻阅。"接着,教师对该诗进行了赏析:诗人用简洁利落的语言,把人生的三个阶段呈现在我们面前。少年时早立大志,自我设计,编织五彩梦幻,草绘人生蓝图;壮年时坚实施工,实现自我,用踏实勤恳的劳作,一砖一石地构筑起人生的亭台楼阁;老年时心绪宁静,回眸一生。我们确实无法知道生命何时走完,但这无关紧要,重要的是每个人怎么去书写自己的历史。这首小诗所蕴含的"事物是变化发展的""同一事物的矛盾在不同发展阶段各有不同的特点"等道理以及乐观向上、积极面对人生的态度不能不令人叹服。

挖掘地方资源,树立乡土情怀。每个地方都有独特而浓郁的地方特色资源。引入地方资源,有利于激发学生学习兴趣,活跃课堂气氛,增强教学有效性,落实课程标准的要求;有利于培养学生自主学习、主动探究的能力和创新思维,促进学生的包容性增长;更为重要的是激发学生爱国和爱乡情感,加深对祖国和家乡的了解。因此,课堂教学应该充分挖掘和利用本地区的乡土资源,为学生撷取"桂林之一枝,昆山之片玉",把具有浓郁地方特色的乡土资源补充到课堂教学中来,使学生窥斑见豹、尝脔知镬,领略乡土资源之美,体现课程资源的人文性。

例如,在学习"传统文化的继承"这一节时,我请学生分别就传统文化中的传统建筑、传统节日、传统文艺和传统思想进行小组学习,要求每个小组课前查找资料,针对其中一方面内容分别举例说明,其他成员补充。课堂上，学生们踊跃发言，列举了东莞可园、虎门炮台、七夕节、木鱼歌等极具地方特色的素材，并通过课件、视频、照片以及现场表演等方式来展示，让同学们有了更直观的感受，也激发了他们的学习兴趣，提高了教学的生动性和有效性。

彰显人文精神的教学评价

课标要求把形成性评价与终结性评价结合起来，采用开放的教学评价方式，强调"发展性评价"和"个性化评价"。为此，我们要改革传统的教学评价方式，彰显"以人为本"，促进学生人文精神的发展。

语言亲切，形式多样。书面试卷是教学评价的主要途径，要符合当代中学生喜欢形象、具体、生动、亲切的事物的心理特点，通过书面试卷的改革，让其富含人文因素，例如，试卷中多使用"你认为呢？""从上述材料中，你发现了什么？"等亲切自然的语言，有利于消除学生紧张心理而从容应答；还可以增加图表、漫画等形式，使材料更加直观，易于学生理解；同时，测试素材的选择尽量贴近现实生活，也能让学生感到亲近。

自选菜单，个性定制。在试卷中增加选做题，有助于满足学生个性需要。例如，我在平时课堂检测中经常采用"自选菜单"的方式，题目类型包括"牛刀小试""影视欣赏""漫画赏析""美文阅读"等，既充分考查了学生各方面的能力，又调动了学生的学习兴趣，收到了意想不到的效果。

关注过程，综合评定。学生是个有生命的、灵动的人，我们力求改变以书面测试为唯一依据的考核办法，创设了平时与期中、期末测试加权的综合评定法。具体操作是：平时表现（包括作业完成、课堂发言的数量质量等）占20%，期中测试占30%，期末测试占50%。这种方式，既关注平时的学习过程，对学生良好学习习惯和学习态度的养成起到了重要作用，又注重测试结果，对学生整学期的情况进行全面检测。

总之，人文素养是一个人素质的重要组成部分，人文精神的缺失必然会导致优良品质的丧失、国民素质的下降，我们决不能办没有灵魂的教育。在倡导"社会主义核心价值观"的当下，云水风度、松柏气节、丰神秀逸、风流俊赏，是一种难能可贵的品质，我辈"虽不能至，然心向往之"！让我们记住苏霍姆林斯基在《和青年校长的谈话》一书中的话——教育的艺术就在于，要让受教育者把他周围的东西加以"人化"，并从这些物品中感到人性的东西：人的智慧、才干和人对人的爱。

目 录

第一篇　绪论 …………………………………………………………… 1
　一、"大思政育人"研究缘起 …………………………………………… 1
　二、国内外关于"大思政"的研究 ……………………………………… 2
　三、核心概念界定 ……………………………………………………… 11
　四、"大思政育人"研究意义 …………………………………………… 17
　五、研究方法和研究手段 ……………………………………………… 19

第二篇　"六位一体"大思政育人体系 ……………………………… 20
　一、大思政视域下的课程育人 ………………………………………… 20
　　专论 2-1　"一心三全"中学生发展指导系列课程构建与思考 …… 22
　　专论 2-2　社会就是最广阔的课程资源——以社会实践活动为载体的
　　　　　　　校本课程实施策略 ……………………………………… 28
　二、大思政视域下的文化育人 ………………………………………… 34
　三、大思政视域下的活动育人 ………………………………………… 47
　　专论 2-3　喜看稻菽千重浪　倾听幼竹拔节声——东莞中学松山湖学校
　　　　　　　依托学生社团活动培养中学生社会主义核心价值观的实践与
　　　　　　　思考 ……………………………………………………… 50
　　专论 2-4　人人参与艺术节，人人享受艺术节——东莞中学松山湖学
　　　　　　　校艺术节管理案例 ……………………………………… 54
　四、大思政视域下的实践育人 ………………………………………… 61
　五、大思政视域下的管理育人 ………………………………………… 68
　　专论 2-5　以教育家精神引领新扩建学校教师队伍建设的实践探索 …… 71
　　专论 2-6　创新完善机制，集团办学显成效——东莞中学松山湖学校
　　　　　　　集团办学机制案例 ……………………………………… 76
　六、大思政视域下的协同育人 ………………………………………… 82

第三篇　"人文思政"思想政治课打造 ……………………………… 87
　一、实践教学 …………………………………………………………… 87
　　专论 3-1　思政小课堂和社会大课堂结合的实践策略 ……………… 91

专论 3-2　社会是最好的课堂 …………………………………………… 97
　二、人文课堂 ……………………………………………………………… 103
　　　专论 3-3　对思想品德教学中无痕德育的实践与思考 ……………… 107
　三、备课说课 ……………………………………………………………… 112
　四、课堂提问 ……………………………………………………………… 121
　五、课堂语言 ……………………………………………………………… 125
　六、课堂模式 ……………………………………………………………… 128
　七、微课制作 ……………………………………………………………… 141
　八、思政课核心素养 ……………………………………………………… 143

第四篇　思政育人特色评价体系建构 ……………………………………… 154
　一、个体评价：我的旅程——《青春履历》成长手册 ………………… 154
　二、群体评价：我们的故事——青春成长树 …………………………… 154
　三、增值性评价：成长的收获——青春奠基石 ………………………… 155
　四、结果性评价：大家的肯定——综合素质评定 ……………………… 155
　　　专论 4-1　朗生教育"自觉赋能"体系的多元化增值性教育评价的
　　　　　　　　实践研究 ……………………………………………………… 155
　　　专论 4-2　教学评一体化视域下的思政课教学实践研究 …………… 159

第五篇　社会反响 …………………………………………………………… 165
　一、激励与鞭策 …………………………………………………………… 165
　　　专论 5-1　重构生态的自然教育方案 ………………………………… 172
　二、来自媒体的系列报道 ………………………………………………… 181

参考文献 …………………………………………………………………… 193

后记 ………………………………………………………………………… 194

第一篇 绪 论

一、"大思政育人"研究缘起

习近平总书记指出,"要坚持把立德树人作为中心环节,把思想政治工作贯穿教育教学全过程,实现全程育人、全方位育人""要深化教育体制改革,健全立德树人落实机制"。因此,以"大思政"为抓手,落实"六位一体"育人机制,可以作为撬动"大思政"充分实现的支点,同时也是落实立德树人的运行方式。

1. 以"大思政"回应中学生成长的时代命题

"大思政"是指以构建全员、全程、全课程育人格局的形式,将各类教育教学活动与思想政治课同向同行,形成协同效应,实现立德树人这一教育根本任务的一种综合教育理念。树立"大思政育人"观,需要整合并有效运用组织资源、人力资源、文化资源等优势资源,结合学校所在区域的特色文化、优良传统等,对学校育人涉及的组织架构与管理体制、教师队伍、教育内容、思政教学与评价方式等各方面进行系统优化,将课程育人、文化育人、活动育人、实践育人、管理育人、协同育人切实落实到位。

从本质上来看,"大思政育人"是为了更好地落实立德树人根本任务而形成的育人新理念,塑造纵横联动、经纬成网的育人新格局。从横向来看,"大思政育人"强调充分利用和发挥各类主体、各门课程、各种资源的思想政治教育功能,加强对思想政治教育的工作形态、组织形态、课程形态的建设,推进"三全育人"。从纵向来看,"大思政育人"强调推进大中小思政课一体化建设,打破原有单一学段思政教育单打独斗状态,根据教育教学规律,实现学校系统内纵向贯通性教学,小学阶段注重道德启蒙,初中阶段注重知识传授,高中阶段注重提高政治站位,大学阶段注重增强使命担当,实现各学段思政课的衔接递进,推进思政课教学循序渐进、螺旋上升。

首先,破解困境亟须协同共育。要充分发挥教育行政部门、学校、家庭、社会各方力量开展思政教育,以学生发展和教育改革为目标和路径,来回应青少年成长的时代挑战。第二,育人育才需要责任担当。我国正处于转型阶段,从大向强的转变,不仅仅是文字上的变化,更是国家在政治、经济、文化教育等方面综合实力的提升,因此,为中华民族的伟大复兴培养大批优秀人才,是教育工作者的历史责任。最后,时代发展呼唤教育创新。现代思政课的教育主要是以理论知识为基础进行教育教学内容和教学设计的划定,但是"大思政"的教育观念更加注重的是教育本身的人文性和实践性,能够让学生在受教育过程中更加注重实践的行为和学生的思想意识。运用"大思政"的视域来开展中学生思想政治教育工作,既传承了中国优秀的传统思政教育理念,又适应新时代的发展及需求,利用多种资源对学生开展教育活动,可以很好地推动学生的全面成长。

因此,落实"大思政"育人机制,是破除教育困境的重大方略,有利于从指导思想、教师素质、课程改革、思政教学等多个方面落实立德树人的根本任务。习近平总书记关于教育的重要论述是将教育问题作为驱动,坚持辩证唯物主义的观点,将"大思政育人"体系构建作为解决现实问题的主要抓手,势必能从全局上推进立德树人,为社会、国家培养出经得住时代磨砺的人才。

2. 用"六位一体"破解"大思政"关键问题

第一,思想政治教育工作受到国际国内环境的影响巨大。复杂多变的国际形势为教育带来了重要风险,经济全球化、文化多样化引发价值冲突,信息化、数字化、虚拟化带来网络道德失范,社会结构转型和阶层分化诱发焦虑心理,等等。第二,道德缺失现象增加了思想政治教育的难度。社会上存在个体意识与自我中心倾向膨胀,较少考虑社会价值与共同理想,思想政治意识和社会责任担当略显薄弱,个体价值观与社会主义核心价值观偏离等现象。第三,当前思想政治教育工作还存在一些问题和短板,思想政治理论课与思想政治教育工作时有错位,教育功利化的思想对当前基础教育工作造成极大的冲击与影响。比如教育评价以"分数为中心",忽视学生创新能力、合作能力以及实践能力等综合素质的评价,学校、家庭、社会对学生的影响不一致,难以起到共同育人的作用。

2016年,习近平总书记提出要把思想政治工作贯穿教育教学全过程,实现全程育人、全方位育人,正式确立了在我国实施"大思政"的工作格局和战略定位。如此,"六位一体"育人体系的建设以"大思政"思想作为总指导和总遵循,为认真贯彻"大思政"和破解"大思政"关键问题提供现实可行性。

二、国内外关于"大思政"的研究

(一)国内关于"大思政"的研究

国内学术界对"大思政"理念的研究源于2006年,尤其是党的十八大之后,研究成果呈迅猛发展态势。这些研究成果既包括对"大思政"的专题研究,也包括从"大思政"的视角出发对中学思想政治工作的某一方面进行的研究。

1. 关于"大思政"内涵意蕴的研究

"大思政"是一个系统概念,学术界对于何为"大思政"无一个统一、一致的界定,但大多从教育观、工作格局这两方面进行解读,同时对它演进过程和特征做了探讨。比较具有代表性的观点有:

王国炎、陈爱生认为,"大思政"是一种教育观,指从全局上加强大学生思想政治教育的总的看法,"以人为本、尊重人的发展"是它的哲学基础,"育人为本、德育为先"是它的工作理念,"全员育人、全过程育人、全方位育人"是它的方法论。[1]

储德峰指出,人员参与的广泛性、时空利用的广延性、内容体系的针对性和开放性以及平台利用的虚拟现实互补性是"大思政"教育模式的基本特征。[2]

冯刚指出,"大思政"是我们思想政治工作大格局打通后的形象说法,既包括思政课堂育人功能的延伸,还包括教育影响……因此,外延包括日常思想政治教育、学生工作系统,结合学生成长发展的班级建设、社会实践、党团组织、文化建设等方面,还有专业课教师的做人、做事、做学问的工作作风和人格魅力,也是"大思政课"组成的重要部分。[3]

李雪荣指出,所谓大思政,旨在进行思想政治教育的时候不局限于校内开设的思政专业课程知识,而是将教学贯穿于各个学科教学当中,横向拓宽思想政治教学。[4]

2. 关于"大思政"构建问题的研究

"大思政"格局在实际的运行过程中,会遇到一定的困难和阻碍。

蓝波涛和覃杨杨指出,大思政课协同育人中存在主体尚未广泛调动、资源尚未有效挖掘整合和机制尚未普遍建立等三大突出问题。[5]

潘玉昆指出,新形势下大思政体系的建设中存在的问题表现在学科定位模糊不明、功能定位泛化不清和系统化建设思维缺乏这三个方面。针对这三方面的不足,他还提出了专业化、体系化、立体化、规律化和创新化五大优化措施。[6]

王加昌和郭非凡则认为,"大思政"现实路径的困境主要在于教育的功利化、思想政治理论课教学的低效率、缺乏科学的评价体系,为此,要遵循思想政治教育的实践逻辑,才有可能达到"大思政"的理想境界。[7]

3. 关于"大思政"构建路径的研究

如何构建"大思政"工作体系,这是当前学术界研究的重点问题。学者们一般从价值理念、工作队伍、运行机制、载体创新等方面着手来探讨"大思政"实现的路径。

朱静静和张帅在大思政背景下,提出培养有意识、有情怀、有理论、有资源、有能力的"五有"育人队伍建设目标,旨在探索基于此目标开展党建育人工作的新路径。[8]

余晨基于思政教育资源整合存在的突出问题，提出优化策略，即增加热度，调动主体的能动性；拓宽广度，扩大整合的覆盖面；挖掘深度，丰富大资源内涵；确保准度，建立资源整合机制。[9]

蓝波涛和覃杨杨提出，办好思政课是全社会的共同责任，构建大思政课协同育人格局，需要广泛调动大思政课协同育人主体，有效挖掘整合大思政课协同育人资源，普遍确立大思政课协同育人机制。[5]

不同于上，孙红霞和刘昌荣提出，将思想政治教育融入课程教学和德育活动的各个环节、各个方面，包括挖掘育人素材，提炼思政精品课程资源；倡导案例教学，化解思政课程设计难点；多种途径并举，开发主题式融合课程；创新评价方式，提升思政育人实效，进而推进全课程同向而行，为学生成才筑牢思想根基。[10]

4. 以"大思政"为视角展开的其他相关研究

除上述关于"大思政"的一般研究外，学术界很多都以"大思政"为视角对中学思想政治工作的某一方面进行个案研究。

例如焦光源研究了"大思政课"资源平台建设，提出构建内涵式资源平台。[11]肖香龙和朱珠在"大思政"格局下思考课程思政的有关改革与实践。[12]唐翠萍、张剑和骆晶晶介绍了首都师范大学附属苹果园教育集团从横向协同和纵向衔接两个维度构建幼小初高"1+2+N""大思政"课程体系。[13]林琼宇以广州七十五中学思政特色课程为例，在校本特色课程开展"大思政课"的课程设计、实践运作，能推动思政教育整体结构的再造与优化，将铸魂育人理念和要求落细落实。[14]

这些研究都进一步加深了我们对"大思政"的理解与认识，有助于中学思想政治工作的发展。

（二）国外关于"大思政"的研究与实践

"大思政"是中国特色社会主义学校所特有的一种育人模式，迄今为止，国外没有明确的思想政治教育的概念和关于"大思政课"的提法，但与之相近的是，国外非常重视公民的道德教育，并且关注学生在社会实践中形成的思想和价值观的变化，有些国家在学校中还单独设置了德育课程来增强学生的思想和道德素质，通过思想引导和实践锻炼来培养人才。

同时，国外有许多课程的教育目标和教育任务等同于我国思政课的教育目标和教育任务，比如美国的公民学、日本的道德教育学、德国的公民教育学、韩国的公民课、新加坡的好公民课，等等，他们虽然没有使用"思想政治教育"这个统一名称，但都有实质性的思想政治教育内容。

"大思政"关注学生成长发展、坚持理论联系实际，其建设要求思政课改革创新坚持实践导向,用好社会大课堂资源,所以对国外一些国家的道德教育理论与实践育人模式的相关研究进行梳理,能够对我国大中小学校如何做好德育工作、推动思政课改革创新都将产生有益思考。

1. 关于道德教育的研究

德育是欧美国家教育史上永久的研究课题,从人的全面发展角度出发,以树人为目标,这是世界上所有的国家和民族的共识。鲁洁教授对于道德教育的当代论域中所提出的观点与德育工作的立意是一样的,不会因为文化和国情的差异而改变。[15]所有的德育都是基于对人的主张,在这个基础上,杜威主张学生的道德体验[16]。以柯尔伯格为代表的教育家们都强调要追求个性的发展。德国教育学家赫尔巴特认为,教育最终都要围绕如何培养人这一根本问题,而道德教育是最根本的,教育的全部目的和最高目标就是培养一个道德人。赫尔巴特认为,教师对学生的影响是一种自然的过程,学生经过学习和思考,会将周围发生的事情自然内化为一种内心的力量,从而对学生的自我意识产生影响。美国的班杜拉认为,个人参与社会生活,可以从中接触到很多榜样模范,可以影响个体的行为,教育者需要充分运用榜样示范的影响,使学生更多地接触和学习优秀的榜样,减少接触负面榜样。对于苏联教育家苏霍姆林斯基来说,青少年的德育教育往往会被上升到国家民族和英雄主义的高度,所以无形中会影响青少年自我的实现,而他提出的另外一个观点即是欣赏教育会使青少年在潜移默化中得到教育熏陶。

从国外的文献来看,国外的道德教育实际上不是青年学生的专属,而是一种认知哲学,让公民能够认知到活着的意义、信仰的意义,认知到快乐的重要性,所以国外的中学德育也被叫作公民教育或者政治社会化。而对青少年实施道德教育是公民教育的一部分,很显然与我国的中学生德育相比,存在着主线不同和手段差异,我国的中学生德育是要培养合格的社会主义事业的接班人,这是主线。而手段或工具中既有传统文化的儒家思想,也有现代教育的理念。而国外公民教育课程体系非常发达,这些课程在英、美、法、德等国家得到广泛的应用,而日本、瑞士等国家也同样吸取了公民教育课程的精华,并结合本国的实际进行了优化。

国外的中学德育课程设置和我国的课程设置的内容有所不同,国外主要是基于法制教育、爱国主义教育、价值观教育的主线,副线一般是健全人格教育等内容。而我国主要是在思政教育的主线下进行德育化教育,从党的十八大以来确立的"立德树人"的标杆,可以说作用非常显著,几年来全国对于立德树人的研究方兴未艾,从课程开发、主题班会到校园文化,研究的领域和范围都达到了空前的程度。

各个国家关于公民道德教育的课程基本是双线展开,分别是基本道德规范和道德准则,但更加注重在日常生活中以及与其他学科的交融设计里对儿童少年进行道德品行教育。关于"德育",虽然每个国家的叫法和实践形式各不相同,但绝不缺乏共同之处,那就是单纯的课堂书本知识已不能满足日益增长的师生教学需求,都已普遍转向现实生活与日常场景中的道德认同与生活体验,而且各国也都从注重理论的论证,逐步转向对社会生产、生活、活动与实践的关注,更加注重培养学生应对生活中遇到的现实问题的技能,培养他们面对社会时的道德准则、思维判断与应对能力。不过,由于部分国家的宗教道德价值观、旧有道德观念、道德规范不明晰,甚至受限于宗教教条主义等原因,国外中学德育也会遭遇德育过程中的困境和新发的问题,目前国外学者也在不断地研究。

2. 关于思政课的研究

国外没有专设思政课课程,但是有类似的课程,如伦理学、公民教育学等,在具体的教育教学过程中把公民教育引入相应的课程之中,希望借此课程培养本国公民形成合乎本国要求的公民道德。

韩国的道德教育,由于历史的原因,深受中国儒家思想文化的影响,十分重视民众的道德教化和学生的伦理道德教育,它的思想政治教育包括爱国主义教育、国民精神教育、儒家伦理思想教育、传统道德教育等内容,其实施途径更加注重社会、政府、学校、家庭的相互配合。韩国政府非常重视文化基金设立的很多非正式教育组织,并将它们作为学生道德教育的重要途径。韩国政府重视道德理论教育与社会实践相结合,将道德教育社会化作为学生道德教育的重要途径。

日本的思想政治教育具有明确的指向性。为了加强学生的思想政治教育,日本在出台相关方针政策的同时,还建立了从国家到地方的一整套管理制度,包括各种社团机构、研究机构和文部省对教科书的统一审定,特别是通过文部省对教科书的统一审定,制定了统一的国家和民族价值观,促进学生道德教育系统发展。日本不仅重视学校教育在道德教育中的作用,而且更注重家校共育在学生道德教育中的作用,注重社会、政府、学校、家长在学生道德教育中的协同和互相配合。

新加坡在建国初期将公民道德教育作为国家教育政策的基础,从小学到大学都设立专门的道德教育课程,其道德教育是全世界思想道德教育的范例。在思想政治教育实施路径上主要采取"三兼顾""五强调""六顺""七结合"的方法,即"个人、社会、国家兼顾,法育与人情味兼施,理想与现实兼行";"强调国情,强调国家利益,强调新加坡特色,强调内容形式应符合时代要求,强调寓教育于故事之中";"顺情、顺理、顺性、顺势、顺利、顺真";"学校与家庭、社会相结合,德育与生活相结合,正面教育与反面教育相结合,共性教育与特殊教育相结合,无形教育与有形教育相结合,大节教育与小节教育相结合,物质奖励与荣誉感教育相结合"。新加坡在学校思想道德教育中,采用"教育为了生活"方案,帮助学生理解国家建设的目的和重要性,引导学生从认识人与社会之间的关系出发，进而认识社会和世界之间的关系。[17]

由于政治社会化的原因，美国思想政治教育包括宗教教育、思想教育、道德教育、政治教育等广泛的内容。美国的思想政治教育措施随着社会的发展而不断变化，主要有：第一，以法律形式明确规定每所学校都开设道德课程和历史课程，小学通过讲故事和伟人轶事，重在培养学生"知事"能力；中学通过系统讲解历史事件，重在培养"明理"能力；不同专业的大学生必修历史课程，类似于中国学生必修思政课一样，侧重把历史事件的讲解上升到理论高度，重在培养学生"求道"能力。学生道德教育的主要课程有公民课、人文课等，通过这些课程的学习来培养"好公民"。第二，思政教育在强调理论性的同时，更加注重社会实践在思想政治教育中的作用。美国学校通过课外活动、社团活动、演讲比赛等活动来培养学生的社会生存能力和为人服务精神。美国思想政治教育社会化不仅仅通过学校，美国国会、政党、教会、家庭、企业、社区等都肩负道德教育的责任。社会化教育的一系列途径增强了美国的意识形态教育。第三，学校运用多种形式进行思想政治方面的教育：首先是价值澄清法，让学生针对某一问题提出自己的观点和见解，让学生在各种价值思潮中进行分析和批判，进行反思和选择，以形成主流和正确的价值体系。其次是道德认知发展法，给学生提供生活中典型的道德两难问题，让学生在两难问题中进行思考、判断和选择，以此了解学生的道德发展阶段，并在老师系统的讲解中提高学生的道德发展水平。最后是道德和历史教育社会化，美国为了推动道德和历史教育社会化、通俗化、政治化，通过创办各种通俗杂志，编写历史传记、历史小说，拍摄电影、电视、纪录片等，以及创立群众性全国历史日和编写地方史、企业史等各种形式来实现其目标。另外，宗教教育在美国思想政治教育和道德教育中起着非常重要的作用，许多美国人的世界观、人生观和价值观的形成均来自于宗教（主要是基督教）。

加拿大的思想政治理论课教学坚持显性教育与隐性教育相结合的方式，一方面通过政治教育、道德教育、法制教育和公民教育等课程向在校学生系统地传授加拿大的主流价值观、政治体制与道德要求，并将思想政治教育的理论性与实践性相结合，在实践中感悟真理的力量。另一方面，加拿大将思想政治教育资源、文化精髓、民族精神和政治理念渗透到其他人文社会科学课程中，让学生在学习其他人文社会科学知识的同时，体会到加拿大文化的多样性和社会制度的优越性。加拿大的学校对思政课课程都实行完全学分制，学生入学后根据自己的兴趣爱好和实际情况选择适合自己的思政课程，例如哲学、历史学、宗教学等，在上课的过程中采用小组合作学习和启发式教学，培养学生的合作意识、创新精神和主动思维能力，而且通过课内和课外实践，将思政小课堂融入社会大课堂，通过实践来检验思政课的教学效果，让课程内容融入到各项活动之中。此外，学校还通过社团活动、志愿者服务活动和心理辅导机构来促进思政课效用的发挥，让大学生在课堂上接受系统的理论教育，在实践中感受思政课的魅力。

英国中小学的思政课核心主题包括心理健康、人际关系、公民教育、人生规划、经济常识，等等。英国学校根据国家课程目标、学生的需要、社会对道德的要求，开设了公民教育课程、宗教教育课程、伦理道德课程、心理健康教育课程等，主要进行公民素质、公民政治观、宗教信仰、宗教道德、社会伦理道德、个人健康、职业伦理道德等方面的教育。英国的思政课除了注重学生在学校系统的理论学习之外，更注重在其他科目中和生活实践中验证思政的真理性等。例如，在其他专业课程中进行思政课的渗透、组织学习小组进行课外讨论、开办各类学术研讨会、邀请各行业成功人士作学术讲座，以及开展宗教活动、社会服务活动、心理咨询等。

法国学校开设了公民教育课，学校根据自己的教学任务和学生特点，设置了相关的课程，学校所设置的相关思政课的科目包括：经济知识教育、社会问题教育等国计民生教育，政治思想教育、政治制度教育、宪法和法律教育等政治教育，人文素质教育、历史知识教育等人文历史教育，爱国主义教育、社会责任教育、道德品质教育等品德教育，心理体验、心理帮助等心理健康教育。在思政课课程实施方面坚持理论性与实践性相统一，在课堂上主要通过小组讨论、课堂灌输等形式获得系统的理论知识，在实践方面主要通过实习、社会实践、社区服务、学校社团活动、网络及传统媒体等课外活动形式来验证思政理论的真理性。

思想政治教育在德国有着悠久的历史，德国思想政治教育不仅局限在学校，更是通过传媒渗透到社会生活的各个方面；思想政治教育内容非常广泛，主要涉及政治教育、法制教育、道德教育、历史教育、民族精神教育、生态文明教育以及以个人主义为核心的思想教育，主要通过学校的哲学、宗教学、历史学、教育学、心理学、伦理学等课程来加强学生的道德教育，这种系统的理论教育是德国开展思政课教育的重要方式。同时，德国学校还建立大量的心理辅导机构，帮助学生形成健康的心理、养成健全的人格和培养正确的三观。

思政课作为教育内容的一部分，都服务于一定社会的政治和经济。不同时代的俄罗斯思政课具有不同的时代指向性和不同的阶级性。在苏联时期，思政课的课程主要包括公民教育课程、历史课程、国情课程、修养课程、环境课程等。苏联解体后，俄罗斯十分注重思想政治教育课的教学，思想政治教育内容主要涉及爱国主义教育、政治经济教育、道德教育、法治教育、生态伦理教育、心理健康教育等各方面，重点强调爱国主义教育；在教学方法方面，强调学生之间的合作学习和相互探究，强调运用相关学科知识进行思政课程内容的传授，善于借鉴哲学、教育学、心理学和宗教学等学科进行思政课教学方法的研究；在实施方面，坚持思政课的理论性与实践性相统一的原则，在进行理论学习的同时，通过课题设置活动、网上教育、社会教育工作、学校民主生活会等课内外活动，将所学习的理论付诸实践，加深对所学知识的认识。

虽然各国在思政课教学内容和思政课开展的具体形式上有所差别，但是它们存在着很多共同点：第一，在进行思政课堂教学这一显性教育的同时，注重在其他课程教学中渗透思想政治教育理念，更加注重隐性教育，更加注重全方位育人；第二，坚持政治性与学理性相结合，以透彻的学理分析回应学生，让学生感受到真理强大力量的同时，更加注重对学生政治性的引导；第三，国家和政府对思想政治教育工作高度重视，各级政府把思政课建设摆上重要议程，在社会环境、队伍建设、支持保障等方面采取有力措施；第四，更加注重校内外实践活动，实践是认识的来源、动力、目的，理论的真理性更应该到实践中进行检验。这些具体措施和实施路径可以为我们借鉴和利用。

3. 关于育人方式的研究

首先是课程育人和文化育人。国外中学德育的方式可以按照显性课堂教学和隐性教育两个大方面进行分类。从课堂教学方面来看，国外有开设"德育"课程、"法制"教育课程和实践教学课程或通识类课程来教授学生理论知识和社会实践技能，同时还有许多国家通过学校的心理咨询机构帮助学生形成健康的心理、提高学生心理素质。从隐性教育来看，国外德育理念的渗透往往是把理念融入民族文化产品、校园文化、城市文化建设或宗教文化当中，非常注重文化环境的建设和氛围的营造，同时，不同国家在课程设置与教学内容上也都体现着各自的特点。

其次在实践育人方面。国外除了非常注重公民教育以外，还十分重视在实践活动中挖掘和探索丰富的教育资源。国外关于实践教育的研究比较早，并且取得了丰硕的研究成果，很多科学经验值得借鉴和学习，这些都为我国研究思政课的实践教学提供了丰富的经验。

一些国家通过这些课程将思想理念和道德观念传送给学生，同时，对实践教学的重视程度也较高。部分西方国家的公民道德教育思想，无论是在实践上还是理论上，都有一些经验值得我们去学习和借鉴。比如，卢梭强调教育的重要作用在于充分给予教育对象独立发挥的空间，不断提高教育对象在实践教学中积极发现和解决问题的能力，教育的目的不是在于告诉学生一个真理或道理，而是在于教学生如何从实践中发现真理或道理。[18]德国教育家凯兴斯泰纳提出公民教育和劳作学校的主张，他认为劳作学校是一种最理想的学校组织形式，其基本精神是让学生在自发的创造性的劳动活动中得到性格的陶冶。[19]美国哲学家杜威提出了"教育即生活"这一著名的教育理论，强调在生活中学习道德，"从做中学"，从行为中加深道德体验，达到知行统一的目的，更好地提高德育水平。[20]美国德育学家纽曼提出社会行动法，认为德育的重中之重是提高学生影响社会外在环境的能力，除了要学习学科课程，还要在社会生活中注重实际参与活动，提高社会参与能力。

4. 国外研究现状述评

综合一些国家的研究和实践来看，国外十分重视道德教育和实践育人，虽然没有统一的课程名称，但各个国家都有设置德育的课程或专门的活动，或利用各种场馆、广场等场所形成隐性德育的联合体，并且重视突出本国或本民族特色。国外德育理论的研究涉及学生成长发展的各个方面，主要关注学生良好品德的形成和实践能力的锻炼，很多国家在实践育人方面有着较为相似的特点，即重视学校所学知识与社会实践的结合，强调实践教育、社会服务和整体文化环境的构建。各个国家根据本国的历史文化传统和现实社会情况，设置相应的课程对学生进行教育，同时重视培养学生参与社会实践的意识与能力，帮助学生形成健全的人格，提升学生的综合素质。

国外实践育人的理念以及鼓励学生实践锻炼的做法，为我国的中学生思想政治教育工作提供了宝贵的理论指导，对提高中学生思想政治教育的实效性具有非常重要的意义。

（三）文献述评

国内对"大思政"相关内容都进行了大量的探索与研究，并且取得了不错的成绩。一是对"大思政"的相关概念与特征有了全面科学的界定；二是对当前思政课教学现状及存在的问题和原因也有了较为全面的理论研究；三是对"大思政"视域下中学"六位一体"育人的实施路径有了明确的方向。

国外尚未有"思政课"这一课程设置，但相关的教育教学研究成果显著、理论性较高且影响力广泛，尤其是国外进行的公民教育、道德教育，与我国的思想政治教育存在着较高的一致性。但在文献的整理与分析中，也发现现有文献中仍然存在研究的盲点和空缺，研究有进一步加强与深入的必要性。

一是研究角度还需扩展，尤其是需强化跨学科的分析，可以帮助我们从多个角度看待问题、分析问题、解决问题，避免研究的单一化和机械化。二是现有研究在分析问题的同时，缺乏对"整体育人"的总体设计。研究"大思政"建设方面还不够系统，研究广度和深度还不够，目前主要集中在对思政课教学的改革和创新，在"大思政"的"大"上，还需要从更广阔的方面去进行理论研究和实践探索。从整个时代背景来看，思政课应该与时俱进，并且全员参与，资源也应该全面应用在其中，真正实现"大思政课"的"大"之所在。三是学理性和说服性有待进一步加强。目前仅仅将思政理论课、党课、德育课、班会课等理解为"大思政课"，忽略了各种丰富多样的思想政治教育活动的功能作用，在概念上造成混淆和错用。

三、核心概念界定

本书主要探究大思政育人的实践与思考，因此，"大思政""六位一体育人体系"等为议论关键词，特加以界定。

（一）"大思政"的概念

1. "大思政"的提出

思想政治教育是通过学习马克思主义理论，引领学生认识国情，了解世情、党情，培育社会主义事业建设者和接班人，培育担当实现民族复兴大任生力军的重要教育工作。进入新时代后，对思政课的建设提出了更新更高的要求。

2016年，习近平总书记在全国高校思想政治工作会议上指出，要坚持把思想政治教育工作贯穿到教育教学的全过程中去，实现全程育人、全方位育人。[21]这一理念的提出，对各学段的思想政治教育都确立了关于"大思政"战略目标定位及新的教育教学理念。为了响应中央指示，各地各校纷纷顺应形势，主动探索怎样有效整合思想政治教育资源，以此来实现思想政治教育的目的，"大思政"观也由此逐渐形成。

2019年，习近平总书记主持召开学校思想政治理论课教师座谈会，并指出，"思想政治理论课是落实立德树人根本任务的关键课程"。自此，思政课在党中央治国理政战略全局中的地位日益凸显，其发展环境和整体生态发生根本性转变。

2021年3月6日，习近平总书记在两会期间看望参加全国政协会议的医药卫生界教育界委员时，提出"大思政课"的概念，强调"'大思政课'我们要善用之"，一定要跟现实结合起来，"思政课不仅应该在课堂上讲，也应该在社会生活中来讲。"[22]

2022年，教育部等十部门印发《全面推进"大思政课"建设的工作方案》，提出要开门办思政课，要充分调动社会各方力量，要善用"大思政课"。以习近平同志为核心的党中央从提纲挈领的高度来把握思政课改革的新方向，作出了关于"大思政"的重要指示。

"大思政"的提出，是对新时代思想政治教育工作的新要求和新期待，旨在进一步强化思想政治教育的系统性和实效性，旨在培养德智体美劳全面发展的社会主义建设者和接班人。

2. "大思政"的本质

"大思政"的概念既具有思政课的本质属性与核心意义，也在一定程度上跳出了大思政课的概念，紧扣时代脉搏，运用不同的话语形态，汇聚不同话题，从不同维度引导大家坚持正确的政治方向，树立正确的世界观、价值观、人生观，甚至在做人、做事的道理方面有较好的指导意义。由此可见，一个社会要健全发展，不能缺"大思政"。"大思政"是完善"三全育人"体制机制、构建"五育并举"育人体系的理论创新与实践路径，是全时段、全方位、全员的教育，达到时时、处处、人人育人，是立足"两个大局"、立足新时代新征程对思想政治教育内容形式的丰富与拓展，对维护主流意识形态、凝聚社会共识、团结社会各方力量、促进国家长治久安与社会稳定发展具有重大意义。

党的二十大报告回答了"三大时代课题"，即"新时代坚持和发展什么样的中国特色社会主义、怎样坚持和发展中国特色社会主义，建设什么样的社会主义现代化强国、怎样建设社会主义现代化强国，建设什么样的长期执政的马克思主义政党、怎样建设长期执政的马克思主义政党"。这是"大思政"的根本遵循。

"大思政"是指学校整合并有效运用全校学生思想政治教育优势的各种资源，通过工作组织架构与管理体制、教师队伍、教育内容、课程教学与评价方式等方面的整体改革与系统优化，达到思想政治教育的最大合力、最大作用力，构建全员育人（指所有教职员工都负有育人职责）、全程育人（指在人才培养的各个环节都担负着育人的任务）、全方位育人（指充分利用和发挥校内外、课内外、网络内外的各种资源育人）体系，全面落实立德树人根本任务，从而提升思想政治教育的实际效果，构建起多元、多维、协同、系统的思想政治教育育人体系。由此可见，"大思政"的特点在于"大"，即社会各方面、学校各方面积极参与；其核心在于"合"，即发挥各方面思想政治教育的最大力量，形成合力。

（1）构建大格局

习近平总书记指出，思政课不仅应该在课堂上讲，也应该在社会生活中来讲，这一指示的提出背景是在世界百年未有之大变局、"两个一百年"奋斗目标历史交汇期。[22]"大思政"的提出，首先指明了讲思政课要立足于中华民族伟大复兴战略全局和世界百年未有之大变局的宏大时代。因而，"大思政"之"大"在于其培根铸魂的大格局。

（2）拓展大场域

"大思政"要始终坚持开门上课，要求将"思政小课堂"拓展到"社会大课堂"中，将育人场域由课堂拓展到社会生活中，构建"社会即课堂"的育人场景，走进社会大课堂开展实践教学活动，引导学生由理论走向现实、由课堂走向生活，通过理论与实践相结合，引领学生在丰富多彩的社会生活中领悟我们党带领人民取得革命、改革、建设成功的实践伟力，培养学生明辨是非的能力，增强学生对中国特色社会主义制度的认同，增强走中国特色社会主义道路的自信，凝聚实现中华民族伟大复兴的强大力量。

(3) 开阔大视野

"大思政"之"大"还在于其贯通古今中外的大视野，具体包括历史视野、知识视野、实践视野、国际视野。既要理直气壮讲好历史故事，也要底气十足讲好当今故事；既注重"思政小课堂"理论学习，又注重"社会大课堂"切身实践；既注重讲好中国特色社会主义战略全局下的使命担当，又注重讲清世界百年未有之大变局中的机遇与挑战。通过大历史的视角，向学生讲清5000多年的中华文明史、100多年的中国共产党奋斗史、70多年的中华人民共和国发展史、40多年的改革开放史以及新时代中国特色社会主义建设取得的重大胜利和伟大成就，进而引导学生增强做中国人的志气、骨气和底气。可见，"大思政"的大视野讲的是当下、传承的是根脉、面向的是未来。

(4) 调动大资源

思政课应该是有生命的，丰富生动鲜活的资源是讲好思政课的重要保障。思政课是做"人"的工作，要有生命力、有温度，有温度的课堂才能有感染力、吸引力，才能吸引学生、打动学生，引起学生的情感共鸣。"大思政课"诠释鲜活实践、展现出生动多样的社会现实，蕴含着讲好思政课的大资源。将思政课堂同社会相衔接，将生动的现实作为鲜活素材融入思政课教育教学中并转化为教育教学的素材，赋予思政课活力、生命力，以提升思政课的感染力、影响力。

(5) 培育大情怀

"大思政课"之大还在于其强调历史与现实相统一的情怀之大。"大思政"展现出中国共产党人勇担时代发展使命，英勇奋斗、自强不息的家国情怀。"大思政"展现的大情怀要求思政课教学要透过5000多年中华文明史、500多年世界社会主义发展史、近代以来170多年斗争史、中华人民共和国70多年发展史、改革开放40多年实践史以及新时代中国特色社会主义取得的历史性成就和发生的历史性变革，引领青年学生感悟一代代革命者和建设者深厚的家国情怀、人民情怀、奋斗情怀、担当情怀，从历史发展中汲取前进的力量。

(6) 贯穿各学科

"大思政"要求思政教育教学过程中具有很强的开放性，将思政教育从思政课本上的基础理论知识教育扩展到各个学科当中，使各学科思政育人功能发挥出来，横向拓宽思想政治教学，扩展思政教育领域，快速建立起大思政视域下的思想政治教育体系。

(7) 体现全方位

"大思政"将传统的思政课堂教育作为教学基础，拓宽其教学空间，将课堂教学拓展到社会，与社会教育相连接，把思想政治课渗透到广大学生日常生活与社会实践中,在日常生活与社会实践的学习中深入地开展思政教育,实现全方位的思政教育。

学校进行教育的载体是课堂教学和课外活动,以图书馆、教室、操场等作为教学场所,校园文化、规章制度、办学理念等都承载着思想政治教育的功能,可谓是思政教育贯穿校园,这就是"大思政"理念中"大"的体现。可见,"大思政"视域下的学生思想政治教育,不局限在思政课堂教学中,其分布于校园生活的每一处,并且由显性教育和隐性教育组合而成。"大思政"视域下的思政教育要拓宽教育视野,丰富教学手段。而校园生活、校园氛围、校园文化和各种校园活动都是隐性教育的组成部分,它们对学生的影响都是举足轻重的。

3. "大思政"的特征

"大思政"有着其独特的优势,主要体现出以下几个特征。

(1) 全员参与性

"大思政"更新了狭义的育人观,构建了广义的育人观。而广义的育人观的一个显著特征是全员参与性。进入新时代,学生日常思想政治教育面临着新形势、新情况、新问题,这些都迫切需要学校思想政治工作探索新的工作机制,转变观念。广义的思想政治教育,把思想政治教育的范畴从常规的管理,拓宽到教育教学、人才培养、后勤服务、安全保卫等各个方面,这就意味着学生思想政治工作应该是学校各个部门、全体教职员工的事情,即是全员参与的工作。

"大思政"倡导全员育人,也就是将广大教职工都动员起来,强调每一个人的育人责任和使命,从而发挥出育人的整体效应,使教育主体上从"少"到"多",从"单"到"全",充分挖掘学校每一个工作人员和每一个岗位的育人资源,真正实现"教书""管理""服务"和"育人"的相融相通。

此外,"大思政"的全员参与性不仅包括校内人员,还包括学生所在的家庭以及全社会。只有社会各方面、学校各方面同心协力做好思想政治工作,才能真正形成大思政格局。

总之,"大思政"视域下,学校思想政治教育应始终将立德树人作为根本任务,将立德树人的目标、任务系统地融入到教育教学的各个环节,以实现学生的全面发展,实现学校思想政治教育的最大成效。

(2) 整合优化性

思想政治教育是一个动态的大系统,它可以分为若干各具功能、各显特色的子系统。"大思政"就是要让思想政治教育各子系统达到整体的育人效果,通过优化思想政治教育的各子系统功能,达到功能最优化。"大思政"格局下要统筹做好规划,包括各类思政工作人员的配备、各部门的工作安排、思政工作的内容,等等,以利于达成目标一致、方向一致、协同一致的效能。各个要素各司其职、各具特色、互有联络，为学校思想政治教育工作塑造一个立体化、多维化的育人体系。

从横向角度分析，"大思政"需要从系统的整体性、要素的优化做好育人效能，表现在对学生学习、思想、生活、品德等各方面会产生影响的各类要素的优化。通过有效的思想政治教育，将思想政治工作中的不利因素转变为有利因素，推动形成学生意识形态的一致性，从而体现"大思政"工作的全方位性。

从纵向角度分析，"大思政"要从时间维度和空间维度体现育人效能。学校思想政治教育工作以学生为本，以学生为中心，伴随着学生学习生活的全过程。从学校教育发展规律来看，学生自身的成长发展和教职员工的职业发展具有协同性，且存在相关的逻辑规律。"大思政"就要在把握好教育发展规律、学生成长成才规律的基础上，为"三全育人"做好规划，并做好不同时期的思想政治教育的侧重点。

（3）资源多样性

思想政治教育必须与时俱进，才能全面准确地回应学生的真实需求，"大思政"视域下需要不断更新教育理念、丰富教育资源，以改革创新的精神推动思想政治教育走向更高水平。显性教育和隐性教育作为思想政治教育的重要手段，在育人上起到十分重要的作用。"大思政"格局下，思想政治教育讲究育人的渗透性，通过春风化雨、润物细无声的方式，将思想政治教育渗透到学生的心田里。因此无论是在育人方式还是在育人方法上，都更凸显人文化、情感化。通过显性与隐性思想政治教育的互通互融，使育人效果达到最优化。

此外，"大思政"赋予了教育资源更加开放多样的特征。例如，在社会环境中，政府单位、博物馆、红色基地等都承载育人的功能，学校和社会进行良性对接，共同育人，达到双赢的局面。同时，数字化时代的变革也给学校思想政治教育提供了更加广阔的生长空间。我们要以发展动态创新、开放多元的眼光来看待思政教育环境。

（4）内容针对性

构建"大思政"教育模式是中国育人独有的特色，是为中国特色社会主义事业培养合格的建设者和接班人。我们的思想政治教育工作要与国家发展保持一致，思想政治工作者要始终明白思想政治教育要教什么以及什么可以教、什么必须教，这是"大思政"模式的主要特征之一。

一方面是针对中国特色。思想政治教育的一大重点在于传播马克思主义理论和中国特色社会主义理论体系，这些内容并不十分通俗易懂。这就要求思想政治工作者能根据实际需要，对涉及的历史、人物、背景等有深入的了解，并能深入浅出地将其传达给学生。中国特色还包括中华优秀传统文化、厚重的革命文化以及先进的社会主义文化，这些都应该成为思想政治教育的特色内容。

另一方面是针对时代特色。思想政治教育在贴近学生生活实际的同时，也要注意引导学生对本国国情的关注。尤其是十九大以来，中国进入了新时代，确定了习近平新时代中国特色社会主义思想的指导地位，更要及时向学生说明新时代的变与不变以及用新时代思想来武装学生。此外，新时代学校培育的是正确把握中国发展方向和国际大势的学生。思想政治工作要与世界相接轨，就不能回避国际热点问题，并且要以国际大事和热点问题作为切入点，向学生正确解读中国特色和国际比较。

4. "大思政"的内容

"大思政"与"大思政课"概念不尽相同。"大思政课"强调对思政课的内化与拓展，仍属于学校思政的概念与范畴；"大思政"更类似于社会学的场域，以更为宏观的视野展示新时代思想政治教育的核心内涵与主旨要求。

领会"大思政"的内涵，要跳出"课程"的单一形式与学校的传统教育场景，依托思想政治教育，探索全员、全过程、全方位育人之新思路，走入大思政的新维度，构建社会、学校和家庭等多场域教育之新格局，促进形成思想政治教育的新局面。"大思政"既要求我们在学校、社会等不同场域和环境开展思想政治教育，也要求我们在教育内涵上把思想政治教育细化为政治教育、法治教育、道德教育、科学教育、人文教育、感恩教育、责任教育、敬畏教育、诚信教育、风险教育、挫折教育、安全教育、生命教育、劳动教育、心理健康教育等15个方面。

（二）"六位一体"的概念

"六位一体"概念的提出，涉及构建育人系统和要素协同的问题。思想政治教育作为一个系统而言，其中包括了育人理念、育人方法、育人资源等要素，可以通过各要素有序排序、有机组合、耦合联系，形成比其自身更大作用的合力，协同实现育人目标。

基于《中小学德育工作指南》的六个维度出发，在"大思政"视域下，要体现"三全育人"的路径要求，在目标导向、内容整合和外部协同上，学校要做到课程育人、文化育人、活动育人、实践育人、管理育人、协同育人。

课程育人：开设好德育课程、思政课程和课程思政，发挥课堂主阵地的作用。

文化育人：营造良好的校园文化氛围，建立健康的网络空间，以先进文化引导人，以高尚精神塑造人，以正确舆论影响人。

活动育人：利用节庆纪念日、仪式教育活动、校园节（会）、团队活动等，开展形式多样、主题鲜明的思想政治教育活动，以鲜明正确的价值导向引导学生。

实践育人：思政小课堂和社会大课堂相结合，通过开展各类主题实践、劳动实践、研学旅行、志愿服务等，增强学生的社会责任感、创新精神和实践能力，树立正确的三观，培养政治认同、科学精神、法治意识、公共参与等核心素养。

管理育人：推进学校治理现代化，从完善管理制度、明确岗位责任、加强师德师风建设、细化学生行为规范、关爱特殊群体等方面，将思想政治教育贯彻到学校管理的细节中。

协同育人：加强家庭教育指导，构建社会共育机制，争取家庭、社会共同参与和支持学校德育工作。

通过创新思政小课堂、善用社会大课堂、搭建资源大平台、建好大师资队伍、拓宽工作大格局等"五大路径"，形成一个"大思政"的育人闭环。

四、"大思政育人"研究意义

思想政治教育工作可以促进人的全面发展，当其与时代精神相契合时，会满足社会多样化发展和人的个性化发展需求的有机统一，在丰富和完善社会的过程中实现创新与发展。

"大思政"是切合时代的新命题，"大思政"的视域会带领思想政治教育工作进入一个更宏大、更广泛的境域，促进教育思维走向开放，并且可以使传统教育内容与新时代相结合，融入科技道德、生态伦理、经济伦理、合作精神等教育内容，使思想政治教育工作契合时代变化，彰显时效性特征。"大思政"视域下中学育人体系具有重要的理论研究价值和实践研究意义。

（一）理论意义

第一，促进思想政治教育理论的丰富、发展和完善。过去，关于思政教育融合的研究在整体性、系统化方面相对缺乏，尤其是联系新时代需要、对中学思想政治教育融合研究的系统性更弱。思想政治教育融合理论既符合思政教育协调控制规律，又是思政教育理论的有机组成部分，涉及思政教育目标、内容、方式方法、原则以及组织实施等各个环节，探求的是思想政治教育的实效性。此外，有利于实现各学科理论与方法的交叉融合，拓展了教育的视野。

在"大思政"视域下，思想政治教育视域较以往更加开阔，借鉴心理学等多学科相对成熟的教育理论及研究方法，来分析当下中学生在进行思想政治教育的过程中可能会出现的新形势、新问题，通过内容的融合、研究方法的借鉴，来实现我国思想政治教育学科的丰富与成熟，促进我国思想政治教育理论的成熟与发展。

第二，有利于实施思想政治课程教育模式的变革。一直以来，学生的思想政治课程教育模式主要分为工具型和知识传授型两种。在这样的教育模式下，对学生进行思想政治课程教育的目标和出发点并非"人"的社会主体性和发展需求，而是始终从属于思想政治的要求，注重以教育服务于政治，强调了构建思想防线的价值意义。"大思政"则是强调全方位、全员参与的思想政治教育，对学生的思想政治教育具有人本思想、教育方式多样性及教育交流平等性的特点，有效地提高了思想政治课程的教学质量，更好地服务于广大学生的政治、思想、道德、心理素养等各个方面的发展和提升，从而实现了当代学生的全面健康成长。

第三，进一步推动我国新时代教育理论的丰富和发展。思想政治教育理论是教育理论的一个重要的有机组成部分。实践是理论的重要来源，良好的经验只有上升为理论才更有指导价值。通过对"大思政"育人模式的回顾、梳理与总结，不难看出，既有经验又有教训，既有成就又有不足与失误。这就要求我们不断通过正反两方面总结经验，吸取教训，把在长期社会实践中取得的良好经验上升为理论，并且把这些本土化的、原创的经验充实完善到教育理论体系中。在明确教育的根本问题是培养什么人、怎样培养人、为谁培养人的基础上，结合新时代发展要求，对以"立德树人"为核心的中学思想政治教育问题开展整体、系统探讨，不仅深化了思想政治教育理论，同时必将有力地促进我国教育理论的丰富和发展。

（二）实践意义

"大思政"视域会改变当今我国中学思想政治教育事业发展的单一格局，推动新时代中学育人方式的变革。

第一，多数中学在对广大学生进行思想政治和文化教育的工作中长期地处于一种单一的格局状态，即工作的主体存在单一化、工作手段具有片面化、课程教授过程固态化。"大思政"视域下对学生进行思想政治教育则强调在对其教育的过程中，必须把思想政治教育工作始终贯穿到各环节、各领域当中，实现在以学生为本的基础上达到全员育人、全程育人、全方位育人的教育教学目标，因此可以说，"大思政"视域下的中学生思想政治教育可以最大限度地充分调动各个方面的积极因素，形成高效的思想政治教育教学工作合力，从而能够从根本上推动学生思想政治素养的提升，提高学生的思想政治理论和参与思想政治实践的能力。

第二，从课堂教学到与社会、生活实践相结合，由单向的灌输为主到平等的对话，由理论的世界走进生活的世界，实现了学生的思想政治教学的可持续发展。在学生的内心世界产生思想共鸣与情感交融，提升了学生积极参与思想政治课堂教学的积极性，推动了学生思想政治课堂教育的教学质量攀升，推动社会进步和人的全面发展，让思想政治教育工作不再局限于制度和单一传输层面，便于真正和高效率地实施，进而大幅度地增强思想政治理论课程的教育实效，提升实践工作中的理论有效性和教学有效性。

第三，本研究对基础教育一线的教育工作管理者具有现实意义。一方面，可为管理者提供指导实践的参考，帮助管理者认识和分析自己学校存在的问题和面临的挑战，更好地领导思想政治教育工作在本校的执行，进一步推进各项工作在学校的实施。另一方面，本研究探索了校内教育与校外教育的关系，研究了政策导向、文化熏陶、自主教育、师资力量、教材建设、课程体系、协同机制、评价机制等在育人工作中的影响，可为后期深入全面的研究提供实践价值。

五、研究方法和研究手段

本研究采用行动研究法，同时辅以文献研究、调查研究，对我校及合作学校教学现状进行摸查总结，在此基础上构建深度学习教学策略和教学评一体化实践策略。

（1）理论研究。基于"深度学习和教学评一体化"视域，做好文献综述，收集国内外研究成果，组织课题组成员集体学习，完善课题研究工作。

（2）调查研究。课题组采用问卷、调查研究，对教学评一体化研究遇到的问题进行调查，了解评价在思政课教学中的教学情况，为后续研究打下坚实基础。

（3）行动研究法。根据阶段性教学实践，探寻适合不同学校的教学策略，不断完善课堂策略，促进教学方式变革。

（4）课例研究法。选取不同学校的不同班级，建立跟进表，通过比较研究和阶段跟进研究，形成具有共性的有效教学策略，为课题提供有价值的实践经验。

第二篇 "六位一体"大思政育人体系

"六位一体"思政育人体系基于六个维度：课程育人维度、文化育人维度、活动育人维度、实践育人维度、管理育人维度、协同育人维度。六个维度重构大思政视域下"六位一体"育人的变化机理：①课程育人是核心：思政课程和课程思政；②文化育人是前提：校园文化与网络环境；③活动育人是载体：主体性德育活动体系；④实践育人是动力：走进社会大课堂，开展社会实践活动；⑤管理育人是保障：综合素质评价体系；⑥协同育人是依托：五大主体协同体系。

一、大思政视域下的课程育人

大思政视域下的课程育人，是一种全面、系统的教育理念和实践模式。它将思政教育贯穿于各学科课程之中，实现全员、全程、全方位育人，旨在培养具有坚定理想信念、深厚爱国主义情怀、德智体美劳全面发展的社会主义建设者和接班人。通过深化课程改革，强化实践教育，大思政课程育人模式将理论知识与实际应用相结合，使学生在学习过程中自然地接受思政教育的熏陶，从而提升综合素质，为新时代我国教育事业贡献力量。

松湖朗中的松朗课程建设以发展素质教育为导向，紧紧围绕"立德树人"根本任务和"突出德育实效，提升智育水平，强化体育锻炼，增强美育熏陶，加强劳动教育"五育并举的课程建设要求，以培养有理想、有本领、有担当的时代新人为目标，坚持"国家课程校本化，校本课程个性化"的原则，反映时代特征，兼具大朗地方特色，努力构建有利于促进学生自我身心成长、生命个性发展和创新创造的课程体系。

松朗课程体系坚持国家课程为主体、地方共建课程和教师开发课程为拓展补充的课程建设原则，充分利用地方特色教育资源和集团化办学的优势，统整教材结构，建立适合松湖朗中学生发展的课程体系与学习方式，强化课程的实践性、体验性、选择性，促进学生全面发展。

松朗校本课程力争三年时间打造"校本课程套餐"体系。在学校课程体系的总体框架下，构建多类型、多层级、满足学生个性化和差异化学习需求的课程内容。其中，"地方共建课程"是校本课程的亮点，学校现有的地方共建课程分三大板块，涵盖了大朗非遗文化课程、地方毛织产业特色课程及体艺课程等。"教师开发课程"是学校校本课程的主体，老师们根据自己的特长、学生的喜好及学科的延展开发了学科拓展、国际理解、实践创新、公民素养及体艺特长等五个大类主题课程。校本课程大部分具有跨学科、开放性、体验性的特点，学科融合性强，紧贴时代，聚焦问题的解决，充分释放学生的想象，为学生打开学习的空间，引导学生探索未来，为学生创造力发展提供舞台。同时，课程评价方面，提倡老师们采用多种评价方式，创建多元化评价体系，鼓励学生的个性发展。

松朗课程的建设也为学生的发展预留了空间，充分考虑了学校隐性文化的教育意义，引导老师们树立课程建设成果意识，利用学校的读书节、艺术节、体育节和科创节展示学习成果，展现师生的风采。

学校坚持"国家课程校本化，校本课程个性化"的原则，构建了有利于学生自我身心成长、生命个性发展和创新创造的课程体系，形成如下品牌课程：

每周班会课程。我们推出了各年级每学期统一的德育话题，各年级围绕话题组织开展教育活动。这样的德育规划设计，使得学生能在一个相对完整的德育过程中接受系统的培养教育。

生涯教育课程。集团总校针对学生渴望了解社会、把握人生的成长需求，创造性地推出了"松湖之约"生涯教育课程。邀请校友、家长及社会精英人士主讲，采用生命叙事的方式，表达他们对生活经历的感受、经验、体验和价值追求。倾听者聆听生命故事，升华道德体验，感悟人生意义。11年来，共邀请204位嘉宾先后到校演讲。现在的"松湖之约"，已经在集团成员校中得到广泛推广，先后产生"东江之约"和"松朗之约"，深受好评。

"思政引领" 青春团校课程。学校设计了系列化团课，包括"高举团旗跟党走"团员基础教育课程、"共筑青春中国梦"形势政策教育课程、"奋斗的青春最美丽"理想信念教育课程、"青春使命我担当"志愿服务教育课程、社会主义核心价值观教育课程等。学校被评为省、市示范团校，成功申报了团中央重点课题并顺利结题，并在此基础上编撰了校本团校教材，成为全省首例。

"松湖大讲堂" 学科育人课程。已先后邀请何镜堂、彭士禄、黄旭华、田刚等30余位国内外知名专家前来我校为学生做学术报告，发挥学科育人的重要功能。尤其是2020年我们主办"大手拉小手·抗疫院士说"活动，张伯礼等院士既给学生科普了关于医学、化学、导航定位等学术知识，也分享了他们的个人之奋斗历程与情怀，教育我辈少年应志存高远，为中华之崛起而读书，为全人类的幸福而奋斗。该活动由东莞电视台实时直播，超过110万市民观看在线报道和视频，《人民日报》等媒体先后报道了本次活动。

"一心三全"中学生发展指导系列课程。"一心"是指以学生为中心,通过学生自主选择发展导师和课程等方式实现"个人定制"的指导;"三全"包括全员、全程以及全面。学生发展指导课程围绕"生命教育"与"生涯教育"主题,坚持课程化、项目制及渗透式心育工作相结合的工作模式,组建"朋辈互助"学生团队,形成更有效更全面的心理支持系统,获得广东省教育教学成果二等奖。

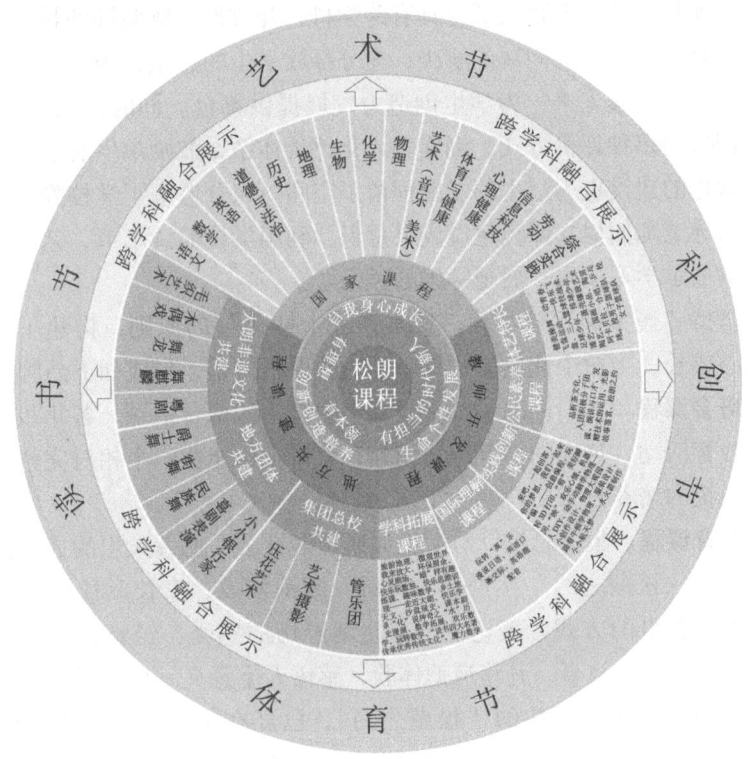

松朗课程体系建设原则

专论 2-1

"一心三全"中学生发展指导系列课程构建与思考

一、缘起

中学生作为发展未完全成熟的人,处于发展的探索阶段,他们在自我认知、社会认知、职业认知、学业学习等方面急需指引,他们在为自己现阶段的学习生活乃至未来人生作出规划与选择时,不可避免地会感到迷惘和困惑。学校给予每一个学生的陪伴、关怀和指导，应该要更加细致具体，保证每一个学生都能获得有效指导并学习提升自我指导的能力，以便其顺利度过每个阶段。学生发展指导作为学校必须为学生提供的一种服务，旨在帮助学生解决成长过程中的种种困惑和烦恼、主要矛盾和遇到的主要问题，使学生明确人生目标和前进方向，了解自己、了解社会，更准确地定位和发展。

近年来，为推动学生发展指导工作的开展，政府提供了大量的制度支撑，具体包括《国家中长期教育改革和发展规划纲要（2010—2020年）》《普通高中学生发展指导纲要（试行）》《教育部关于全面深化课程改革落实立德树人根本任务的意见》《国务院关于深化考试招生制度改革的实施意见（国发〔2014〕35号）》《教育部关于加强和改进普通高中学生综合素质评价的意见（教基〔2014〕11号）》《广东省人民政府关于深化考试招生指导改革的实施意见（粤府〔2016〕17号）》《广东省教育厅关于印发普通高中学业水平考试和学生综合素质评价实施办法的通知》《广东省教育厅关于加强普通高中学生发展指导工作的意见》，这些方针政策的制定都为我们开展学生发展指导工作提供了有力的政策制度支撑。

办学十余年来，学校始终坚持以德育为首，关注学生的全面发展，把学生发展指导工作作为促进学生终身发展、办人民满意教育的重要手段。学校一直主张，教育的本质是育人，是促进每个孩子有最合适的发展、有健全的人格，从而成为社会需要的人。学生发展指导工作最能体现学校的育人功能，帮助学生学会规划发展，形成良好的行为规范和学习生活习惯，发展智慧，提高素养，健全人格，最终实现陶行知所说的"教育就是使人变好"。

基于以上原因，我们提出构建"一心三全"中学生发展指导系列课程体系。

二、构建

经过多年的实践，我校构建了"一心三全"中学生发展指导课程，形成了适合本校中学生发展指导工作的实践体系。

1. **一心** 以学生为中心，坚持"立德树人"的指导思想，为每一位学生的终身发展负责，通过自主选择发展导师和发展课程等方式，实现"个人定制"的指导。

2. **全员** 培养学生发展指导导师，实现学生发展指导全员化。导师既面向全体学生授课，又对学生的生涯、生活等方面给予指导，对学生的个性、人格发展和全面素质提高负责，使每一位教师都具有德育导师的意识，实践陶行知"爱满天下"的教育理念，营造教书育人、服务学生的良好环境，培养学生养成合作学习、自主学习的良好习惯，提升学生规划自己学习生活的能力，树立起规划观念。

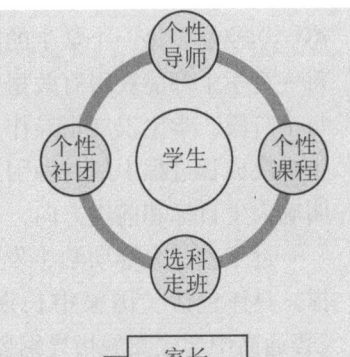

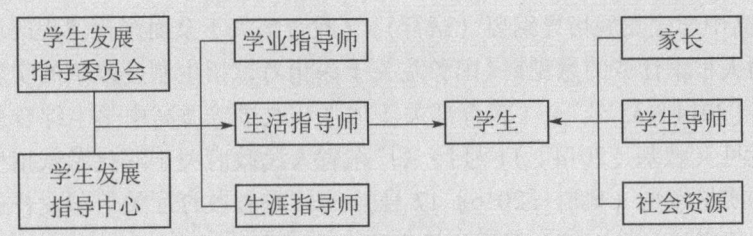

3. **全程** 结合学生的年龄特征和各年级实际问题，制定学生三年发展指导体系，循序渐进、分阶段、分步骤地实施具体的指导内容，实现学生发展指导全程化。

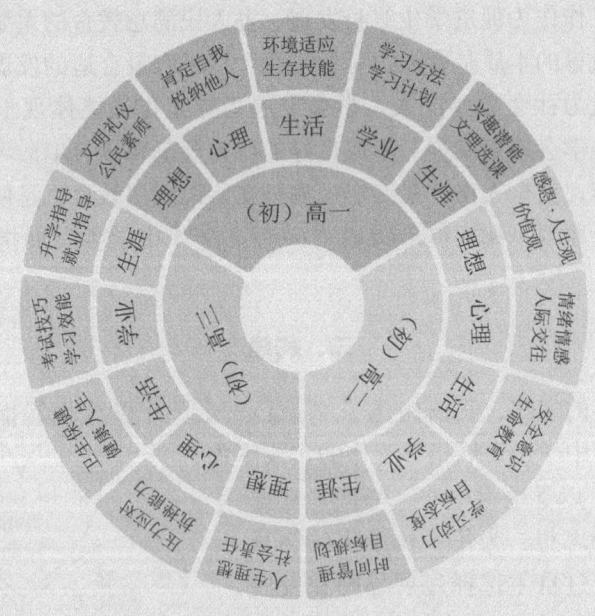

4. **全面** 践行"为学生终身发展负责"的宗旨，坚持"以基础道德为核心的品德教育和以现代公民意识为核心的公民教育"，遵循"系列化、课程化、生活化"三条原则，完成"导师队伍提升工程、校园文化建设工程、学生自主教育工程、社会实践活动工程"四大工程，构建"基础德育、身心

发展、主题教育、社会实践、校本活动"五大课程，形成了六本教材，实现学生发展指导全面化。

（1）基础德育类课程

根据《中小学生日常行为规范》和学校常规管理要求，有意识地把学生学习生活中面临解决的现实问题，如新生入学适应、生活中的文明习惯、学习中的竞争心态、同学间的相处原则、生涯规划、假期生活指导、安全自卫等，编排成一系列的话题，整合成课程，包括班会课、年级德育大课、升旗仪式课、"人文素养"德育课、"松湖之约"、"松湖大讲堂"等。在这些课程中，老师引导学生结合具体的案例，组织讨论，进行辨析，让学生逐步学会独立地认识自己和观察世界，并做出正确的价值判断和行为选择。

（2）身心发展类课程

坚持开设心理健康教育课，并规定为校本必修课程。配备了专职心理教师，制定详细的身心健康培养计划，针对不同阶段的学生群体开展形式多样的心理辅导，如新生的环境适应、学生青春期叛逆情绪的调适、毕业班学生的应考心理调适等。精心设计两间功能不同的心理辅导室——"静心斋"和"怡心室"，安排心理教师进行常态化辅导。成立"心启点"兼职心理老师团队，通过团队拓展的方式创新心理健康教育。通过保障学生身心健康，为学生高效学习和自主发展打牢基础。

（3）主题教育类课程

为践行社会主义核心价值观、弘扬中华优秀传统文化，利用清明、六一、七一、十一等重要时间节点开展主题道德教育课程，包括中国梦、爱国主义教育、集体主义教育、公民道德教育、学雷锋志愿服务教育、感恩教育、环保教育、安全教育、君子淑女教育等，强化核心价值观的培育，助力学生成为人格健全、品格高尚的人。

（4）社会实践类课程

结合综合实践课，开展形式丰富的实践活动，如：我校精选社会实践基地——东江纵队纪念馆、大岭山敬老院、东莞市德育基地等作为学生德育实践基地，设计志愿者服务、军训、义卖助学活动、拉练意志行、研学旅行、生涯人物访谈等实践类课程，让学生在社会实践课程中加深体验、加强交流，实现学生发展指导的知行合一。

（5）校本活动类课程

为充分彰显学生成长过程中的潜能和个性，打造了丰富多彩的校园文化活动，致力于为学生终身发展奠基。每年举办"三礼四节，青春五月"等系列校本活动课程，三礼指的是入学礼、成人礼、毕业礼，四节指的是读书节、艺术节、体育节、科创节，这些活动充分顾及不同年龄段学生的特长与爱好，深受学生欢迎。他们积极参与，激情四射，活力无限，充分实现自我全面、健康、和谐发展。

在建设学生发展指导课程的过程中，我校特别强调贴近学生、贴近生活、贴近时代，推出了一批精品课程。例如，2013年9月，我校针对学生渴望了解社会、把握人生的成长需求，创造性地推出了"松湖之约"生涯教育课程。该课程以讲座为形式，邀请校友、家长及社会精英人士主讲，采用生命叙事的方式，通过各具特色、平实易懂的语言交流，分享主讲人的生命成长过程，表达他们对生活经历的感受、经验、体验和价值追求。倾听者聆听叙事者诉说真善美的生命故事，深为感动、深受感染，升华道德体验，感悟人生意义。过去11年来，共邀请204位嘉宾先后到校开展讲座，并及时总结汇编，推出校本教材《松湖之约》，成为学校学生发展指导课程的新亮点。

2016年10月，在全国中学共青团深化改革的大背景下，学校以课程思维加强团课建设，开发了"我的青春我做主"团校课程，强化思想引领，充分发挥团委在学校思想政治工作中的主力军作用，着力提升团组织的存在感和凝聚力，提高团员青年的先进性。学校设计了系列化团课，平均每月开展1~2次，每次2个课时，包括"高举团旗跟党走"团员基础教育课程、"共筑青春中国梦"形势政策教育课程、"奋斗的青春最美丽"理想信念教育课程、"青春使命我担当"志愿服务教育课程、社会主义核心价值观教育课程等。课程实施中，既有入团前、团员、团干三个层次的分层教学，也有集中授课；既有专题讲座、观看音像资料等共性方式，也有小组讨论、分散自学、撰写心得等个性形式。经过一年多的团课实践，积累了大量的实践经验，收到了良好的教育效果,学校也因此被评为省、市示范团校,成功申报了团中央重点课题并顺利结题,并在此基础上编撰了校本团校教材,成为全省首例。

三、成果

经过多年实践,我校学生发展指导工作设计更为科学,教师指导能力不断提升,所开设的相关课程形成体系,影响也相应扩大。

项目主持人柴松方老师被聘为"东莞市人民政府督学""华南师范大学特聘教授和研究生导师""广东省第二师范学院特聘副教授",在全省及全市推广我校学生发展指导课程,并在《中国德育》《中小学德育》刊物上发表文章4篇。

基础德育及生涯规划课程主要负责老师刘秋燕被评为"广东省十佳德育导师",开展讲座16场,发表德育论文2篇,并主编出版了《松湖之约》(书号 ISBN 978-988-8347-33-9)。

"心"启点团队拓展课程导师米昊被评为"国家高级体验教育师""国家优秀体验教育师",在全省各地开展讲座13场、拓展活动32场,发表论文1篇。

生涯发展指导课程导师徐航航被评为"学生发展高级指导师""国家认证生涯规划师""青少年生涯导师",开展讲座56场,有3篇论文发表在《广东教育》和《心理健康教育》杂志上。

家校课程主要负责老师郑利雄,作为广东省名班主任、东莞市名班主任工作室主持人,举行家校共育讲座28场,在《班主任》《中小学德育》等刊物发表论文7篇。

"中学生领袖力培养课程"的负责老师王文然被评为"东莞市中学共青团导师",主持全国学校共青团重点课题1项并结题。

在学生发展指导课程的推动下,我校教育教学成果丰硕,学生在学业及各项活动中均表现优异。从2013年9月至今共有2位学生获"全国最美中学生"称号,12位学生获省级"优秀学生""三好学生""优秀团员"等称号,52位学生获市级"优秀学生""三好学生""优秀团员"等称号。我校近年来高考屡创新高,初中教育教学评价每年均获市一等奖。

有一种教育值得我们全力以赴,那就是促进生命成长和提升幸福快乐的教育。愿我们能成为学生生命中的贵人,帮助他们描绘生命中最美的彩虹,绽放最精彩的人生。

专论 2-2

社会就是最广阔的课程资源
——以社会实践活动为载体的校本课程实施策略

我校积极建构和完善国家课程、地方课程、学校课程、科组特色课程四位一体的课程体系,推进国家课程校本化,校本课程优质化,优质校本课程活动化、专项化,重视学科课程设置与教学对接,落实思想政治学科"一层四核四翼"要求,推进教与学的双侧改革,促进学科教学走向优质。其中在校本课程方面,立足学生特点、对标国家课程,构建了"小思政、大社会""模拟法庭""经济达人""模拟联合国""研学旅行""松湖之约"6门融合思政小课堂和社会大课堂的课程。

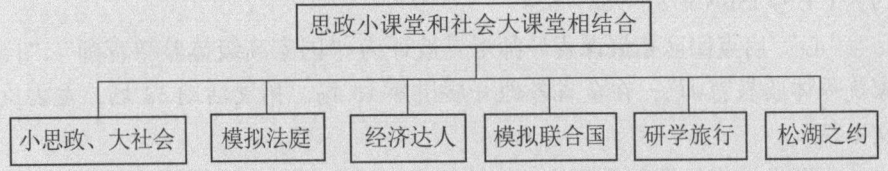

同时,结合校本课程、结业展示和研究性学习报告,打通"课前一公里"和"课后一公里"的联通,努力实现思想政治学科课堂一体化建设,形成以思政学科社会实践活动为载体的校本课程实施策略,做到立德树人、铸魂育人。

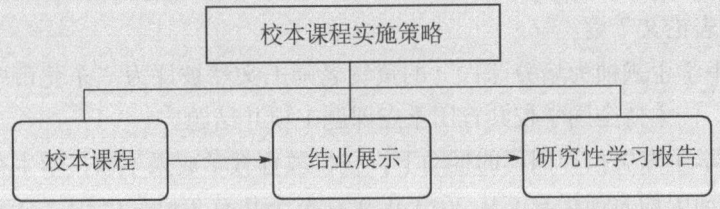

课程1:小思政、大社会

思想政治课作为一门德育与智育内在统一的显性德育课程,实践性是其最鲜明的特点之一,参与社会生活的实践能力是思想政治课程最重要的核心能力。我们希望通过"小思政、大社会"校本课程,实现"课程内容活动化""活动内容课程化",让学生不仅通过课堂的理论学习获得实践能力,而且在面对社会"生活"的实践中得到真正培养。整个校本课程的实施流程如下：

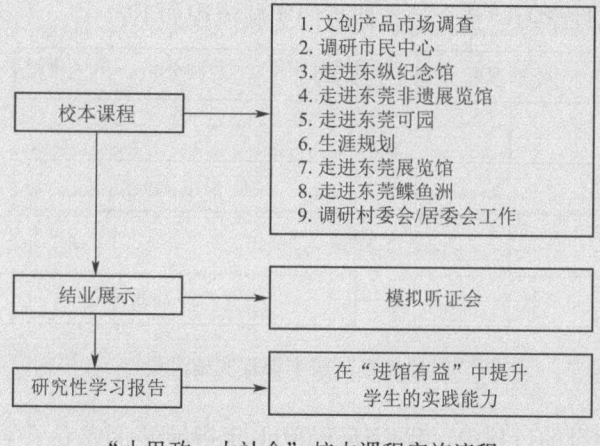

"小思政、大社会"校本课程实施流程

课程2：模拟法庭

在"模拟法庭"课程中，通过学生学习西方和东方的法理知识、外出参加真实庭审，学校邀请法律专业人士开展讲座，学生模拟知识产权庭审、知识产权抢答和观看法理电影等形式，着力培育学生的理性精神、公共参与、法治意识等学科素养，引导学生学法、懂法、守法、用法，增强学生知识产权保护意识，提高自主创新能力，培养学生的分析能力、沟通能力和辩论能力，培养未来的大法官素养。

课程开展形式为：经一个学期校本课程的学习后，选取一些典型案例，改编后作为科创节"学生模拟法庭"活动的模拟庭审主题，向全校学生展示校本课程的学习成果。模拟庭审活动30分钟，完整呈现"庭前准备—法庭调查—法庭辩论—宣判"的审理程序，让更多的同学通过活动了解知识产权知识，了解侵权界限，提高维权意识。展示过程中，邀请东莞市知识产权庭的法官现场点评。

与课程相配合，我们建立了多个课外实践基地，建立了校外导师指导制度。我们先后带学生到东莞市中级人民法院、松山湖知识产权法庭、东莞第二法庭、东莞看守所旁听庭审，让学生零距离感受法庭的威严。模拟了"侵犯注册商标专用权""不正当竞争纠纷"等案件的庭审，邀请了全国审判业务专家、法学博士后程春华法官，东莞市知识产权研究会会长李文伟女士，东莞市涉外商事和知识产权庭朱丽斯法官等专家学者、法官、律师对活动进行点评，并举办法学知识讲座。这是每期学生模拟法庭活动最精华的部分，专家们用扎实的专业知识和丰富的审判经验，给学生讲了很多法理知识和典型案例。他们的言说理性智慧、思路清晰，带给学生生动的普法教育。作为延伸，学生在课后围绕"法官的职业素养""东莞市知识产权保护现状"等主题开展研究性学习。整个校本课程的实施流程如下：

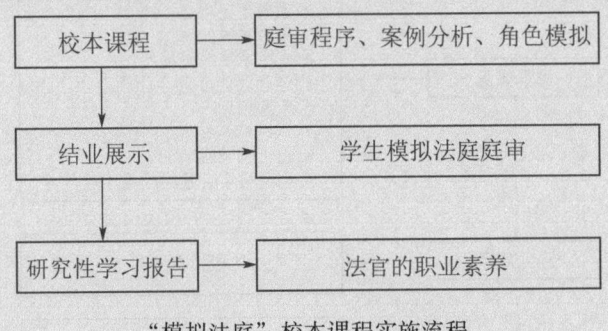

"模拟法庭"校本课程实施流程

在课程建设的过程中，我们还于2011年指导学生成立了学生社团"法律社"，并荣获东莞市"十佳社团"称号。但因为对法律素养的要求比较高，学生的参与度还不够宽广，该社团的发展水平尚有待提高，今后我们将探索如何更好地促进研究性学习和校本课程相结合，整合校内课程和校外基地、校内导师和校外导师等校内校外资源，朝着课程体系化、活动课程化的方向，实现课程、活动、社团三者有机结合。

课程3：经济达人

"经济达人"课程着力培养学生的财经素养，课程采用的形式主要是专题活动，通过整合经济活动中的各种现象，引导学生从经济的视角和思维去理解经济现象，感悟经济活动，体验角色扮演，运用经济思维处理生活中的各种现象，学会运用经济理论解决现实问题，提高学生参与、合作、展示、分享的意识，树立和提高自主创新能力，培养未来的企业家。整个校本课程的实施流程如下：

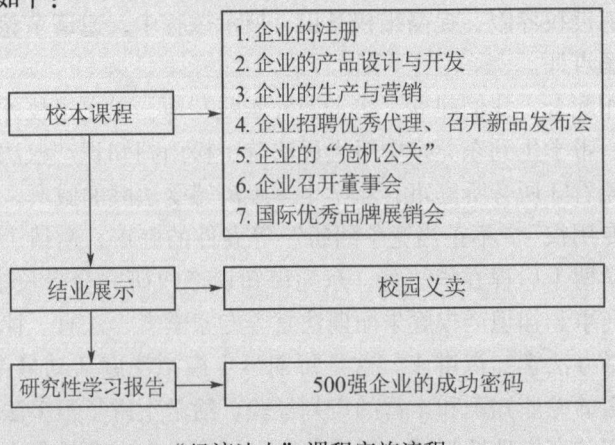

"经济达人"课程实施流程

"经济达人"课程一个学期共12课时,从企业的注册、产品设计与开发、生产与营销到企业招聘、新品发布会、"危机公关"、董事会召开、国际优秀品牌展销会等系列活动,完整地呈现了一个企业在市场经济中的形象和力量。为了能够比较系统地开发高一年级这个课程,我们大量阅读了关于企业经营的书籍,研究企业名人故事,搜集了许多如华为、三星、富绅、以纯、耐克、肯德基等企业经营活动案例。

学生的成长是一个慢慢浇水、慢慢发芽的过程,他们一开始非常稚嫩,对企业经营的知识仅仅局限于课本上那一点点可怜的理论,有些同学一开始连动口都有些困难。但是,经过一个学期的努力,他们从最初的不敢开口、不知道动手到语言表达专业流畅,动手能力十分娴熟,应对问题机智慧敏,处理问题果断迅速,应变能力专业严谨,我深深感受到了他们成长的快乐和美好。有的学生为了更好地模拟经营活动,还学会了韩语,很多同学自行设计了商标、名片。他们喜欢"危机公关"的刺激,懂得产品召回制度的沉重,学会售后服务的热情和耐心,他们团结合作、分工明确,有主见有创新,大胆质疑、严肃活泼,我由衷地感到欣慰和高兴。

在与同学们一起探索课程的过程中,授课老师也被倒逼为一个个比较专业的老师。学生们充满热情,善于学习,敢于质疑,大胆创新,学会了专业的回答、流利的沟通、精细的推敲、权威的点评。

课程4:模拟联合国

"模拟联合国活动"课程是社团活动型课程,在全校开设,有序开展。通过加强日常培训、鼓励对外交流,促进了学生自主学习、夯实文化基础、增进社会参与,从而有效助力中学生核心素养的培养。通过自主、合作、多元的活动型课程开发和探索,着力培养具有国际视野和全球参与能力的未来国际性人才。

模拟联合国活动能锻炼学生的表达能力、沟通能力和协作能力,充分提升了学生的综合素质和核心素养。

1. 促进自主学习

模拟联合国活动,会议的"主办方"提供的 Background Guide(背景文件)仅提供议题的简介和讨论重点,而上会所需的国家立场、国际措施和解决方案,都需要"代表们"在会前自己搜索调研,并根据调研结果完成一份本国立场的文件。没有老师指导,也没有方向和内容的限制,"代表们"要自己分析议题的走向,整理思路,这对于习惯了"以老师为中心,以作业为目标"的中国学生来讲,是一个非常大的挑战。而经过了模拟联合国培训的学生,他们会开展头脑风暴,集思广益,善于运用信息技术,学会甄别检索资料,在自主学习方面显然更胜一筹。此外,参加模拟联合国培训和会议过程,不是书本上的知识灌输,而是活生生的现实情境,其灵活性和生动性可使学生变被动学习为主动学习,学生们的实际应用能力明显提升,在实践中培养了创造性地运用知识的能力。

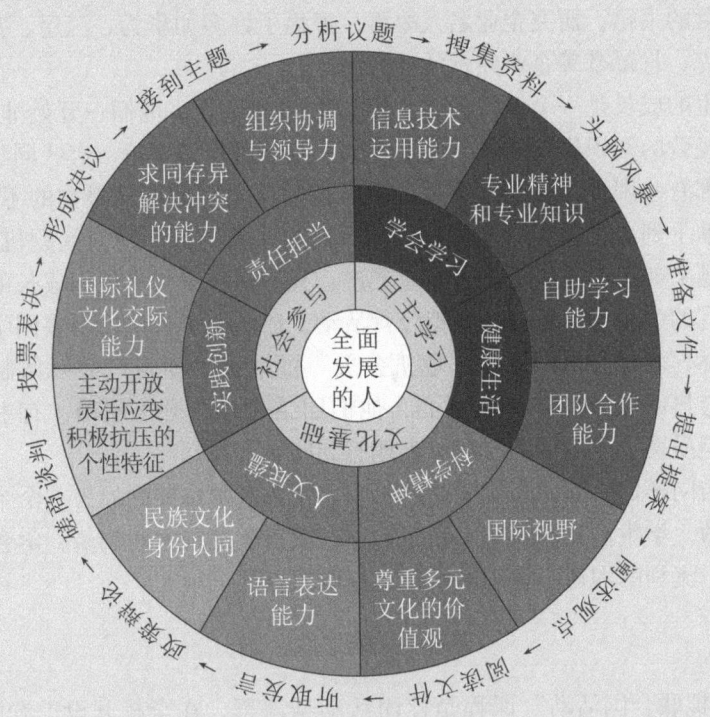

2. 夯实文化基础

模拟联合国活动所探讨的议题涉及经济、政治、文化、地理、历史等诸多方面,具有跨学科的性质。学生必须深入地了解世界背景和相关知识并进行多角度、多方面的分析,才能提出建设性的议案,在会议中建立威信、把握主动。因此,参加模拟联合国活动,可以拓展学生的知识面、开阔国际视野。同时,模拟联合国活动有着严谨的学术要求,阅读背景资料、会场上书写大量文件、听取发言、阐述观点这些都对学生的语言和写作水平提出了很高的要求。通过参与模拟联合国活动,学生在写、讲、辩等多方面的综合能力均得到了锻炼和提高。

3. 增进社会参与

许多国际问题对于未曾经历过贫穷和战乱的当代中国学生来讲,都是从未曾涉及过的领域。许多参与模拟联合国活动的学生都由衷地产生了对战乱地区的人民和弱势群体的人文关怀,并且部分学生开始以解决世界问题为己任。而且，模拟联合国活动为处在快速成长阶段的中学生提供了一个宝贵的机会，使他们得以在与国内外代表的交流中感受文化差异，学习社交礼仪。除此之外，会议中最重要的两个任务就是 Speech（演讲）和 Caucus（磋商）。前者通过公共演讲的形式，可以充分锻炼"参会代表"的胆量、勇气和领袖气质，而后者通过"一对一"和"一对多"的演说、游说形式，在组建联盟的过程中培养了"与会代表"的组织领导力。会议最终所形成的 Resolution（决议案）需要不同国家的代表合力完成，因而在写作条款时的角度与妥协、合作与冲突，成为了考验代表们合作能力的试金石。通过了解其他国家的立场，学生们培养了站在不同角度解析问题的能力，从而在对事物的分析中，尽量避免以自己的视角来判断一切，做到了对形势的全方位把握和分析，也学会了沟通与妥协、让步与坚守，组织领导力显著增强。

总之，模拟联合国活动的开展，有利于学生了解联合国和国际形势，展现个人能力，培养团队精神，提高综合实力，增进国际理解，提升核心素养，适应终身发展和社会发展需要，为今后走向社会、走向世界打下基础。

课程5：研学旅行

"研学旅行"课程是全员参与式课程，结合政治学科的内容，在研学游期间，我们安排了学生开展经济、文化、环保、科技等系列的主题探究活动，学生通过亲身参与和合作，将活动成果与政治课堂教学结合起来，做到游中学、学中游、学中研的高度契合。"研学旅行"课程极大地调动了学生学习的积极性和主动性，并为学生自我学习和开展合作学习构建了平台，提高了学生的核心素养，培养了学生的家国情怀，促使学生树立国家观、历史观、民族观，效果非常好。

课程6：松湖之约

"松湖之约"是我校的生涯体验品牌课程，也是我校学生发展指导系列课程中的重要组成部分。由我校师生、家长和社会精英人士主讲，摒弃生硬的灌输和老套的讲演方式，用各具特色的角度、最平实的语言交流分享经历与感悟，让主讲的人和聆听的人都能共同得到成长。整个活动由学生组织，学生设计海报、摄影和摄像、撰写新闻稿，充分锻炼了学生们的组织和策划能力。现已经举行144期，每学期邀请10位职场精英介绍自身职业特点和个人成长故事，给同学们以生涯建议和指导。

苏霍姆林斯基说：只有让学生不把全部时间都用在学习上，而留下许多自由支配的时间，他才能顺利地学习。我们积极推进思政小课堂与社会大课堂相结合，以思政学科社会活动为载体开设校本课程，就是为了激发学生的学习兴趣，提高学生的学习积极性；引导学生参与社会生活，突出学生的课堂地位；让学生感受到真实体验的乐趣，充分调动学生的主观能动性，从而成为"全"学习者。

二、大思政视域下的文化育人

松湖朗中依托集团多元的优质文化母体，坚持以文化立校、多元育人的办学思路，为学生提供适合的多元发展的教育。"三礼四节，青春五月"的系列校园文化活动，成为学生施展才华和个性发展的重要平台。

松湖朗中一体化格局下的地方文化融入思政教育，是传承地方优秀传统文化、推动课程思政建设的过程，对坚定文化自信，落实立德树人的教育根本任务有重要意义。

松湖朗中通过研究，了解并利用地方优秀文化资源，探索出了地方优秀文化融入大中小学思政教育一体化建设的路径，推动了思想政治理论课改革创新，不断增强了思政课的思想性、理论性和亲和力、针对性以及思想政治教育的感染力、吸引力和实效性，提高了思政育人水平。

（一）理念文化引领

松湖朗中将总校的"对每一位学生的终身发展负责"的文化价值，植入为松湖朗中师生的文化认同，把体现时代精神的"立德树人""社会主义核心价值观"融入学校教育的核心目标，形成更为明确的办学目标、校园文化、管理理念等，凝聚成松湖朗中的核心价值观和共同愿景。

松湖朗中以"大气明朗 生命自觉"教育，即"朗生教育"为办学理念，建设以"四文、四明"为核心的校园文化和教育绿色生态圈，将"朗生教育"品牌的目标追求融合于学校管理、教育教学、后勤服务的具体实践中，转化为有清晰目标的指引、可操作的实践举措、能感知的成果体验，进一步提升学校办学水平。

（二）校园文化熏陶

松湖朗中充分利用学校新建和集团化办学时机，加强学校环境体系规划，加强学校文化的显性环境和隐性环境建设，努力实现校园"处处皆风景，一景一文化"目标。注重校徽、校训等校园文化标识在校园环境中的统一性与和谐性，以及学校的建筑、场室、墙壁、橱窗、雕塑等人文景观的规划与建设，以彰显学校主题风貌和教育意蕴。通过"我和春天有个约会"摄影大赛、手绘校园创意绘画比赛、每月一主题的班级板报、涵盖全年级所有师生的"最长创意全家福"、一班一品、一舍一品等文化宣传，引导学生发现美、维护美、传递美。

附：

"朗娃"形象诞生记

一所学校，拥有一个彰显学校自身品牌特色的IP形象是必不可少的。学校吉祥物是学校拟人化的"鲜活"角色，形象可爱的学校吉祥物，具有极强的亲和力，能够拉近学校与学生之间的距离，便于学校文化的进一步宣传。那么，松湖朗中的吉祥物——朗娃又是如何打造的呢？

把梦想变成现实

2023年12月1日，是松湖朗中65周年校庆的日子，毕业20年的校友叶少斌回到母校参加了"朗娃"雕像的捐赠仪式，一同参加活动的还有初二年级的陈颖霖、刘馨雅、梁斯茵、邱子珊、陈佳琦和刘韵珊，她们是学校吉祥物设计大赛的特等奖获得者团队成员，她们的设计方案通过全校师生的集体投票，最终以最高票数当选并被全部采用，同时借助了校友叶少斌学长的热心捐赠，做成了8个真人大小的可爱朗娃，被安放在学校的中庭广场。队长陈佳琦同学激动地说："感谢学校的支持，感谢老师们的指导，感谢学长

的慷慨解囊，我们的设计稿变成了现实，我们成为设计师的梦想也得到了实现！"

设计说明：

1. 外形寓意

外形创意来源于一个宇航员。它不仅代表着学校的育人目标——培养具有"智慧的脑、温暖的心、灵巧的手、有力的腿"等优秀品质和精神的人，还寓意着学生们活泼灵动的性格和充满自信的精神风貌。

2. 颜色运用

吉祥物以绿色为主色调，和校徽的颜色遥相呼应，既代表着勇气、宁静、智慧和深邃，又表达着孩子们的美好、自然、纯真。

3. 设计思路

①吉祥物左手举起，象征着松湖朗中的学生热情开朗友善的性格以及向未来招手的乐观和憧憬。

②吉祥物的头部造型是G，代表的是"莞"，充分体现莞邑

吉祥物"朗娃"

特色，头上的花朵，蓝白的校服，都具备浓郁的校本元素，让师生增添亲切感和认同感。

<h2 style="text-align:center">将理念化成具象</h2>

学校吉祥物承载着学校的教育理念、精神风貌与文化魅力，集中体现了学校的办学特色与优良传统，吉祥物不仅仅是一种图案设计，更是一种文化符号。为了提升全校师生对学校办学理念和办学特色的认同度，提高吉祥物的认知度与喜爱度，增加学校品牌的活力，2023年10月，学校发出倡议，动员全体师生参与吉祥物设计，通过项目式学习的方式布置下去，广泛发动，全员参与，不仅能提升学生感受美、鉴赏美、表现美的能力，更是对学生创新实践能力的综合培养。

怎样才能设计出美观、有效的校园吉祥物？本学习项目的负责老师整合美术、数学、信息技术、语文等多门学科知识，用12个课时让学生通过作品欣赏、自主设计、实际运用等环节具体贯彻落实在校园生活中。

（一）学习目标

1. 培养执行能力

通过实施该项目，以多种方式认识吉祥物，提出吉祥物设计基本要素，并逐步设计吉祥物，提升自己执行项目的能力。通过对问题的不断深入探究，养成持续学习、自主学习的习惯。

2. 培养创造能力

观察、认识与理解线条、形状、色彩等基本造型元素，运用夸张、拟人、变形等手法进行造型设计。学生根据自己的意愿，发挥主观能动性，自主定位角色，完成工作，培养创造力。

3. 培养协作能力

学生在自评与互评过程中，正确审视自己的作品，根据评价细则合理评价，并能和组员进行有效沟通，助力合作的进行和深入，培养合作意识。

（二）学习任务

任务	活动			
一、校园文化内涵的了解与吉祥物的概念认知	1. 校园文化的采集与整合	2. 探寻校园特色文化	3. 了解吉祥物的基本概念及基本设计方法	4. 学生活动：校园文化与吉祥物形象的有机结合
二、校园文化吉祥物的设计	1. 设计思路讨论	2. 图形初步设计	3. 初稿作品完善	4. 作品多元呈现
三、吉祥物成果评价	1. 吉祥物设计初稿文字评价	2. 吉祥物设计初稿绘制评价	3. 吉祥物设计成稿作品评价	4. 吉祥物设计多元创作评价

【任务一】校园文化内涵的了解与吉祥物的概念认识
活动1：校园文化的采集与整合如下图所示。

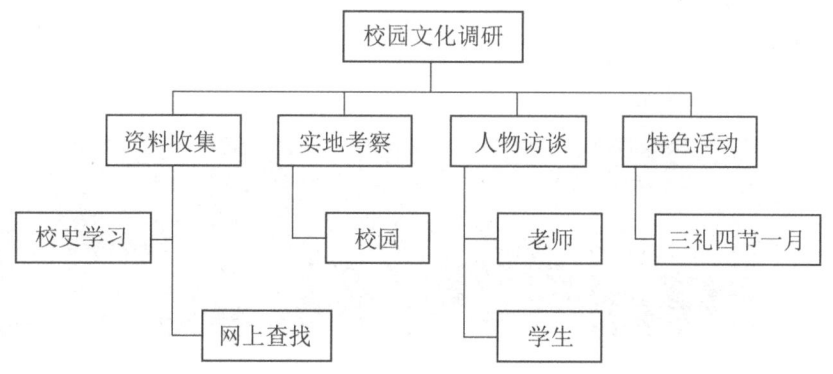

活动2：探寻校园特色文化，活动开展如下表所示。

仪式课程		有意义的初一体验	有个性的初二履历	有挑战的初三生活
仪式课程		入学礼仪式	青春礼仪式	百日誓师
		英雄中队命名仪式	祭英烈仪式	毕业典礼
校本节日	科创节	元宵节非遗游园	好问题大赛	百家讲坛
		心理健康周	心理剧展演	法治小主播
	读书节	青春五月	社团交流	翻山越岭意志行
		初小手拉手	创客嘉年华	追梦高中行
	体育节	校园运动会	校园运动会	校园运动会
		我和国旗同框	感恩有你	"慧心巧手"创意毛织画
		班徽设计	松朗少年说	篮球联赛
	艺术节	摄影作品展	社团活动展	学科素养展
		涂鸦水井盖	心晴手账	十大歌手

活动3：了解吉祥物的基本概念及基本设计方法。
活动4：将校园文化与吉祥物相结合。

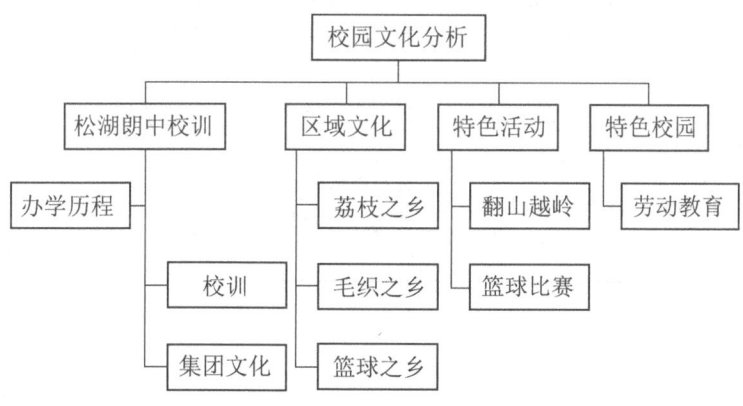

【任务二】学校吉祥物的设计
活动 1：设计思路讨论；
活动 2：图形初步设计；
活动 3：初稿作品完善；
活动 4：作品多元呈现。

【任务三】吉祥物成果评价

1. 吉祥物设计初稿文字评价表

评价要素	A	B	C	评价
设计思路是否清晰	文字表述清晰，条理分明	文字表述较清晰，有大致条理	文字表述模糊、笼统	
设计是否融合了校园文化	吉祥物形象设计能够从多角度融合校园文化元素	吉祥物设计大致结合校园文化，但没有具体表述	文字表述完全脱离校园主题	
文字对形象设计是否有指导性	能够清晰具体表述自己设计的吉祥物形象	文字表述笼统，有大致描述	文字表述无法清晰表达吉祥物的外形特征和精神内涵	

2. 吉祥物设计初稿绘制评价表

评价要素	A	B	C	评价
是否与文字表述一致	吉祥物形象与文字表述一致	吉祥物形象与文字表述基本一致	吉祥物形象与文字表述不一致	
作品是否具有原创性	完全原创	有一定的借鉴	基本依赖参考	
形象设计是否具有独特性	人物形象特点突出、独特性强	对人物形象有自己想法，独特性较强	与他人作品基本雷同	

3. 吉祥物设计成稿作品评价表

评价要素	A	B	C	评价
作品细化程度	五官、外形刻画细致，细节丰富	有大致轮廓，少量细节	作品粗糙，没有完成	
形象设计是否完整	主体突出、色彩丰富，有细节有背景	有主体，有颜色，没细节、没背景	只有草稿，半成品	
作品满意度	满意	一般	不满意	

4. 吉祥物设计多元创作评价表

评价要素	A	B	C	评价
作品整体性	作品整体形象很完整，制作精美，有主体，有背景	作品整体较完整，有大体形象，没有背景	作品粗糙，没有完成	
手法多样性	三种或以上	两种到三种	一种	
作品创新性	作品新颖、美观，创新性高	作品比较有趣，有一定原创性	作品完全抄袭，缺乏个人想法	

【任务四】最终形象确立

通过投票选出校园吉祥物后，学校跟专业的广告公司进行最后的对接，从CSP草稿、PS上色，到AE动态制作，由平面设计师和动画设计师共同完成。

让创意成为常态

校园吉祥物是一个学校的精神象征，其造型、形式也在一定程度上代表着学校的文化理念和办学特色，尤其是吉祥物体现在美学特征上的诉求，能够多方面链接学校在品牌识别上的诉求。

1. 形象多起来

以朗娃为例，从最开始的一个动作，到结合学校丰富多彩的文化活动而延展出了8个形象！

2. 课程"玩"起来

除了主形象,吉祥物"朗娃"的另外7个形象分别对应学校艺术、科创、体育、读书、青春、劳动和毕业7个课程,让学习变得更有趣,也把本来抽象的课程概念形象化,成为一个有生命的立体鲜活的存在。

3. 文创"用"起来

在设计学校吉祥物的过程中,还

向张桂梅老师展示校园吉祥物"朗娃"

需要与时俱进,进行拓展设计和延展应用。将"朗娃"融于日常生活,可制作周边衍生品,如校园卡套、摆件、记录本、手提袋、口罩、便签贴等,以更好地发挥其作为学校形象代言人的功能,也是学校用于对外交流和展示的特色纪念品。2024年6月,刘秋燕校长前往云南拜访张桂梅老师时就带上了学生用毛线织成的8个朗娃形象,受到张老师和华坪女高师生的喜爱。

以文化为魂、以美学为形的校园吉祥物"朗娃",不仅体现着松湖朗中秉持的理念,引导着师生的行为习惯,还能让审美活动的艺术性渗透进教育生活的细枝末节,让学生成为一个具有发现美、创造美的美育新人才。

(三)学校氛围育人

营造良好的校园文化氛围,建立健康的网络空间,以先进文化引导人、以高尚精神塑造人、以正确舆论影响人。在真正的学校里,应该是充满爱的,老师和学生在运用各种方式，去传承去培养爱的文化。对于一个孩子来说，他在这所学校的每一天都是一个关于爱和教育的文化日。例如，在东莞中学松山湖学校，11月10日那天从来就不只是一个吃鸡腿的日子，它是师生校友心中的图腾。9月12日是一个关于阅读的日子，在我们的一位语文老师第三本专著出版的那一天，我们将之定为夫子日。4月28日是微尘日，因为我们有一位学生在高中三年都坚持收集废旧草稿纸，这种微尘志愿服务精神值得所有人去传颂。除了师生，我们还记录职工、后勤老师的故事。3月12日就不仅仅是植树节，也是我们那位能准确无误地叫出每一位孩子的姓名、记住每一位孩子房号的宿管员的生日。我们还有一草一木的故事，2月10日是桂花日，5月3日是向日葵日，一个个日子、一个个故事，记录的都是爱，这种无声的教育是孩子毕业后伴随一生的温暖记忆。

2023"莞脉传承"活动走进松湖朗中，共赴中秋诗意生活

千年莞邑文化，承载了东莞极其厚重的历史文化底蕴。2023年9月25日，在中秋佳节来临之际，松湖朗中以"共赴中秋会"为主题，举行"弘扬莞邑文化 讲好非遗故事——2023'莞脉传承'非遗进校园活动"，传递中秋佳节的美好，共赴一场中秋时节的诗意生活。

了解和感受非遗文化内涵

翠袖红裙、宽袍广袖、青衫白褂⋯⋯在松湖朗中，师生们身着传统汉服，成为一道靓丽的风景线。手提花灯，诵读国学经典，挥洒书写之豪气，在一撇一捺、一笔一画中感受汉字之美。优秀传统文化的魅力，似一股涓涓细流，流淌在学生们心间。

为让更多的学生了解和传承非物质文化遗产，松湖朗中邀请粤剧脸谱、咏春拳、木偶戏、醒狮、花灯制作等非遗传承人、专家和艺术家，为全校师生带来一场场精彩纷呈的非遗表演和展示，让师生在沉浸式体验中更好地了解和感受莞邑文化的独特魅力，鼓舞和振奋师生们学习和传承非遗文化的热情。"非遗进校园 共赴中秋会"活动得到了全校师生的热烈响应。非遗传承人通过丰富多彩的展演及互动形式，展示非遗文化的独特魅力，许多学生驻足观看、欣赏，并积极参与到活动中，更加全面地了解和感受非遗文化的内涵。

活动现场，不仅有东莞非遗项目的展示和表演，还有学生们亲手制作的非遗手工艺品展览，充分展示了学生们对非遗文化的热爱和传承精神。在非遗传承人的指导下，学生们亲自体验非遗技艺，亲手制作非遗手工艺品。此外，活动现场

还举行了中秋传统文化体验活动，学生们在各项目间游戏，感受传统文化，共度中秋佳节。

千名师生齐诵中秋诗词

"万里此情同皎洁，一年今日最分明。"为迎接中秋佳节的到来，松湖朗中还举办了"畅游松朗园，共颂中秋赋"朗诵活动，初一、初二两千多名师生齐诵中秋诗词，琅琅书声飘荡在校园里。

活动开始前，松湖朗中校园被装扮一新，教学楼灯笼高挂，墙壁挂上了传统元素装饰品，荷花池畔支起了月球形状的彩灯。夜色降临，灯光亮起，校园内灯火璀璨，充满浓浓的节日气氛。师生们身穿中华传统服饰，手提红色灯笼，立在教学楼走廊中，一时间，校园流光溢彩，峨冠博带，衣香鬓影，好不热闹。师生们合唱的一曲《但愿人长久》打破校园的宁静，悠扬的歌声在校园流淌。随着齐诵开始，全体学生的诵诗声响遏行云，首首中秋诗词划破夜空，直抵蟾阙。荷花池畔，师生围坐月亮灯旁，手举灯笼，赏月品诗；身着华服，翩翩起舞，为这听觉盛宴又添一段视觉享受。

"阴晴圆缺都休说，且喜人间好时节。"一首首中秋诗词，既表达了师生对中秋佳节的美好祝愿，更是对优秀传统文化的传承。

热爱和传承中华优秀传统文化

无论是非遗文化体验活动，还是千人齐诵中秋诗词，这场跨越千年时空与古人的对话，倾听其心声，感受古人的精神世界与风骨气节，让广大学生对中华优秀传统文化的感触与理解更为深刻。

"从诗词中，我感受到了古人对月亮和中秋的赞美、喜爱，从中获得情感的共鸣。"初一学生杨扬说，当读到"皎皎秋空八月圆"时，仿佛看到一轮皎洁明亮的月亮；在读"中庭地白树栖鸦"时，仿佛看到一幅清冷、沉静的图画；在读"何事长向别时圆"时，仿佛看到苏轼对亲人的思念。

"在学校看到非遗传承人亲自演示传统木偶戏，不但满足了我的好奇，更让我感受到了传统文化的魅力。"初一学生雷涵棱在小学时就了解过木偶戏，对其情有独钟。他说，木偶戏，在我国古代又被称作傀儡戏，已经有2000多年的历史，是我国不可多得的宝贵文化，作为青少年学生，应努力学习并传承发扬中华优秀传统文化。

"千人诗朗诵不仅提高了我们的个人素养，还能让我们用古诗聆听世界，也能让我们与诗人感同身受，从而热爱古诗词，享受古诗词带来的乐趣。"初一学生高艺洋说，原来古人这么有格调，可以把相思写成"情人怨遥夜，竟夕起相思"，简直太美啦！

实际上，松湖朗中十分重视对学生的传统文化教育、非遗传承教育，把非遗引入课堂，共建高质量校本课程。"留住传承，就是留住了历史，就是保存了文化的命脉。"松湖朗中副校长莫胜介绍，松湖朗中是非遗文化传承的沃土，近年来，该校成功将大朗传统非遗项目引入校园，开设毛织艺术、木偶戏、女子舞龙、舞麒麟、粤剧、艺术摄影、压花艺术、陶艺等校本课程，让非遗项目在校园生根发芽，希望同学们认真学习非遗文化，在实践中积极创新，以实际行动来践行对优秀传统文化的热爱和传承，并不断地将其发扬光大。

（四）地方文化浸润

2022年9月1日，松湖朗中新校落成，同时开启了与东莞中学松山湖学校集团化办学的新篇章。为积极践行"五育并举，全面育人"的教育理念，打造特色校本课程，弘扬非遗文化，打造文化新名片，助力学校教育高质量发展，学校开展"非遗进校园"育人教学活动。

2022年9月21日"非遗进校园"活动启动仪式中，作为新任命的学校党总支书记、校长，刘秋燕与大朗镇文化服务中心文物、非遗办公室主任刘浩良，及非遗课程导师举行了共建课程导师受聘仪式，给每一位导师颁发了荣誉聘书。大朗镇是中国羊毛衫名镇、篮球名镇、中国荔枝之乡、广东省民间文化艺术之乡，有着丰富的课程学习资源，随着非遗导师们的加盟，我校增设了"舞麒麟工作室""女子舞龙工作室""木偶工作室""粤剧工作坊"等多项大朗非遗特色校本课程。

而"女子舞龙"课程案例，则是我校非遗繁花丛中绽放的一朵艳丽玫瑰，形成松湖朗中特色美育名片。

附：

非遗课程"女子舞龙"美育实践案例

黄珠婉

课程简介

龙脉千年，龙是中华民族的图腾，也是文化的象征，舞龙，既是龙的传人世代不变的情怀，更是华夏子孙延绵不绝的传承。在东莞，最负盛名的莫过于历史悠久、源远流长的大朗镇大井头舞龙了。

学校"女子舞龙"非遗课程邀请了校外的广东省非物质文化遗产舞龙项目

代表性传承人、大井头居民叶伍槐,以及叶淑娟、叶凤嫦、叶艳玲等专职教学老师,按照学校授课要求,给女子舞龙队的小学员们传授舞龙技艺。年近70岁的叶伍槐老师在大井头村从小对舞龙耳濡目染,对舞龙有着深厚的感情。

课程实践

舞龙队由龙珠、龙头、龙身及锣鼓队组成,龙身约20米长,重量将近10公斤。一支舞龙队由10人组成,其中1人耍龙珠,1人舞龙头,8人摆龙身。舞龙过程需要10人通力协作,配合默契,方能舞得灵动,舞得鲜活,由此可知,舞龙队就是一项体力活和技术活。

我是学校安排负责组织女子舞龙非遗课程的校内老师。第一次训练开始了,孩子们怀着兴奋、激动、无比期待的心情等待着老师们的到来。叶淑娟、叶凤嫦、叶艳玲三位老师指导舞龙队。训练开始了,三位女老师从步伐、手臂运转动作等基本功方面进行耐心细致的讲解、示范、指导,并传授了"跳龙头""跳龙尾"几个基本动作,小队员们一边认真听讲解,一边艰难地举着龙身模仿着挥舞着,手脚并用,一圈跑下来,孩子们大汗淋漓,气喘吁吁,一个回合就让这些小女生们真切感受到学习这个"苦活"可真不是凭一腔热情就可以扛下来的,这可是一个极大的挑战。叶伍槐老师则传教锣鼓队。三个孩子专注地听着叶老师详细地讲解敲打锣鼓、击打钗钹的动作要领,按照老师指导的持鼓棒、握钗钹的姿

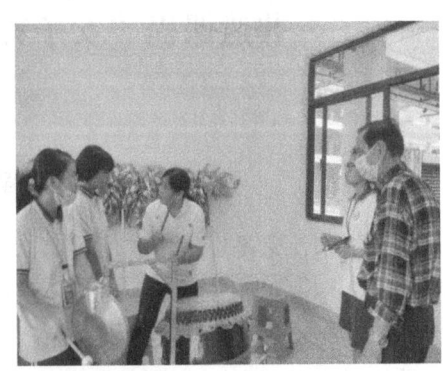

"女子舞龙"课程教与学的精彩瞬间

势,小心翼翼地跟着节奏,边看边学边敲边击,阵阵锣鼓声钗钹声此起彼伏,震耳欲聋,几回下来孩子们的手都抖了,耳朵都炸了,对她们来说,敲锣打鼓更是一个极大的考验。小队员们作为从零开始的零基础学员,一个基本技术动作都要重复学习几次,两节课下来,孩子们说实在太累了,手力、腿力、体力都跟不上。再接下来的训练,时不时有孩子跟我说想打退堂鼓,小晴则是最强烈要求的一个。那天,她跑到我办公室跟我说:"老师,我想退出舞龙队,妈妈说学习舞龙又累又浪费时间。""嗯,舞龙真的很累很累,可我们好不容易抢到自己心仪的课程,仅仅是怕苦怕累就退缩,打消我们学习非遗、传承非遗的决心,可不像我们朗娃精神哦,至于妈妈说浪费时间,老师相信你用心学下去会有自己的解读的,我们在平时紧张的学习生活中,能有一个这样放松的机会,老师认为是很有必要的,也弥足珍贵。还有,在这里,有很多相同爱好的朋友,有非常棒的非遗传承老师,尽管辛苦,但从中我们也可以锻炼身体,锻炼毅力,还可以成为非物质文化遗产的传承者,是一件多么有意义的事情哦。老师相信,再坚持一下,你将会遇见更好的自己。"

别林斯基说:"没有爱伴随着美,就没有生命,没有诗。"最初几周的学习,"辛苦"是每个队员的高频词。学习训练的课余时间,我与传承老师、小学员们经常交流训练体会,导师们也积极探索教法,利用各种途径激发孩子们学习的兴趣。如带领小学员们实地走访大井头社区,探索舞龙文化,通过现场采访、摄影、资料查询等方式,记录下它们的历史故事和文化内涵,深化对地方历史和非遗文化的认识和理解,让孩子们深刻认识到文化传承的重要价值、责任感及使命感,激发孩子们对非遗的传承决心;还有老师们课间会向小学员们展示大井头龙灯折纸传统手工艺品,讲解龙的相关知识,让小学员们在愉快的氛围中感受龙的文化;此外,还鼓励有兴趣的孩子制作舞龙宣传海报,向学校的同学介绍和传播非遗舞龙民族文化;老师们传授舞龙技巧、锣鼓敲击手法时尽量用适合初中生学习特点的方式讲解;在保证进度的同时,学习20分钟就停下来让大家自由休息一下,也可以与老师、同学自由谈心互动,畅所欲言;每节课老师还记录大家的学习训练过程,课后,老师们集中一起回看视频,相互讨论训练成效,哪里有进步,哪个位置舞得较快,怎么走步伐更灵活更美,哪些地方需要改进,积极商讨改进策略,确保为朗娃提供专业、高效的指导。老师还经常鼓励孩子们说,学习传承非遗不仅考验大家的体力,更是考验大家对传承非遗的决心。渐渐的,非遗传承的课堂焕发出生命力,气氛活跃起来了,孩子们对学习舞龙的兴趣越来越浓厚了。

浓厚的舞龙氛围

随着时间的推移，慢慢的，孩子们变了，不再叫苦叫累了，学习的积极性高了。练习时老师还提议小学员们，赋予龙鲜活的生命，在不断的练习中熟记动作，还可以创新动作，在舞法上加入一些新鲜元素，就更能体现朗中舞龙队特色，鼓励大家发挥丰富的想象力，共同把舞龙传统文化发扬光大。"我喜欢舞龙，虽然有时候很累，但可以提高我们的身体素质，培养团体协作的精神，我觉得很自豪，非常有意义。"舞龙队组长婷婷同学说。

课程成效

2024年龙年，2月20日上午，学校女子舞龙队与男子舞龙队组合在新学期开学典礼上献上了一场震撼人心的开场舞龙表演，这是我们小队员首次登场，初展风姿。典礼伊始，锣鼓齐鸣，全体小队员们闪亮登场，个个精神抖擞，自信从容，虎虎生风的两条彩龙带着祥瑞与祝福，在舞台上翻腾飞跃，在师生间欢腾起舞，威风八面地舞起来了！展现出了中华传统文化的魅力，舞出了松湖朗中学子的风采，赢得阵阵喝彩。

新学期开学典礼上的开场舞龙表演

学校少先队大队辅导员苏佩仪老师提议说，我们的非遗课程女子舞龙已初见雏形、初显规模了，可以尝试拍视频推出去参赛了。2024年3月21日，在苏佩仪和黄淑君老师的带领下，小伙伴们带上舞龙道具，来到了学校正门广场上，

"咚咚咚咚锵，咚咚咚咚锵……"和着铿锵有力的锣鼓声，我们的舞龙又一次华丽上演，长长的金龙在龙珠的引导下，在小队员们的手中上下翻飞，或腾空跃起，或翩然游荡，穿龙身、跃龙尾……尽展舞龙风采，大家动作娴熟，配合默契，小队员们自信的笑脸在金色阳光里熠熠生辉。尽管参赛结果不是很理想，但是，相信孩子们在接下来不断的训练学习中，龙舞终将会大放异彩。小队员们用坚定的信念、顽强的毅力和团队协作精神，展现了松湖朗中朗娃的力量与风采。她们是朗中"铿锵小玫瑰"，更是传承和弘扬中华优秀传统文化的美的使者，优秀的舞龙技艺在她们的手中焕发新时代光彩，在朗园美育花园中绽放着绚丽光芒。

三、大思政视域下的活动育人

在"大思政"视域下，活动育人不再是传统意义上的德育活动，而是将思政教育元素融入学生日常学习生活的各个方面，通过丰富多彩的活动，潜移默化地对学生进行思政教育，促进学生全面发展。

我们精心设计、组织开展主题明确、内容丰富、形式多样、吸引力强的教育活动，以鲜明正确的价值导向引导学生，促进学生形成良好的思想品德和行为习惯。

一方面结合各学科课程教学内容及办学特色，充分利用课后时间组织学生开展丰富多彩的读书、科技、文娱、体育等活动，为学生创造一个适合他们生命成长的磁场，让他们感受丰富的人文世界、博大的科学精神，让他们享受花季年华应有的欢乐和幸福，让他们展现年轻生命的奔放与灵动。

比如，每年10月举办"读书节"活动月，宣传阅读的重要性，让学生们爱上读书，培养阅读习惯。校园"科创节"，在"教育双减"政策下为科学教育做"加法"，深化科学课程改革，强化技术与工程实践，探索科技创新教育的路径，并推动以项目化学习为核心的学习变革。体育节，通过组织各种体育活动，引导学生积极参与体育锻炼，增强身体素质，提高健康水平。而其中的团队比赛和集体活动，能够培养学生的团队合作精神，提升团队协作能力。艺术节，旨在弘扬艺术文化，丰富校园生活，挖掘学生潜能，促进全面发展，提升学生综合素质，培养创新能力，增强团队合作精神，培养良好人际关系，激发学生自尊自信，提升自我价值，以及营造浓厚校园氛围，推动校园文化建设。

学校还利用重要时间节点，创设情境，组织系列活动，以强烈的感染力促使学生道德情感的升华，促成道德教育理性与感性的融合、理论与实践的统一，成为学校德育的一个亮点。比如，在毕业礼中，通过庄严的场景、浓郁的松湖特色文化氛围、富有创意的活动设计，使毕业生们在这种强烈的情感体验中感受到师长的关爱和同窗的深情厚谊，体会到一种神圣和责任感。其中，以"松湖莞中，我永远的家"为主题的毕业典礼活动，让学生们记忆深刻，正如一位毕业生所言："这次毕业典礼，带给我深情的记忆，激发我奋力前行的自信，我将铭记终生。"

成人礼中，我们播放学生从小到大的成长照片，将学生的记忆大门缓缓打开，一件件小事、一滴滴父母之恩、一片片师长之爱，再现在孩子眼前。在孩子感动之余，让他们对父母说出"亲情悄悄话"，提笔写下"我的成人梦想"。孩子们真挚的话语中，流露着对父母师长浓浓的爱意和对未来美好的憧憬，这种情感的诱发来自于活动情境的创设，带给孩子们"被爱"的体验。这一内心的情感体验，催化了学生道德行为的养成，促进了学生品德的发展。

实施"点亮"行动，"双减"背景下做好科学教育"加法"

广东省东莞市启动中小学科学教育"点亮"行动，构建完善的学校科学教育体系，培养青少年学生创新意识、科学精神和实践能力，努力做好"双减"背景下的科学教育"加法"。为营造"爱科学、学科学、讲科学、用科学"的校园文化氛围，引领学生体验科学魅力、拓宽科学视野、探索科学奥秘，提高实践探究能力，助力学生全面发展，在这春暖花开的季节里，松湖朗中开展了第一届科创节。

航天科普讲座

自2003年神舟五号成功发射以来，我国从载人飞船、太空空间站、月球和火星探测、对地观测、空间科学、北斗卫星导航等多个方面推进航天重大工程建设，同时加快军民融合发展，让航天技术更好更快地服务经济和民生。为让更多青少年学习航天知识、探求宇宙奥秘，领略我国航天事业的发展成就，松湖朗中特邀请东莞中山大学研究院进校园开讲"逸莞科普——启航未来，逐梦苍穹"系列科普活动。本次活动由田立丰教授给同学们带来《飞机那些事儿》科普讲座。

本次讲座普及了航天知识，激发了学生们的创新潜能，使科学思想在校园中广泛传播，倡导了积极向上的先进文化和科学、健康、文明的生活方式，增强了学生立志报国的决心，全面落实了科教兴国战略和可持续发展战略。

高冷爬宠进松朗

自然界中充满各种各样神奇的生物，爬行世界更是值得一窥的小天地。各种类型的蜥蜴、蜘蛛和蛇等冷血类动物,它们体内没有调节自身体温的机制,仅靠自身行为调节体热的散发或从外界环境中吸收热量来提高自身的体温。本次活动让同学们近距离观察小动物,感受大自然的神奇与魅力。

在爬宠科普展活动中,学生们通过观察、触摸、体验等过程点燃心中科学的火种。指导老师引领学生们将理论知识与实际相结合,激发同学们尊重生命、热爱自然的情感,树立正确的生命观。

"鸡蛋撞地球"比赛

古人云:"以卵击石,不自量力。"当鸡蛋撞上地球,是以卵击石的不自量力,还是一切皆有可能呢?在松湖朗中就有一场别开生面的"鸡蛋撞地球"比赛。同学们把自己的奇思妙想,用科学的方法将一枚鸡蛋通过各式各样的装饰保护起来,既展现了丰富的创意,又保证了外型的美观。

天文观测

联合东莞科学馆开展"自然科学站——天文观测活动",为松湖朗中师生带来了一次户外天文体验活动,让他们"零距离"感受天文的魅力,实现馆校合作、共育英才。

天文观测活动内容包括天文知识讲座及使用天文望远镜观测星空。东莞科学馆辅导员深入浅出地为师生们介绍了当晚可见的星座、亮星、星云、星团等天文知识,并手把手地教同学们如何使用天文望远镜及观测星空。

天文观测活动让在场的学生都感受到了天文观测的独特魅力,燃起了对天文学的强烈兴趣,将科创节活动推向高潮。

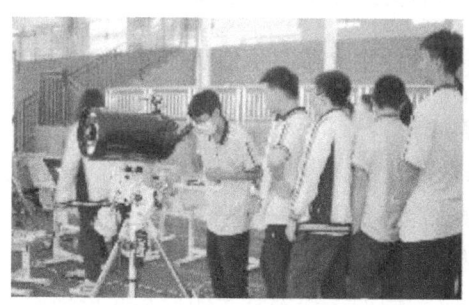 

松湖朗中师生开展户外天文观测活动

专论 2-3

喜看稻菽千重浪　倾听幼竹拔节声
——东莞中学松山湖学校依托学生社团活动
培养中学生社会主义核心价值观的实践与思考

青少年的价值取向决定了未来社会的价值取向。习近平总书记说，价值取向的养成像穿衣服扣扣子一样，如果第一粒扣子扣错了，剩余的扣子都会扣错。党的十八大报告提出积极培育社会主义核心价值观，倡导富强、民主、文明、和谐，倡导自由、平等、公正、法治，倡导爱国、敬业、诚信、友善。如何帮助学生培育和践行社会主义核心价值观，"扣好人生的第一粒扣子"，是当前学校德育的重要内容。正如美国著名哲学家、教育家杜威所言，孩子们在餐桌上学到的远比在课堂上学到的更多、更有效。学生社团作为学生自愿组成、自主开展活动的非营利性学生组织，良好的社团组织与健康的社团活动有利于营造潜移默化、润物无声的社会主义核心价值观教育氛围，对于印证和升华学生对社会主义核心价值观的认知、培养学生践行社会主义核心价值观的实践能力具有重要作用。

我校现有四大类 28 个学生社团，在学校的统一指导下，这些学生社团既为社会主义核心价值观成为学生的自觉意识和价值信仰提供了有效路径，也为学生践行社会主义核心价值观提供了重要场所和阵地，成为社会主义核心价值观教育的重要隐性课堂。现将我校的实践和思考总结如下。

一、正心：坚持以理想信念教育为核心，让社会主义核心价值观在学生心中萌芽

心正而后身修，学生对社会主义核心价值观的认可，是其自觉内化于心、外化于行的前提基础。我校的做法是依托松湖青年团校、法学社、史学社等理论学习型社团，开展主题教育报告会、时事专题讲座、专题讨论会、"重走东纵路"夏令营等活动，引导学生更加自觉坚持社会主义核心价值观，进一步增强历史使命感和时代责任感。例如，松湖青年团校是我校理论学习型社团的优秀代表，每学期一次的入团发展对象集中理论学习活动和每月一次的形势政策报告会，满足了同学们对经典理论知识和时事政策知识的渴望，贴近了同学，贴近了实际，吸引了大量同学参加。松湖青年团校连续4年参加了"重走东纵路"夏令营活动，学生穿上迷彩服，背上行囊，沿着东纵

英魂的足迹前行，进行军事训练，接受爱国主义教育。为了让参与的营员体验艰苦生活，感受当年东纵老战士的艰辛，学习独立生活和集体生活，活动期间，营员不能自带金钱，不得使用通信器材。经过了5天4夜的活动，同学们虽然晒得又黑又红，甚至都晒掉了一层皮，但他们都表示，"掉皮掉肉不掉队，流血流汗不流泪，一颗红心跟党走，东纵精神永传承！"史学社的同学们通过出版每月一期的《春秋月摘》报和开展会员心得交流活动，自觉学习、研究、宣传、实践马克思主义理论，政治觉悟和思想认识水平不断提高，所以史学社被同学们形象地称为"红色社团"。

法学社已经连续10年举办学生模拟法庭活动，学生通过搜寻案例、角色扮演、模拟庭审现场的方式，弘扬了法律精神，培养了知识产权保护意识，体现了"社会主义核心价值观"中"民主、平等、公正、法治"的理念。

学生模拟法庭现场

二、正言：发挥校园文化熏陶和感染作用，潜移默化中传播社会主义核心价值观

辨物正言、学会筛选、正确抉择，是实现中学生社会主义核心价值观教育认同的关键。中学生处于价值观逐渐形成和逐渐固化的阶段，容易受多元信息和文化的影响，多元信息和文化给社会主义核心价值观教育带来了挑战，在众多的信息和文化资源中，学生产生了多元价值的冲突和矛盾，产生判断困难和选择困难。因此，我校学生社团积极开展一系列健康有益的校园文化活动，帮助同学们增强自身明辨是非的能力，树立正确的世界观、人生观和价值观。例如，我校现有兴趣爱好型社团18个，社团成员积极开展各种丰富多彩、喜闻乐见的文艺娱乐、体育健身类活动，在校园谱写着青春和智慧的华美篇章，也让核心价值观变得通俗易懂，入脑入心。绿尚社开展环保漫画创作比赛，彰显"和谐"的意义；书画社为全校师生书写春联，在书写汉字的过程中渗透"爱国"的理念；DIY社开展"诚信手环"编制活动，将"诚信"这一抽象的道德概念变为具体化生活化的形式；电影社的同学拍摄了《梦想不息》校园微电影，学生和教师自创、自编、自导、自演，并通过观看微电影进行深入探讨，让学生主动参与、乐于参与，使之成为展现自我、传播信念、提高教育效果的舞台；在如何正确对待网络信息和

各种新兴媒体的问题上,校辩论社的同学先后组织了"网络安全,自律和他律哪个更主要""网络令人更亲近还是更疏远""松湖贴吧,利大于弊还是弊大于利"三场全校性的辩论赛,在论辩中同学们学会辩证地看待网络,自觉地规范自己的网络言行,为减少网络不道德行为、增强网络舆论引导、营造能够发挥正能量的环境系统发挥了重要的作用,更感受到了"自由""文明"的价值;模拟联合国社团将社会主义核心价值观融入社团活动中,学生的爱国意识、公民意识有了明显的提高,在民主科学的宏观视野和公正法治的思维模式等方面取得明显进步;街舞社和音乐社的同学们更是独具创意地设计了"青春快闪·我为社会主义核心价值观代言"的活动,36名身着"我为核心价值观代言"白色T恤的同学蜂拥而上,瞬间站成整齐划一的队列,跟随着音乐节拍翩然起舞。同学们青春靓丽、朝气蓬勃,律动的身姿、带感的动作让现场震撼力十足。舞蹈结束时,"我是松湖学子,我为核心价值观代言"的口号响起,深深感染着现场观众。

近年来,我校团委坚持"感悟优秀人生、正己修身成长"的活动宗旨,举办了"松湖之约"校园人生分享会活动。活动完全由学生独立组织策划、设计海报、摄影和摄像、撰写新闻稿,学生自主邀请我校师生、家长和社会精英人士主讲,摒弃生硬的灌输和老套的讲演方式,嘉宾以各具特色的角度、最平实的语言交流分享经历与感悟,主讲的人和聆听的人都能共同得到成长。两年下来,我们共举办了40场讲座,既有优秀校友与母校温暖动人的故事、在大学生活的意气风发,又有家长代表畅谈人生的深刻大气、讲述生活的艰辛坚韧,还有教师榜样的智慧隽永、教育背后的难忘故事,"松湖之约"的影响力和辐射力也在不断增强,听众由50多人增至300多人。在听故事之余,同学们用自己的视角去理性地分析和评价人生及社会中的种种事情,也带动了更多的同学去感受并传递正能量。

三、正行:通过灵活生动的体验教育,把社会主义核心价值观渗透到学生生活中

笃实正行,是社会主义核心价值观教育的追求和归宿。中学生正处于价值观形成的培育期,思想观念趋于形成,对社会价值认识、价值体验乃至价值情感的认识一旦被同学们通过社会实践所证实,就会由感性的价值认知内化为理性的价值认同,因此社会实践是中学生对社会主义核心价值观接受、认同、深化的一个过程。坚持教育和实践相结合,要求教育者立足于社会实际情况,立足学生的思想实际,发现、解决学生的新情况、新问题,在解决实际问题中培育学生的社会主义核心价值观。因此依托社会公益性学生社团,通过宣传、介绍、推广志愿服务、奉献等活动,使学生通过亲身体会,

实际接触社会、了解社会，增强建设中国特色社会主义事业的价值认同度和历史责任感，把社会主义核心价值观内化为个人的精神追求，做到知情意行的合一。

我校青年志愿者协会秉承"呼唤爱心、传播爱心、奉献爱心"的精神，以服务校园、关心老人、守望同伴等为主题开展了一系列公益服务的志愿活动。作为东莞市志愿服务先进组织，连续6年前往大岭山敬老院开展爱心敬老活动，他们自制小礼品，与老人们聊天、嘘寒问暖。连续6年前往长安镇向日花儿童康复中心探望孤独症和听障儿童，志愿者们精心设计了绘画课程、"装石子"课程、体育活动和音乐课，带给特殊儿童关爱的同时，也感恩自己生活的幸福，并积极动员身边更多的人给予特殊儿童更多的关注。连续6年开展校园爱心义卖活动，筹得善款20余万元，全部捐给了校内外贫困的学子，帮助他们完成学业。同时，连续6年每年组织50名学生志愿者，先后前往韶关市新丰一中、韶关市新丰三中、清远市英德大湾青坑学校开展为期2天的"火红的青春"社会实践活动，深入粤北山区了解、体验当地学生的学习和生活状况，开展牵手助学活动。志愿者们带去了义卖筹得的善款，还带去了大量的书籍和文具，先后资助捐建了1个图书室和1个活动室。志愿者们深入细致地了解了粤北山区学生的学习、生活状况后，他们都被当地学生物质上的匮乏和精神上的丰盈所感动，深受震撼。返校后，每一位学生都撰写了活动心得体会。他们还将这次经历和感受写成国旗下的讲话，出版专题校报，向老师同学们作了详细的汇报。志愿者们在不追求任何物质报酬的情况下，自愿贡献个人力量；为推动人类发展、社会进步和社会福利而提供的服务，有效激发学生的爱国情怀、培养敬业精神、树立诚信品质、培育友善品德，培育和践行了社会主义核心价值观。志愿者组织走出课堂，走出刻板的理论框架，避免了空洞的说教，把社会主义核心价值观的理念变成具体的实践行动，使学生在社会实践中理解人生的意义，感受人生的价值。

学校在社会主义核心价值观的教学活动中，依托学生社团活动这一载体，根据中学生的身心特点和成长规律，尊重教育认同主体的差异性，使教育内容更加具象化，润物无声地帮助中学生对社会主义核心价值观形成从具体到抽象、从感觉到思维的认识，再通过具体言行逐步升华到对价值观的整体把握。我校学生社团在社会主义核心价值观培育方面进行了一些积极的探索，取得了宝贵的经验，也存在较大不足，我们将与时俱进、开拓创新，让广大青年学生将社会主义核心价值观内化于心、外化于行。

（此案例曾获教育部"全国中小学社会主义核心价值观教育优秀案例"）

专论 2-4

人人参与艺术节，人人享受艺术节
——东莞中学松山湖学校艺术节管理案例

文化和艺术是学校发展的灵魂和精神，校园有了文化，才有了沉稳；校园有了艺术，才有了灵动。东莞中学松山湖学校（下称"松湖莞中"）脚踏实地求文化之真，仰望星空达艺术之美，秉承东莞中学优秀的文化传统，坚持"人人参与艺术节，人人享受艺术节"的理念举办校园文化艺术节，让艺术节成为一种节日，让艺术成果带给师生们美感，也让师生们尽情享受在创造艺术的过程中所带来的快乐。

2005年11月，诞生刚刚不足100天的松湖莞中在"生产队"水平的风雨球场举行了第一届校园文化艺术节，至此连续成功开展了十一届。泼一抹墨色，国风浩浩；调几声弦音，民韵悠悠。十二月的松湖校园，变成艺术的殿堂，一年一度的校园艺术节成为校园的盛大节日，合唱、舞蹈、戏剧、书法、绘画、器乐、插花、摄影等多般才艺竞展示，齐奏高雅的青春之歌。尤其是每年的文艺晚会，现场气氛热烈，台上台下的师生都尽情投入、尽情欢呼，享受其中的美与快乐。

经过多年经验的积累，我校艺术节已基本形成了一套相对固定的传统项目和有效的组织办法。

一、校园文化艺术节的主要内容

逐年的尝试、探索和总结，我校艺术节的内容不断地更新和完善，现在已基本形成四大类相对固定的项目，分别是：

①比赛类：包括现场插花比赛、学生软硬笔书法比赛、海报设计创作比赛等。

②讲座类：包括插花艺术讲座、动漫创作讲座、摄影技术讲座等。

③展示类：包括"巧手绘历史"学生历史小创作展、"松湖新苗"书法、绘画、版画、摄影、插花艺术作品、手绘雨伞、手绘环保袋、服装设计、手工艺品等艺术作品展。

④晚会类："天籁之英"英文歌曲比赛、"激扬青春"高一年级文艺汇演、"欢乐松湖"高二年级文艺汇演、"放飞梦想"初二年级文艺汇演、"风华少年"初一年级文艺汇演、"打开音乐之门"器乐展演、"激情松湖夜"

文艺晚会等。

总体来说，无论在形式和内容上都呈现出多元化，既有美术、音乐方面的艺术项目，又有插花、摄影、书法、手绘等多方面的创作项目；既有侧重学生自己创作展示类项目，又有侧重学生鉴赏学习类项目；既有侧重普遍参与性的艺术展演，又有欣赏性强的高雅艺术专场演出；既有从省市外面请进来校园的演出项目，又有校园师生原创的演出项目。

二、校园文化艺术节的组织形式

艺术节是一个大工程。艺术节的成功举办与学校各个部门的相互合作和密切配合分不开，这是团结合作的结果。艺术节不仅仅是艺术老师的事，学校总务处为之做了许多后勤保障工作，办公室、教导处、德育处、各年级、各科组为之做了大量学生的组织管理、活动协调工作，信息科组的老师在每一场的排练和演出都要出现，多才多艺的老师们在繁忙的工作之余紧张排练，校园文化工作室的老师负责各项活动的摄影和撰写通讯稿……还有许多负责各个项目的老师要为之加班加点，在这里凝聚了许多老师和职工们的辛勤汗水！

每一届艺术节，我们都要专门成立筹备组，由校长们组成领导小组，全面负责艺术节活动的总体策划和统筹安排；活动执行小组包括办公室、教导处、德育处、团委、艺术科全体老师、全体年级组长、相关科组长、校文化工作室等，分别承担联系和接待上级单位、兄弟单位，经费保障、后勤工作、场地安排和布置，艺术节与常规教学相关问题协调安排，艺术节与年级管理等相关问题的协调；讲座类活动安排、主讲嘉宾的外请与联系，艺术节音响设备及其他电教电器设备的统筹与调配，标语、横幅、拍摄等宣传工作，展出类的场地安排，以及有关新闻报道的协调等工作。

在艺术节前两个月就召开筹备会议，讨论本届艺术节的具体项目、时间安排和详细的分工安排，然后各部门分头定计划、组织人员、发布作品召集宣传等筹备工作；在艺术节来临前两周，还要再次召开筹备组会议，对各个项目的场地、器材、经费、宣传进行统一编排、调配、统筹，以保证众多项目能有序高效地进行；在艺术节到来的那一周，还要专门利用升旗仪式在全校做好广泛动员，号召师生积极参与；而在每一个项目开始的前一两天，都要进行彩排，保证场地设备万无一失。

三、校园文化艺术节的收获

1. 艺术节是师生共同享受艺术熏陶的盛宴

艺术节期间，校园内洋溢着浓浓的艺术气息，不仅仅是舞台上悠扬的旋律、灵动的舞蹈，展板上的书法绘画作品，即便是一个标语、一张海报都可能是一幅艺术品,这是学校艺术教育、素质教育的一次集中展示。师生们共同从中感悟美、欣赏美、创造美、享受美!

为了弘扬主流文化,在艺术节节目的选取时便明确要求,节目需健康、高雅、艺术性较强,能体现和引领校园优秀文化,鼓励展演具有校本特色的创新节目和具有民族特色的传统节目。道具、服装要经相关部门审核,不能有危险性的道具,服装要大方,适合中学生特点,不能过于裸露另类。我们用青春的旋律来阐释艺术,我们用无限的激情来演绎人生,让整个校园变成艺术放飞、个性激扬、感受高雅的天空。

为期一个月的艺术节涵盖了20余项艺术项目。每一类项目带给师生不同的艺术熏陶和美的享受:《打开音乐之门》器乐展演让师生们现场聆听了高雅音乐的高水平演奏,丝竹阵阵、琴声悠扬,既增长了知识,又受到了艺术熏陶。松山湖摄影协会主席马旭先生和我校摄影社指导老师景茂林老师主讲的摄影知识讲座,讲解风趣幽默,用通俗易懂的比喻,使参与者在欢笑中受益匪浅,给师生留下了深刻的印象。生物科组的经典节目插花艺术讲座,让我们了解花艺的历史、种类,也看到了我校历年学生创作的品位高雅的作品,为松湖校园增添一份浪漫和感动。初一年级"风华少年"文艺晚会凸显初一孩子的纯真可爱和青春活力,似一个个舞台精灵,领着观众一同到他们那个童真纯净的世界遨游。初二年级"放飞梦想"大合唱比赛准备有序、组织紧凑,嘹亮的歌声彰显出班级的精神风貌;荣光岁月,烽火战歌,在歌声中缅怀先烈,珍视当下。高一年级"激扬青春"文艺晚会完全由学生编导排练展演,他们从学生的视角和自己的生活来编排节目,载歌载舞,不仅体现了松湖学子的情韵和气质,而且体现了松湖莞中全员育人、活动育人的德育追求。高二年级"欢乐松湖"文艺晚会上,师生们用歌声、舞蹈、器乐演绎多彩青春,表达浓浓的师生情;精彩的表演持续将近两个小时,同学们展示才艺,释放活力与激情,同样接受了艺术的熏陶、精神的洗礼。"巧手绘历史"学生历史小创作展、"松湖新苗"艺术作品展广泛收集师生的作品,呈现了师生各方面的艺术才华,令校园充满浓郁的艺术氛围,吸引不少师生驻足观看。现场插花、学生软硬笔书法和海报设计创作比赛则让校园热闹起来,同学们热情参与,用艺术活动调节舒缓紧张的学习压力,用激情搭建梦想的舞台,用心弦奏响美妙的乐章。作为每年艺术节压轴戏的"激情松湖夜"晚会更是汇集了之前每一场晚会的精华节目,校园舞蹈队、合唱队、乐队的获奖节目以及各学生社团精心排练的看家本领,形式多样、气氛热烈,受到师生的好评,也为艺术画上了一个圆满的句号。

2. 艺术节是师生精神和谐、默契形成的催化剂

艺术节让我们不仅收获了艺术,更重要的是,我们也收获了一个优秀的团队，师生同台演出大大增进了老师之间、学生之间、师生之间的感情。精神和谐与默契悄然形成。

例如，文艺晚会上师生的呐喊，为本班的同学鼓掌加油，这是一种情感共鸣，特别是当有自己的老师上台表演，同学们的欢呼声更是一浪高过一浪，形成一个小高潮。每场晚会，都有一个节目很受欢迎，那就是老师表演的节目，或全年级老师的大合唱，或教职工的创意时装秀，或教职工的舞蹈。表演节目是培养团队精神的很好形式，教师们在白天辛苦的教学工作之后，晚上又共聚一堂放声高歌、翩翩起舞，进行排练，虽然辛苦，却内心快乐！

有享受过程的快乐，也有享受成果的快乐，每当演艺大赛圆满结束后，所有演出工作人员总是迟迟不肯离去，他们相互拥抱，拥抱老师、拥抱队友、拥抱工作人员、拥抱智囊团，不少同学相拥而泣……为一个多月来的付出而感到高兴。这是值得回味的时刻，我相信这也是学生们人生中的宝贵财富。

3. 艺术节是学生志愿服务、提升能力的良好机会

艺术节需要很多的人手，特别是舞台表演的后勤人员，搬道具、化装、催场、灯光控制、音响控制，这些工作都由学生志愿者来完成。这些工作看似简单，其实不然，这些也都是技术活，来不得半点马虎，舞台演出效果中凝聚着他们的功劳。

另外，艺术节耗时长，且节目需要学生自主策划完成，从台下到台上，台前到台后，除了负责老师外，大部分工作由学生来完成，这个过程是学生锻炼成长的有利时机。例如年级文艺汇演要求每个班级都有节目，每个班级都需要上交一份详细的策划书给年级审核，包括节目主题、人员分工、排练组织、时间安排等一系列的详细说明，这就有效地锻炼了学生的组织管理、统筹策划、沟通协调能力，也是集体凝聚力的充分展示。节目通过审核后，又开始了彩排训练，由于不能影响正常的学习生活，组委会强调，所有节目排练不能占用午休、晚睡、自习课和晚修、早读等正常统一学习和休息时间。在大型活动正式表演的前一周可以适当利用休息时间，但要报德育处和年级备案，以防混乱，也不能干扰其他年级学习。但是为了保证节目质量，表演学生必须同时兼顾参与艺术节与高效学习，做到两不误、双丰收，没有表演项目的同学就尽量照顾有表演的同学，在这个过程中，学生的时间管理能力得到了增强，班级的团队意识、互谅互让的精神得到彰显。

4. 艺术节是学生爱国之情、报国之志的德育载体

校园文化艺术节是学生展现美的成果，是学生通过实践活动得到的情感体验。音乐类中的声乐、舞蹈，美术类中的绘画、书法，语言类中的演讲、诵读等都倾注了浓重的情感和鲜明的意象。"童心向党""歌颂祖国"合唱比赛、"青春出彩，强国有我"文艺汇演比赛、"我是未来之星"器乐比赛等，以美的音色节奏、美的和声旋律为背景，产生美的形象、美的情感，唤起学生对祖国、对党的热爱，对他人、对生活的热爱。美术、书法、摄影作品是以美的线条、棱角、角度展示内心的情感和想象，学生以此展现对祖国大好河山的热爱，对幸福生活的憧憬、对可敬可爱之人的赞美。通过艺术活动，他们身心得以愉悦，生活得以充实，在轻松愉快的美育氛围中，自然而然地接受德育熏陶。

四、对校园文化艺术节的反思

当然，我们也知道，每一届艺术节并不可能绝对完美，中间也肯定会出不少问题，也会留下一些遗憾。为了办好艺术节，我们也在不断反思总结：

①关于各项目的场地、需要添置的设备和改善方案等，做到未雨绸缪。

②关于各项目形式和内容如何改进的问题，如何更有效地与平时教学相结合的问题，如何在平时教学中选拔、发现与培养艺术人才的问题等。

③关于如何尽量避免艺术节期间耽误学生正常学习的问题。

④关于年级和班主任如何在艺术节中发挥宣传发动和组织的作用问题。德育处、校团委和班主任如何加强沟通与协调，既管理好学生不因艺术节耽误学习和影响班级秩序，又能更大限度地调动本班学生的参与热情与创造力，让更多的学生能参与进来，让更多的艺术特长生不被埋没。

文化化人，艺术养心。孔子云："兴于《诗》，立于礼，成于乐。"在美丽的松湖莞中校园里，每一颗心灵在画卷中陶醉，在音乐中释放，在舞蹈中放飞，每一位师生沐艺术春风，吟咏而归。

艺术节，松湖人的美好记忆

这里青山绿水，这里蓝天白云
这里杏坛高筑，这里桃李芬芳
这就是美丽怡人的松湖校园
在松湖校园里
每年都有一个特殊的日子——艺术节

记得桂花园的芬芳沁人肺腑
记得荔枝林的佳果唇齿甘饴
更记得已经过去了的九届艺术节
给我们留下了
一份份满载美好记忆的华美篇章

不会忘
插花比赛的现场
那些美丽多姿的插花作品
飘溢着沁人心脾的芳香
那些压花贴画作品
在唯美的小小画面上
展现出同学们的奇思妙想

不会忘
书法比赛的现场
那些书写在宣纸上的墨痕
闪耀着同学们对传统文化的传承与发扬
那些硬笔书法作品
在精致的道道笔画下
流露出同学们的柔美与刚强

不会忘
那些手绘雨伞
点缀着晴朗的天空愈加色彩绚丽
那些海报设计
衬托着明媚的大地更加姣美动人
那些漫画讲座
吸引了多少同学求知的目光
那些漫画环保袋
承载了多少同学审美的理想
那些巧手绘历史
重现了多少风云际会与百姓家常

曾记得
乐队演奏过的震撼人心的乐章
初中合唱队唱出的稚嫩可爱的声响
高中合唱队唱出的清纯迷人的歌曲
还有舞蹈队那矫健舞姿带给我们的甜蜜梦想

曾记得
初一年级"风华少年"文艺晚会、初二年级"放飞梦想"文艺晚会
燃烧着多彩的少年梦幻与成长渴望
高一年级"激扬青春"文艺晚会、高二年级"欢乐松湖"文艺晚会
激荡着澎湃的青春热血与豪情万丈

曾记得
器乐展演为我们"打开音乐之门"
"天籁之英"歌声嘹亮
曾记得
那一场场"激情松湖夜"
总是彰显着松湖人特殊的精神气质与个性张扬

我们永远铭记
为了打造一所理想的学校
为了打造理想的校园文化
松湖人用生命的激情
在艺术教育的求索之路上不断书写坚强

艺术节，已然成为记忆的九届艺术节
每一届都是那样的活力四射
每一届都是那样的激情燃烧
每一届都在放飞梦想
每一届都在成为师生共享生命的一段辉煌

清晨，我们唤醒朝阳走向课堂
夜晚，我们陪伴灿烂的灯光
多少个日子在美丽的松湖校园逝去如飞
虽然教与学的压力依旧在
但我们可以记忆那九届艺术节的美妙时光

松湖人的胸膛永远宽广
松湖人的脚步永远铿锵
因为松湖人的字典里写满了责任和良心
松湖人的行囊里
也常常伴着爱美、审美、创造美的向往

今天，我们迎来了第十届艺术节
在这个美好的夜晚
让我们燃烧激情，点燃梦想，放声歌唱
今天的激情松湖夜
将成为松湖人的美好记忆并且历久弥香

（艺术科组 2014 年 12 月）

四、大思政视域下的实践育人

学校坚持思政小课堂和社会大课堂相结合,通过开展各类主题实践、劳动实践、研学旅行、志愿服务等,增强学生的社会责任感、创新精神和实践能力,树立正确的三观,培养政治认同、科学精神、法治意识、公共参与等核心素养。

学校每年坚持组织义卖活动,选派师生代表前往粤北山区开展爱心助学,十年来筹集义卖善款 30 余万元,先后有近 500 名优秀松湖学子通过"牵手助学"进行贫困山区助学实践活动。学校于 2008 年创立了校园志愿者组织,历经数年,参与人数越来越多,全校有 80% 以上的学生都成为了志愿者。2013 届的志愿者们每天下午到各班收集废纸,他们仔细检查每一张纸,把单面书写、还能继续使用的挑出来,重新压平装订给同学们循环使用。一位志愿者在一次国旗下讲话时曾这样说道:"我非常喜欢谕明楼前的那句话——把每一件平凡的事情做好就是不平凡,把每一件简单的事情做好就是不简单。在全世界 70 多亿人口中,我们每一个人就像一粒尘土,微薄,微细,微乎其微。但是我们可以用满腔的热情为身边的同学增加一份温暖,用执着的奉献为松湖莞中的校园换取一方洁净,用真诚的行动为地球增添一片绿色。"

于 2018 年开始启动的研学旅行是全员参与式的实践,自主选报、混龄出行,结合政治学科的内容,带领全校师生把课堂搬到了江西、福建、贵州、湖南、香港、河南、广西等地。在研学游期间,我们安排学生开展了经济、文化、环保、科技等系列的主题探究活动,学生通过亲身参与和合作,将活动成果与政治课堂教学结合起来,做到游中学、学中游、学中研的高度契合,让学生在旅行中体验,在体验中感悟,在感悟中成长。研学旅行课程极大地调动了学生学习的积极性和主动性,并为学生自我学习和开展合作学习构建了平台,开阔见识、陶冶情操,培养了综合实践能力和创新能力,提高了学生的核心素养,培养了学生的家国情怀,促使学生树立了国家观、历史观、民族观,效果非常好。

1700＋人!20＋公里!大朗这所学校师生徒步研学,够毅力!

聆暮春,
颂松朗。
春野浮绿,花香跳动,
鸟鸣挑拨,暖阳轻抚,
晨光熹微,风轻云净,

清风自来，赶赴与春天的约会。

松湖莞中初一、初二全体师生举行第七届"翻山越岭"意志行研学活动。

开启第七届"翻山越岭"意志行研学活动

本次活动设有4个打卡戳章点，具体徒步线路为：松湖莞中东门（出发）→松山湖大桥→南湖桥→大学路入口→松湖莞中南门，全程约21公里。环绕松山湖风景区，让同学们沿途感受到松山湖科技与自然深度融合的城市容颜。

松湖漫步：享受科技与自然融合之美

本次活动以自然与科技为主题，精心设计研学手册，开展大学科项目式学习，让同学们在行中学、学中做，彰显了学校积极践行"社会即学校，生活即教育"的教育思想，坚持"把学校打开"的课程理念，将教育教学活动置于现实生活之中，让学生在社会实践中开阔眼界、增长见识、锻炼意志、强化责任。

松湖徒步：体验科技与自然之旅

春天你好
既以心许远方，
不以山海为远，
便只顾高歌前行，
勇敢无畏！
研学意志行给予松朗学子们的
不应只是肉体上的锻炼，
而更应是心灵的升华。
在行走中思考，
拥抱春天的气息，享受春日的烂漫。

附：

让思政小课堂链接社会大课堂
——高中思想政治学科学生开展社会实践活动教学方案

一、活动主旨

落实立德树人根本任务，用习近平新时代中国特色社会主义思想铸魂育人，把思政小课堂同社会大课堂结合起来，教育引导学生立鸿鹄志，做奋斗者，以期培养学生适应未来社会变化和终身发展的核心素养及创新实践能力。本次社会实践，结合目前的疫情防控的特殊情况，设计符合实际情况的假期特色作业，使学生学会运用已有知识和经验解决问题，通过自主探究、亲身实践培养创新精神和实践能力。

二、活动对象

高二年级政治选考班全体学生。合格考班的学生和高一学生以自愿为原则参加。

三、具体要求

（1）活动形式：包括志愿服务、社会调查、研究性学习、公共参与、专题访谈、生涯访谈、参观访问、小论文以及各种职业体验等。

（2）选定的社会实践内容和形式不同，具体的活动设计和成果展示方式不同，具体见范例。

（3）内容健康向上，富有鲜明的时代特色和深刻的现实意义。深入社会基层，具有较强的针对性和可操作性。

（4）文字简洁，格式正确，字数不少于1500字。标题宋体四号，正文宋体五号。注解或参考文献放在文章最后，仿宋体五号。

（5）对政治选考班选定社会实践的主题进行摸底，对没有同学选择的选题，由老师指定部分同学单独或共同完成。自愿参与学生不作选题要求。

（6）本次实践活动，注重学生的政治启蒙和思想引领，遵循自主性、合作性、实践性、安全性原则，强调综合性，提高学生综合实践活动的参与性，培养学生的自主能力、协同能力、探究能力、创新能力。

（7）严格遵守疫情防控要求和法律法规。

四、活动选题

（一）对应必修1《中国特色社会主义》学科内容，结合生活实践，开展社会活动

（1）一起画画：以建党100周年为主题，创作"不忘初心跟党走，青春建功新时代"主题绘画作品或者手抄报。

（2）一起研学：寻找东莞有代表性的一条路，讲述路的前世今生，通过绘制研学地图、写研学心得等方式提交研学成果。

（3）参加一次模拟联合国活动，以"后疫情时代的国际关系"为主题，围绕经贸关系、全球突发公共卫生事件与国际合作、环境保护、粮食危机等之中的一个方面，代表不同国家或国际组织，撰写发言稿（见范例3）。

（二）对应必修2《经济与社会》学科内容，结合生活实践，开展社会活动

（4）关于提高中学生未来就业能力的建议。调查某一行业、职业，了解现状、要求、前景、薪资。以××行业/职业为例，参考：58同城，智联招聘。

（5）开展生涯人物访谈。让我们在访谈中初步思考学业、专业以及职业之间的关系，从而制订更加合理的高中学习和生活计划，为以后可能从事的职业方向奠定基础。具体访谈步骤包括：①锁定访谈职业、寻找生涯人物、预约生涯人物；②设计访谈问题；③采访生涯人物；④分析整理信息；⑤访谈报告上交时间和班会课分享展示。

（6）关于优化政府财政收支结构的建议——以东莞市××民生工程为例（比如教育、医疗等）。

（7）关于东莞企业走出去的建议——以××出口企业为例。

（8）关于东莞文化产业发展的提案。

（9）一起文创：具有红色文化元素，聚焦建党100周年主题，体现青年特点的动漫、表情包、公仔等产品［如合影框、明信片、邀请函、书签、贺卡、礼品（环保）袋、图书及文化刊物封面］。

（三）对应必修3《政治与法治》学科内容，结合生活实践，开展社会活动

（10）调查所在社区民主管理现状与过程（见范例2）。

（11）调查了解所在镇街政府机构设置及职能。

（12）记录一名优秀党员的先进事迹。

（四）对应必修4《哲学与文化》学科内容，结合生活实践，开展社会活动

（13）关于××博物馆文创的建议（见范例1）。东莞定级博物馆数量达10家，位居全省前列。分别是国家一级博物馆：鸦片战争博物馆；国家二级博物馆：东莞市博物馆、可园博物馆、东莞展览馆；国家三级博物馆：广东东江纵队纪念馆、蚝岗遗址博物馆、袁崇焕纪念园、石龙博物馆、钱币博物馆、唯美陶瓷博物馆。

（14）关于东莞非遗保护与传承的提案（见范例4）。

（15）关于擦亮东莞城市精神的提案。

（16）东莞红色文化挖掘与传承的提案。

（17）以新高考改革方案为例，用学过的哲学原理进行分析。

（18）阅读毛泽东的《实践论》，写一篇读后感（见范例5）。

（19）阅读毛泽东的《矛盾观》，写一篇读后感。

（20）学习"以人民为中心"思想论述，用学过的哲学原理进行分析。

五、活动设计

第一阶段：宣传阶段(1周)

广泛宣传，通过思政课堂、班会课、展览栏等方式进行广泛宣传。选择其中一个主题进行综合实践。

第二阶段：实施阶段(4周)

假期期间，学生在老师的指导下，进行各项实践活动的实践。在综合素质评价平台上传过程性资料，并在抖音、B站、快手等网站上传视频，撰写调查报告、实践报告、创意制作。

第三阶段：主题汇报和成果评选(1周)

1. 主题汇报

各班在开学第一课上进行"我的假期生活"主题汇报会，汇报过程重视过程性照片、视频的收集（汇报过程、小组合影等）。

2. 评奖评优

（1）评比并展示部分优秀成果。设置一等奖15名、二等奖25名、三等奖35名、优秀奖若干名。

（2）一、二、三等奖均获奖状和奖品，优秀奖获奖状。奖状和奖品在年级组会上颁发。部分作品进行展示交流。

（3）择优推荐参加省、市中学思想政治学生社会实践活动成果交流展示评选活动。

3. 作品展播

各班级推荐 5 份优秀作品（含视频和成果）至政治备课组，对优秀作品进行评选。

第四阶段：成果推广，活动延伸（2 个月）

将优秀作品喷绘后在校园展示，视频在班级电子班牌和公众号推广展示。

六、成果报送

各参赛选手在假期返校前，将成果材料形成图文并茂的 Word 文档，以"班级＋项目题号＋姓名"格式命名，发送至老师邮箱。

七、活动评价

（一）过程性评价

社会实践重点在于培养学生的态度和能力，而非知识和技能。所以评价时，不过于看重学生所获得知识的多少及作品的优劣，而是关注学生参与的态度、解决问题的能力和创造性。因此，本次评价注重形成性评价的方式，要求学生在综合素质评价平台上传实践过程的点点滴滴，使评价成为学生学会实践和反思、发现自我、欣赏别人的过程。

同时要强调评价的激励性，鼓励学生发挥自己的个性特长，施展自己的才能，努力形成激励广大学生积极进取、勇于创新的氛围。

（二）结果评价

开学初，各班组织一次"社会实践活动"评比，评价可采用多种方式，如对书面材料的评价与对学生的口头报告、活动、展示的评价相结合；教师评价与学生的自评、互评相结合；小组的评价与组内个人的评价相结合等。

学校政治科组、备课组将对各班级的参与情况和材料评出个人奖、指导老师奖、集体荣誉奖，将优秀成果进行全校展示，同时推荐参加上级评审。

引导学生从真实生活和发展需要出发，从生活情境中发现问题，转化为活动主题，通过探究、服务、制作、体验等方式，培养学生同社会紧密结合、勤于学习、勇于实践的品质，磨炼其意志，增长其才干，努力实现全面发展。

学校以培养具有远大理想和创新意识、具备适应社会发展需要的必备品格和关键能力的学生为教育理念。教育的目的，在于发挥个人的潜能。传统的学科课程体系把原本完整、系统的知识分割得太零碎，而且缺乏联系，而知识的综合化是当代教育发展和社会对学生提出的更高要求。

八、活动特色

（一）自主性

设计时重视学生自身发展需求，尊重学生的自主选择。同学们根据自己知识基础和兴趣确立研究问题，自主合作式地开展探究性课题研究。在完成作业时，同学们也可以选择自己喜欢的指导老师来指导自己选取某个问题作为切入点，完善研究内容。

（二）实践性

本次活动设计主要侧重学生的日常家庭生活，实践性强，可操作性强，人人可为，可引导学生关心生活、关心父母、关注社会，从家庭的小主人成长为国家的小主人。

（三）开放性

作业面向学生的整个生活，学生可以根据已有经验和兴趣专长选择作业主题进行综合性活动，可以选择实践场所，使学生在家庭、学校、社区的持续互动中，不断拓展活动时空和活动内容，使自己的个性特长、实践能力、服务精神和社会责任感不断获得发展。

（四）综合性

社会实践重点在于培养学生的态度和能力，而非知识和技能。所以评价时，不过于看重学生所获得的知识的多少及作品的优劣，而是关注学生参与的态度、解决问题的能力和创造性。

五、大思政视域下的管理育人

将思政教育融入学校管理工作中，潜移默化地进行思政教育，加强管理育人。通过完善管理制度、明确岗位责任、优化管理流程、提升管理水平，推进学校治理现代化。加强师德师风建设、细化学生行为规范、关爱特殊群体，促进学生的成长和教师的发展。

（一）党建引领新风气

松湖朗中有一支思想政治素质好、理论政策水平高、业务能力强、善做思想政治工作的党组织班子。

我们深入打造"党建新样板"，驱动"德育新活动，教学新课堂，育人新课程"的创新发展活动，全面推进"高站位、强师德、亮品牌""共产党员先锋模范示范岗"活动。要求党员做到五个"一",即每个党员树立一面旗帜,做出一份承诺,示范一堂好课,帮扶一对师生,带领一个集体。每位党员签承诺书,郑重承诺:带头学习提高,带头争创佳绩,带头服务群众,带头遵纪守法,带头弘扬正气。

我们党总支先后开展了特色示范课堂讲座活动、"中国梦——我的教育故事"征集活动、校园诵读"经典咏流传"传承中华优秀传统文化等系列教育;组织党员干部到海丰彭湃故居、惠州叶挺故居、红色教育主题公园、红色书屋、东江纵队纪念馆、毛织产业园等党建基地开展红色教育。建立了由70多名成员参与的学校宣传队伍,在镇级以上媒体上刊发宣传稿件数百篇,形成了强大的主流舆论场。

学校还建设了设施完备的党员活动室,搭建党员之间交流思想、交换意见的平台,增强凝聚力,示范效应好。我校党员在新冠疫情发生后,积极踊跃捐款,在职84名党员人人参与,共计捐款56300元。在党员同志的示范带动下,非党员教师自愿捐款合计23100元。

(二)创新管理提品质

管理体系:在传承中发展,在实践中创新,顶层设计与内涵性生发管理相结合,以"重自觉(榜样意识),促自胜(品牌担当),增素养(精品课程),亮品牌(朗生格局)"为管理目标,在学校组织形态变革、教师专业成长、学习空间构建、学习方式变革、教育课程研发、信息技术大数据驱动的教育教学评价、学生素养提高及生涯规划等方面有学校品牌建设新突破;课程建设,特别是"明朗·自觉"校本课程体系在培育"自主自觉 善学善新"大气明朗的人才上,面向未来社会有新成就,成为东莞市中学中颇具特色的创新型品牌学校。

学校发展工作主题五年路径

队伍培养:学校致力培育"有理想、有道德情操、有扎实知识、有仁爱之心"、以"教天地人事,育生命自觉"为己任的教师团队,培养一批科研能力强的研究型学者教师,完善特色项目校外支持系统。

德育创新:以"自主体验、生命自觉"为导向,打造以结构力思维为核心,追求主动创造精神与团队合作精神和谐统一的新活动课程,即构建"科技+翻山越岭、慈善义卖创客节、社团艺术节、体育节"等校本活动课程，追求达成活动评价的终极目标：主动创造精神与团结合作精神的和谐统一。

课程建设：完善"明朗·自觉"课程体系，开发"四明"综合课程、"四文"文化课程、"四自"活动课程、"两善"学科课程、"两新"科研培训课程和"两衔"衔接课程，实现国家、地方、校本课程三位一体化，为师生提供"自主体验"时代性、科学性、民族性的特色多样化精品课程。

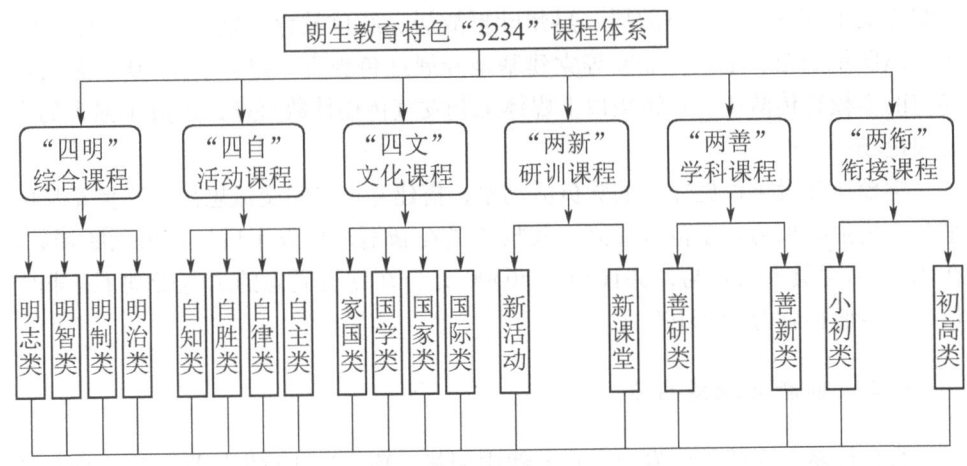

朗生教育特色"3234"课程体系

教学改革：以德育新活动，驱动教学新课堂与体验新课程建设，营造"行自主自觉，思善研善新"学风，打造"小组合作，自主体验"研究式学习新课堂，以提升学生批判性高阶思维为核心，追求思辨精神与实践创新精神的和谐统一。

环境营建：助力打造文化自信和道路自信，以"唤醒自觉"。开设"四文"文化课程，打造甲骨文字画暨汉医方茶道馆、"朗生乐舞"歌厅；建设朗生教育品牌标识和核心理念文化、"蒟草·荔乡·织城"文化校史馆，彰显"大气明朗，生命自觉"特色，以提升学校品质。

社会影响：饮水思源，泉涌相报，泽被乡里。朗生教育的意义，在于打造莞邑现代教育高地，培养出具有中华民族精神、国家责任担当、国际视野格局的社会主义建设人才，助力松湖朗中继续敢想敢为、敢为人先，以更强有力的办学实力和实绩，在社会各界筑起口碑；在学校组织形态变革、教师专业成长、学习空间构建、学习方式变革、教育课程研发、数据驱动发展性评价等方面发挥辐射带动作用，扛起东莞市品牌学校的责任，建设现代基础教育新高地！

（三）"朗生教育"铸品牌

松湖朗中坚持"以人为本，生命自觉"的教育思想，以促进学生自觉成长和终身可持续和谐自主发展为归宿，尊重学生生命本体，为打造学生"自主自觉、自知自胜、善研善新"能力而设计和创建"朗生教育"绿色生态圈；以"明礼守正，敏学笃行，弘毅健美，合作创新"为育人目标，让学生走向生命自觉，修炼朗生教育和自觉学习智慧：让新活动赋予明朗自觉、悦纳自我的体验，让新课堂充满自主自觉、研新生长的气息，让学生积极自信地唤醒自觉，超越自我，照亮生命，贡献社会，成就自己最高生命价值。

学校以"大气明朗，生命自觉"教育，即"朗生教育"为办学理念，扎根本土，开放汲取，兼收并蓄，打造适合学生需要和成长的教育特色体系。建设以"四文、四明"为核心的校园文化和教育绿色生态圈，熔铸自觉；以"四自"，即自知、自胜、自律、自主为导向进行队伍建设，唤醒自觉；以党建新样本为先驱（生命自觉、服从服务意识为核心），开展教育新行动，即全力推进德育新活动（唤醒自觉、结构力思维为核心）、教学新课堂（自主自觉、批判性高阶思维为核心）与育人新课程（自知自觉、成长型思维为核心）建设；同时，辅以体系发展性新评价，助力护航。

我们通过朗生教育"3432"课程与活动，全力把学生培养成为具有家国乡土情怀、国家责任意识、国际开放视野、科技英雄精神和社会参与能力的"德智体美劳"五育全面发展的建设人才；打造起一支"教天地人事，育生命自觉"为己任的"有理想信念、有道德情操、有扎实知识、有仁爱之心"的师资队伍；把学校打造成为"唤醒自觉，照亮生命"的教育绿色生态圈；打造成学生幸福成长，教师快乐工作，家长愉悦陪伴，社会高度认同的有实绩、有实力的知名"品牌学校"。

专论 2-5

以教育家精神引领
新扩建学校教师队伍建设的实践探索

摘要： 广东省东莞市松湖朗中是一所飞速扩容的镇区初级中学，依托集团化办学的政策优势，探索将教育家精神融入教师队伍建设，拓宽选师渠道，畅通育师通道，激活用师赛道，破解镇区教师"招不到""留不住""教不好"的现实困境，积极打造一支师德高尚的高素质专业化创新型教师队伍。

关键词： 教育家精神；教师队伍建设；集团化办学

习近平总书记指出：百年大计，教育为本；教师是立教之本、兴教之源。在教育高质量发展的办学探索道路上，我们更加清醒地认识到，教师不仅是立教和兴教之本和源，也是办学和管理的本和源。

2023年教师节前夕，习近平总书记在给全国优秀教师代表的致信中提到，教师群体中涌现出一批教育家和优秀教师，他们具有心有大我、至诚报国的理想信念，言为士则、行为世范的道德情操，启智润心、因材施教的育人智慧，勤学笃行、求是创新的躬耕态度，乐教爱生、甘于奉献的仁爱之心，胸怀天下、以文化人的弘道追求。这是总书记首次提出教育家精神这一重大教育理念，意义重大、内涵丰富。教育家精神既是教育家身上透出来的精神，也是应该在教师身上体现出来的精神，更是新时代新征程中进一步加强中国特色教师队伍建设的根本遵循与行动指南。

作为一所普通的镇区初级学校，松湖朗中近年来主动担当作为，为解决日益增加的学位需求，打造出"老百姓家门口的好学校"，迎来了她办学规模最大的时期，三年招生规模扩大4倍，在校学生从1000人扩大到4000人，比历史上任何时期都呼唤良师。为此，如何将教育家精神融入教师队伍建设，以破解镇区教师"招不到""留不住""教不好"的现实困境，并打造一支师德高尚的高素质专业化创新型教师队伍，是亟待我们积极探索、倾力解决的办学和管理问题。

一、以理想信念和仁爱之心引才，拓宽选师渠道

随着经济社会的快速发展，以及户籍制度改革的不断深入，东莞涌入的大量人口既带来了蓬勃活力，也伴随着上学压力的增大。如今的松湖朗中正处于扩容提质关键期，近三年需要新增300多名教师；同时，更大的问题是教师年龄的结构化矛盾，呈现出典型的两头大中间小的沙漏形结构，即新入职和临近退休教师多，中坚骨干力量少。为此，招引愿意扎根乡村基础教育教师、合理统筹师资队伍配置、实现教师队伍结构持续优化是我们办学和管理要解决的第一大问题。

1. 信念引领，广撒网

坚定心有大我、至诚报国的理想信念，是我们教师招聘的第一标准，也是办学和管理的第一教育情怀。为践行这一标准，我们多方奔走，广纳贤才。第一，用好学校公众号等媒体的宣传平台，制作基于"00后"视角喜闻乐见、活泼生动的宣传视频和课件。第二，由学校书记带头，先后前往中山大学、华南师范大学、华中师范大学、北京师范大学、陕西师范大学设点

宣讲或发布招聘预告。第三，争取各级教育管理部门的支持，在严把入口关的基础上，依据学科、性别、年龄等条件，精准调控教师资源配置，选拔了一大批忠诚并矢志献身于党和人民教育事业、以培养堪当民族复兴重任的时代新人为己任的栋梁之才。

2. 使命担当，动起来

充分依托集团化办学的政策优势，积极推进教师交流轮岗制度，对流动对象、流动区域、流入学校、流动期限、福利待遇等都有具体而明确的规定，从而确保教师流动机制在运作过程中的公平性，打破区域间、校际间的师资流动藩篱，特别是鼓励优秀名校长、高级教师、骨干教师、学科带头人以讲座或支教形式到松湖朗中任教，实现优质师资的可持续流动。为调动总校名师外派交流的积极性，在集团总校不断强化理想信念和使命担当的责任意识，开展以"为师""为范""为本"为关键词，侧重于如何引领垂范的系列培训，引导教师提高站位、格局和标准，强化"我们"的共同体意识，从而最大化实现教师个人价值和社会价值。

3. 仁爱之心，留得住

松湖朗中是一所初中学校，跟东莞诸多镇区中学一样，这里的孩子普遍来自于工薪阶层，处于青春期和人生价值观形成期，更加迫切地需要富有温暖和智慧的老师来引导、关爱和陪伴。学校对老师好，老师更会对学生好，这是松湖朗中教师管理的基本价值追求。松湖朗中结合乡镇特点，给予了教师"朴素而丰裕"的物质资源和个人发展阶梯，前者满足教师的物质需要，后者激发教师的精神需要。大朗镇民风淳朴，崇文重教，全镇20多个社区（村）都有子弟在松湖朗中就读，为此，我们积极争取和鼓励各方社会力量，采取多元化途径资助、支持乡村教师，为教师提供优质的吃住行、医疗保障等物质资源和职称评审、评奖评优等个人发展阶梯。两年多来，松湖朗中努力营造适合良师成长的环境，通过文化机制、组织结构、资源平台、评价与激励制度等一系列措施，推动教师们扎根乡村基础教育，将精神的高度、人格的热度、学识的厚度，投射在学生的生命中，树牢乐教爱生、甘于奉献的仁爱之心。

二、以道德情操和育人智慧育才，畅通育师通道

松湖朗中教师的平均年龄为33.2岁，这是2024年1月份统计的数字，可能到了9月份就会降到30岁以下。年轻有活力就是我们的优势，尤其是新入职的老师，为教师队伍注入了一大批新鲜血液，给学校带来了新的发展机遇。同时，这三年是我们跟东莞中学松山湖学校集团化办学的三年，如何增强"年轻化和集团化"的优势，把人力资源转变成人才资源，这是我们要精心设计和打造的重大命题。我们主要的做法是实施"三位一体三阶段双导师"的年轻教师培养工程，把教育家精神纳入每一位教师的培养和培训体系，融入教师综合素质和专业能力提升的全过程，扣好年轻老师职业生涯的"第一粒扣子"。

1. "三位一体"培训

开展"价值塑造—能力培养—知识传授"三位一体的校本培训，尤其是强调师德为先。将思想政治建设摆在首要位置，挖掘东纵精神等红色资源，参观大国重器——散裂中子源——感受科技报国和教育强国，筑牢教师精神之基；每月观看"我为什么当教师"的师德主题学习视频，把教育家精神融入师德规范，纳入新教师岗前培训和在职教师全员培训的必修课，引导教师树立正确的教育观念和职业操守。

2. 三阶段全规划

第一阶段是前入职期。为促进新入职教师了解工作岗位，学校制定了《新入职教师研修工作方案》，以新课程理念为指导，以提高新教师业务水平和教育教学实践能力为重点，通过自学引领、小组讨论、师徒结对、教学实践、检查考核、集中培训等手段，努力激发新教师在师德修养、文化业务和专业成长等方面的综合提升。主要包括三类活动：签约后寒假1周的线上培训；毕业前两周的到校跟岗见习培训；8月两周的上岗前集中培训。

第二阶段是入职第一年。为加快新入职教师站稳工作岗位，我们制定了《教师队伍成长工程实施方案（2022—2025）》，以习近平总书记关于教育的重要论述精神为指导，以提高师德素养为首要任务，以提升教师的人格品质，培养具备学习、处事、生活和育人智慧的智慧型教师为目标。创造良好的教师成长环境，建设一支高素质专业化教师队伍，让广大教师安心从教，热心从教，舒心从教，尽心从教；让老师们在岗位上有职业幸福感、事业成就感、社会荣誉感。实施方案主要包括"松朗师说"教师论坛和"实践+"课堂打造。我们在全体老师中反复强调"课大于天"的理念，着力打造符合大朗实际、具有校本特色的"松朗课堂模式"，彰显新课标精神，突出小组合作，包括推门课、汇报课、示范课。

第三阶段是入职一年期满。为满足新入职教师尽快享受工作岗位带来的快乐，我们开展了多种多样的做中学、学中研、研中享的实践活动。学校举办了演讲比赛、青年教师赛课、微课制作、征文写作等比赛，为教师们搭建平台锻炼技能，积累比赛经验，提升教师素质。

3. 双导师制带教

学校利用集团化办学的优势，跨校实施集团"青蓝工程"，为每一位新教师配备两位学科指导老师。学校采取"双师带教"的形式，一位导师来自本校，另一位导师由总校科组长担任，两校的科组长都是朗中新教师的学科导师。这两位导师德才兼备，既通过上课示范、定期听课的传授，也通过人格魅力、品格修养的影响，给新教师树立榜样，不断涵养言为士则、行为世范的道德情操，提高启智润心、因材施教的育人智慧。

三、以躬耕态度和弘道追求用才，激活用师赛道

基础教育呼唤更多更好的人才，但我们深知，多数时候，人才不是靠外力培养得来的，而是靠给他们"合适的土壤"，让他们自己由内而外生长出来。人才成长的内在力量主要是教师的内在素养与价值观念，包括职业动机、生涯目标、知识积累、生活方式、思维模式、周边关系带来的认知逻辑，等等，这些方面，学校可以影响和引导，却无法决定。从教师队伍建设的内在力量来看，我们不能忽视两大原则：一是发展性，如指导老师们建立长远的职业生涯规划，引导其将荣誉和成就的需要，承认和尊重的需要，发展、成才和自我实现的需要纳入职业生涯的各阶段，并通过政策手段满足各项需要的实现；二是主动性，如赋予教师围绕乡土特色和学生实际自主规划教学内容、方式、场地的权限，给予教师民主参与学校治理、校园建设的权利，以充分发挥镇区教师在乡村振兴中的"新乡贤"作用。为此，我们主要通过如下两个方面积极推动。

1. 构建"四阶"培养内生型模式

松湖朗中以总校的教师培养模式为蓝本，构建以"新教师、青年教师、骨干教师、名师"四种类型为梯度的校本培训机制，彼此帮带，相互促进，引领成长，即"四阶"教师培训内生型模式。推进内生型和外源型模式相融合，对教师培养注重"引、育、用、助"四维并举。过去两年时间，我校教师在教研方面的成绩，从国家到省级市级的获奖多达251项，共获得国家级奖项6个、省级奖项36个、市级奖项163个、镇级奖项46个。

2. 创建青年教师成长共同体

办学和管理"教师第一"理念的实质，就是要让教师成为学校各项事务的主人。传统的科层制、行政化的教师管理模式难以激发教师的成长动力。为此，我校基于"分布式领导""参与式领导""平行领导"相关理念，变"管理"为"治理"，唤醒教师的主人翁意识。我校青年教师的培训定位于以推动青年教师专业成长为出发点，让教师们在解决实际问题中学习，在

同伴同行互助互动中学习,在合作交流研究展示中学习,并在助推教师主体性发挥的过程中创建青年教师成长共同体,最终达到促进学校高质量发展和提升教师专业影响力与学术领导力的目标。

"松朗师说"是创建青年教师成长共同体的核心举措。定时间、定地点、定内容是"松朗师说"的基本要求:每周一上午第4、5节课是德育主题分享时间,每周五上午第4、5节课是教学主题分享时间;每月一次沙龙,议题先后包括我的育人故事、共读一本书。为提高分享实效性,我们因地制宜,构建在地化师资培训机制,形塑本土化教师队伍建设体系。学校定期或不定期对年轻教师进行分享意见反馈和需求的调查,针对性地制定活动方案,确定每一次活动负责人,提供场地物资等支持,组织青年教师提前准备。在分享内容方面,特别注重学科专业知识、教育教学知识与大朗本地传统文化、乡村建设历程、学生家庭和社区实际等在地化知识的联结。富有实效性的内容和身边人的分享,有力地推动了教师们践行勤学笃行、求是创新的躬耕态度,秉持胸怀天下、以文化人的弘道追求。

陶行知先生曾指出,我们深信乡村学校应当做改造乡村生活的中心,我们深信乡村教师应当成为改造乡村生活的灵魂。以振兴乡村教育赋能乡村振兴,是教育的职责和使命。以上的举措是一所镇区初中在飞速扩容过程中的草根实践,它着眼于塑造"教育家型教师"的教师专业成长良好生态,着力于破解教师队伍情怀缺失、价值缺位、动力缺乏等深层次矛盾;它既助力了镇区学校的高质量发展,也为东莞市打造"莞邑良师"做出了新的探索。

专论 2-6

创新完善机制,集团办学显成效
——东莞中学松山湖学校集团办学机制案例

一、背景

基础教育优化结构、激发活力、提升质量等核心要素已经成为满足人民群众"上好学"诉求的重要内容,也是构建更加公平更高质量基础教育组织体系旨归所在。基础教育集团化办学是适应我国办好人民满意教育诉求的产物,其内涵在于通过打破传统边界,助力新的基础教育体系建设,构建以合作为基础的学校间关联机制。

我校作为首批广东省集团化办学优秀单位，秉持"联动、融合、发展"的集团化办学总体思路，通过"文化立校""制度重构""课程驱动""教研联动"等途径，开展了一系列积极探索。随着集团化办学的深入，运行中存在的许多问题逐渐呈现，特别是涉及许多机制性问题，如派驻人员编制、经费保障、运行与评价机制，等等。这些问题严重制约着集团化办学的深入，亟待探索有效破解瓶颈制约的机制和运行有效的路径。

恰逢其时，2023年6月，中共中央办公厅、国务院办公厅印发《关于构建优质均衡的基本公共教育服务体系的意见》，要求"完善集团化办学和学区制管理办法及运行机制"。于是，松湖莞中积极创新和完善机制，深入推进集团化办学，同频共振，美美与共，松朗一体化发展推动了松湖朗中发展，也通过课程共建、教师交流等方式进一步激活总校的办学活力。

二、思路

一是探索利用信息技术手段，促进优质资源共建共享，推动教研协同机制的常态化、资源共享机制的系统化，提升成员学校办学质量。二是探索集团教师和干部快速培养与成长机制，扩大优秀干部资源供给，逐步完善人才流动机制的规范化，促进松湖莞中教师队伍的整体提升。三是探索集团化办学的评价激励机制，激活集团化办学动力。四是探索集团化办学内涵发展机制，推动集团化办学的持久深入与特色发展，促进教育均衡发展。

三、探索

（一）构建融合内生机制的集团大教育样态

"融合"的基本释义为"几种不同的事物合成一体"，这个物理层面上的解释进一步映射到心理层面，指个体或群体通过接触、碰撞，了解不同特点的个体或群体，逐渐与之在认知、情感或态度倾向上融为一体的过程和状态。"融合"作为一种结果，需要以行动意义上的"融合"为基础支撑；"融合"也不是一蹴而就的，需要分阶段逐步推进。就集团化办学而言，成员校的进入相当于完成了物理层面上的融合，即表层结构的合并，还需要进一步推进深层结构的融合，即实现心理层面的融合，这正是校际深度融合的核心目标和任务。校际深度融合，本质上指集团内不同成员校在统一管理架构的基础上，通过优化、调整、完善管理框架，不断提高两分校深层结构的一致性，从而提升学校整体发展水平。具体的做法与成效如下。

1. 构建集团办学思想辐射融合机制，实现文化立校

价值认同是校际深度融合的重要前提。集团化办学所带来的组织形态变革加剧了学校管理的复杂性，必然会带来学校文化的重塑。集团化办学为学校文化相互交融和融合提供了基本制度框架，内在地要求两校在原有学校文化的基础上进一步增强共建共享意识，聚焦"我们是谁"的问题，强化对集团文化理念的认同，为提高两校深层结构一致性奠定文化基础。为此，在推进校际深度融合的过程中，学校构建了"融合文化，赢在心态"的价值认同机制，通过系列培训、环境熏陶、活动推进、交流渗透等制度化和非制度化方式，分阶段推进学校文化重塑，强化两校干部教师对集团理念和价值追求的认同，并逐步内化为全体教师的行动指南。一是以各有侧重的系列培训强化理念共享。根据各分校教师情况，松湖莞中组织开展了各有侧重的系列培训活动，推动松湖朗中深化对办学理念的理解。总校以"为师""为范""为本"为关键词，侧重于如何引领垂范，突出"责、权、利"，引导教师提高站位、格局和标准，强化"我们"的共同体意识。松湖朗中以"情感""思想""行动"为关键词，侧重于学校文化理解和认同，按照融入初期、中期、后期分阶段有重点地开展培训，让集团建设的使命感根植于每位教师心中，实现从"局内的局外人"到"集团文化人"的转变。二是以建设目标引领两校育人环境升级改造。松湖朗中在明确"启智增能的学园、陶情养性的花园、彰显个性的乐园、幸福快乐的家园"建设目标的基础上，重点围绕基础设施和数字化校园建设，形成相对一致的育人环境，潜移默化影响教师对集团文化的认知，进而推动学校价值取向和思维方式的转变。例如，在基础设施建设上，着力深化经纬文化元素在各校区环境中的渗透，精准定位、精心设计、精彩呈现，让学校每个角落、每面墙壁、每排桌椅都体现松湖莞中的学校精神。

经过一年多的集团化办学，龙头学校真心引领，松湖朗中全情融入。目前，松湖朗中与集团总部文化一脉相承，校园文化环境保持一致，传承优秀传统和经验，深植集团本部卓越教育的文化内涵，融合、创新、内生出各具特色的办学理念和思路，形成了"朗生教育"品牌，带动文化的内生融合。

2. 构建集团大教育场的德育样态，实现立德树人

通过总校成熟的德育系列课程，家校社协同，打造心理健康教育品牌，构建学校、家庭、社会三位一体的大教育场。以总校"三礼四节，青春五月"系列活动为蓝本，结合松湖朗中原有特色项目，构建"三礼四节，青春五月"校园活动体系，努力打造"艺术校园""体育校园""科创校园""书香校园"，努力为学生搭建施展个性和才华的舞台。

与蔡边村委共建舞麒麟课程

3. 建设多元校本特色的课程样式，实现课程育人

集团各校都努力推动国家课程校本化、校本课程特色化，融合内外资源满足学生多元发展需求。集团化办学的本质是优质教育资源的科学配置、合理共享与高效利用，松湖朗中围绕自身的优质教育资源巧做文章、合理谋划，结合本区域的教育核心竞争力与比较优势，凝练集团化办学改革的理念和目标，最大限度突出区域特色，实现了集团化办学各美其美的良好局面。松湖朗中每个学年开设多达 80 门校本课程供学生自主选择。创客空间、艺术体验、未来科学家、STEM 课程等特色项目吸引了众多学生参与。松湖朗中与社区村合作共建，包括大井头舞龙、蔡边舞麒麟、巷头木偶戏、粤剧、毛织设计等 14 门共建课程，让孩子们记住乡愁守住根基，满足学生个性化多元化发展需求。

（二）人才流动机制引领教师成长

教师流动需要配套严格、缜密的操作程序，对流动对象、流动区域、流入学校、流动期限、福利待遇等都有具体而明确的规定，从而确保教师流动机制在运作过程中的公平性。集团内的教师流动分为柔性流动和刚性流动。柔性流动指鼓励优秀教师在集团内跨校兼课、微课程送课、结对交流等；刚性流动指根据集团各校的师资需求，按照一定规则，组织相关学科的教师定期在集团内轮岗，达到集团内人力资源较为均衡的状态。无论采取哪种形式，人员的组织人事关系不作变动，特别是在实际推进教师流动时，都会事先收集并高度重视教师本人的流动意向，从而最大化实现教师个人价值和社会价值。具体的做法与成效如下。

1. 构建教师"四阶"培养内生型模式

松湖朗中以总校的教师培养模式为蓝本，构建以"新教师、青年教师、骨干教师、名师"四种类型为梯度的校本培训机制，彼此帮带，相互促进，引领成长,即"四阶"教师培训内生型模式。推进内生型和外源型相融合,对教师培养注重"引、育、用、管"四维并举。

2. 构建名师引领教师成长机制

集团充分利用各校的名师资源,带动集团各校开展"价值塑造—能力培养—知识传授"三位一体的校本培训。松湖朗中先后邀请总部名师谈珊姗、米昊、王青、谭丽丽、陈冬梅、石红梅、吴丰强、郑书慧、张青云等进校开展各类讲座12场,推进两校教研水平的提升。

3. 实施集团"青蓝工程"双导师制

建立双向交流机制,充分发挥集团内名师作用,促教师干部成长。松湖朗中引进了大量新教师,在总校的支持下,学校实施集团"青蓝工程"建设,为每一位新教师配备两位学科指导老师,采取"双师带教"的形式,一位导师来自本校,另一位导师由总校科组长担任,两校的科组长都是松湖朗中新教师的学科导师。

一年多的师徒帮带活动,帮助了众多新教师成长,教师们的教研水平普遍提升,青年教师得到加速成长。2023年,松湖朗中教师回总校听课学习211人次,邀请总校专家骨干75人次。学生比赛获奖共165项,其中省级奖18项、市级奖72项、镇级奖75项;教师获奖共175项,其中比赛、论文、成果等项目获国家级奖项3项、省级26项、市级57项;教师获得荣誉国家级2项、省级7项、市级59项。2022年12月,松湖朗中通过了第三批市品牌学校认定;2024年3月,通过了市首批教育评价改革实验学校验收,赢得社会各界一致好评。

集团"青蓝工程"双导师制

(三)开展集团联合教研与实施专题教研项目

为进一步发挥集团化办学框架下校际深度教研的积极作用,我们认为,需重点关注三个问题:

一是关注成员校的真实成长。总校带动成员校协同发展本质上是一个优质教育资源再生的过程,需要以共同体的价值引领和制度框架为保障,充分激发和调动总校和松湖朗中师生追求更高质量发展的自信心和内驱力。这个优质资源再生过程不是简单将优质教育资源迁移复制到松湖朗中,而是在充分调查发展基础和发展需求的基础上,共同深入挖掘和优化已有教育资源,突破松湖朗中转型发展中面临的理念、文化、师资等方面的制约,推动松湖朗中办学水平的整体提升，生成新的、符合需要的优质教育资源。

二是关注集团各校的特色发展。基础教育集团是统筹推进、分布领导、系统赋能的生态体系，每个分校在其中都有其生态位，相互之间形成互动的共生关系。也有观点指出，集团化办学尤其是"名校+分校/校区"模式，虽然名义上扩大了优质教育资源的覆盖面，但削弱了基础教育的多样性。这是集团化办学不同推进方式和发展阶段所产生的阶段性问题，应辩证地看待。需要明确的是，以集团化办学扩大区域优质教育资源，更应关注区域中各集团、集团中各校的办学特色。学校特色本质上体现的是内涵式发展，是办学质量的个性化表达，更是集团化办学走向理想状态的内在要求。

三是关注集团办学质量标准建设。当前，教育集团更多被默认为是一种静态组织，一所学校进入集团后基本等于被无限期"捆绑"，顶层制度设计上缺少松绑机制。究其根本，在于集团办学尚未形成明确的办学质量标准，集团和成员校缺乏判断是否能够松绑的依据。以松湖莞中教育集团校际深度融合策略为例，衡量校际深度融合效果的标准尚未明确，直接导致了实现融合之后两校发展方式的不确定性。为此，我们采取了以下推进集团办学质量标准建设的做法，取得的初步成效如下：

（1）成立集团教研中心。集团制定了《教学教研管理制度》，成立了联合教研中心，总校校长任组长，各分校主管教学副校长任副组长，负责教学工作的主任为主要成员，下设高中和初中两个分中心。联合教研中心定期开展教研，围绕中心工作、重点课题、教学进度等开展深度研究，确保集团联动教研工作的有效实施。

（2）开展集团联合教研。集团努力打造教研新时空，总校牵头，各校以科组为单位，辅以钉钉、微信群等为平台，各年级、备课组、项目组连接成一个有机的整体，课程资源、工作方案高度共享。集团积极搭建平台，开展听评课、同课异构等观摩活动，研究改进课堂教学的方法。松湖朗中借学校品质课堂展示的机会，邀请总部所有科组进校开展听课评课及教研活动，共有30多名总部教师进校参加本次活动。2023年3月初，黎德文书记带领总校初中各科级组长前往石排中学开展教研交流。5月，松湖朗中以"初三高效复习研讨"为主题，召集总校和石排中学初三级全体备课组成员，进行了为期一周的8场三校联合教研活动，为集团各校老师搭建了一个聚焦中考、共话策略、分享经验、共享智慧的平台，为三校2023届中考再创辉煌起到积极推动作用。松湖朗中还承办市名班主任工作室论坛活动，把总校3位主持人请到学校，面授机宜。总校与十三中两校使用相同的段考试卷开展教学评价，18位专家先后前往十三中做高考备考专题讲座，组织全体高三老师和十三中高三备课组长到深大附中进行深度教研交流。

（3）实施专题教研项目。集团开展集体研讨，积极打造精品教研项目，开展"团队帮团队"的品牌课程共建、师资培养、中高考复习备考、质量监测与评价等针对性帮扶项目。在总校艺术科指导下，松湖朗中在只有一名刚新招入职的管乐老师的情况下，创建了松朗管乐团。松朗管乐团开设了长笛、萨克斯、巴松管、低音提琴、打击乐等12种乐器课程。每周总校都会派老师来松湖朗中参与松朗管乐团的教学及乐团的管理。短短一年时间，松朗管乐团已经可以登台演奏国歌、《凤凰序曲》等曲目，丰富了校园文化生活，培养了高雅艺术品位，松朗管乐团成为松湖朗中的一张新名片。

未来，松湖朗中将继续坚持以人民为中心发展教育，力争推动集团化办学再上新台阶，跑出教育加速度、彰显教育有温度，为加快建设高质量教育体系、办好人民满意的教育贡献智慧与力量。

六、大思政视域下的协同育人

大思政视域下的协同育人，强调多方主体共同参与，构建社会共育机制，整合资源，形成育人合力，以全面提升学生的思想政治素质和综合能力。多年来，松湖朗中始终重视家庭、学校、社会的协同作用，通过常态沟通机制、开展家长进校园活动、护安护畅工作、成立家长学校、开设《松朗之约》家长讲坛等方式，实现了家校社的有效协同，共同助力学校育人工作的高质量发展。

（一）加强对家庭教育的指导

学校作为育人的主阵地，积极发挥主导作用，加强对家庭教育的指导工作，争取家庭对学校德育工作的理解和支持。

我校开设了"父母学院"，邀请校内外德育专家举办讲座或报告会，内容涉及家校共建、代际有效沟通、家教经验分享、青春期健康教育指导等，将最新鲜和实用的德育理念和教育艺术传递给家长，提升家长的教育理念和方法，形成家校教育合力；组织家长开展读书沙龙，营造了家庭阅读的氛围，推动家长们在阅读过程中对自己家教的反思。

此外，我们还利用"家长赋能卡"和"每周亲子作业"等方式，实现家校共育，双向奔赴。

（二）整合资源创新育人路径

在大思政视域下，协同育人不仅注重课堂理论教学，更强调将课程内容与社会实践相结合，通过组织学生参与社会实践、志愿服务等活动，让学生在实践中深化对理论知识的理解和应用。

学校充分挖掘利用高校资源、家长资源、社区资源、校友资源和地方文化资源，通过搭建平台、建立机制等方式，促进各方资源的有效整合和共享，为协同育人提供有力支持，取得了明显的效果。

例如，家长们积极参与学校重大活动的后勤保障和物资准备工作等。家长受聘为生涯导师，既来学校与学生们分享各自的人生经验，也组织学生到他们各自的单位去体验、观摩，既开阔了学生视野，也让学生们理解到父母工作的不易。组织学生到爱国主义基地探访、到博物馆考察、到社区服务，参与志愿服务、职业体验、社区调查、高校及专业调查、研学旅行等综合实践活动，开阔学生视野，进行生涯规划。

此外，学校还注重与社区的合作，开展护安护畅工作，确保学生上下学安全，也体现了家校社协同育人的全面性和细致性。

（三）开展特色共育活动

学校积极开展家长进校园活动，加强家长与学校的联系，共同参与学生的成长过程。开展家校共读活动，促进了家庭与学校的紧密合作，共同为学生营造良好的学习氛围。目前，"家校共读"已成为学校的一张特色名片，并在当地产生了广泛的影响。

附：

《高质量背景下校家社协同育人课程体系建设》实施方案

一、实施背景

1. 政策背景

教育部等十三部门联合印发了《关于健全学校家庭社会协同育人机制的意见》，明确各方育人职责和相互协同机制，形成更加完善的协同育人机制。学校充分发挥协同育人主导作用，家长切实履行家庭教育主体责任，社会有效支持服务全面育人。学校要及时沟通学生情况，加强家庭教育指导，用好社会育人资源，主动加强同社会有关单位的联系沟通；家长要提高家庭教育水平，积极参加学校组织的家庭教育指导和家校互动活动，充分认识社会实践大课堂对子女教育的重要作用；社会要完善教育服务体系，推进社会资源开放共享，净化社会育人环境。学校、家庭、社会的育人职责，促进三方各展优势、密切配合，形成相互支持、相互促进的良性互动，切实增强育人合力，是健全协同育人机制、推动教育高质量发展的关键。

《意见》的出台为学校构建协同育人生态提供了明确指引。在校家社协同育人的关系中，学校应更多发挥"指引者""促进者"和"赋能者"的作用；学校要结合本校学生家庭教育的实际，基于问题导向，加强实践研究，不断整合区域资源，积极打通壁垒，建立健全育人机制，努力形成全员、全程、全方位的富有特色的校家社新格局，促进学生健康成长。在我国建设高质量教育体系、完善终身学习体系、加快建设学习型社会、全面推进家庭教育、实施"双减"政策等教育发展的新形势下，校家社协同育人的重要性被提到前所未有的高度。

2. 理论背景

目前，国内的教育学者和广大教师在理论上对校家社协同育人的具体内涵进行了界定，对校家社三者关系进行了澄清，对新时代校家社协同育人的特征进行了解读。同时，从校家社协同育人的价值和实践等不同维度，进行基于实践行动研究：以"学生全面发展"整合校家社协同育人的理念，在高质量学校教育建设中明确校家社教育使命，推进制度化协同育人的建设和认同。自从颁布《家庭教育促进法》以后，各级各类学校也在政府的主导下，以项目为主导进行了有益的探索，在传统的家校沟通方式的基础上，尝试搭建各种家校沟通平台，完善家长成长的课程，形成了很多可以借鉴的模式，尤其是北京市第一〇一中学整合各类资源与学生发展中心共同支撑学生成长的共同体小组，取得良好效果。

3. 校本生本背景

我校是一所公办完全中学，地处松山湖高新区的科教区，相对东莞其他镇街，家长的学历水平普遍相对较高，对学校教育和孩子的学业成绩均有比较高的期待，对学校所组织的活动有比较高的参与度。一直以来，学校高度重视校家社协同育人工作，德育线的每位干部都参与到校家社共育工作中来，德育线的主管校长、主任和级长每学期都开设一次面向家长的讲座，每个学期都邀请市内外的知名专家到学校来讲座。同时通过多种渠道，包括借助家长志愿活动、读书会、座谈会、家访、特殊案例会诊等方式加强家校交流，目前需要梳理这些项目，形成相应的可推广的课程体系。

二、实施目标

（1）完善学校现有的6个家校共育项目（家庭教育专家理论讲座、学校指导家长自学交流、班主任集中辅导家长、家长家庭教育智慧分享、家长指导学生生涯规划课程、家校互动协作活动）的设计并形成详细的方案。

（2）学校指导家长自学交流活动中，通过班主任和家长阅读推荐，撰写导读学案，制作导读视频，解答家长疑惑，整理家长反馈，形成完整的指导家长自学的案例。

（3）班主任集中辅导家长活动，通过收集热点话题、选择典型案例、撰写教学案，制作课件、家长反馈等形式，让班主任能在一个学期上两节家长课。

（4）对于家庭教育个案的研究，通过研究个案，形成班主任指导学生和家长成长的方案。

三、实施思路及策略

1. 思路

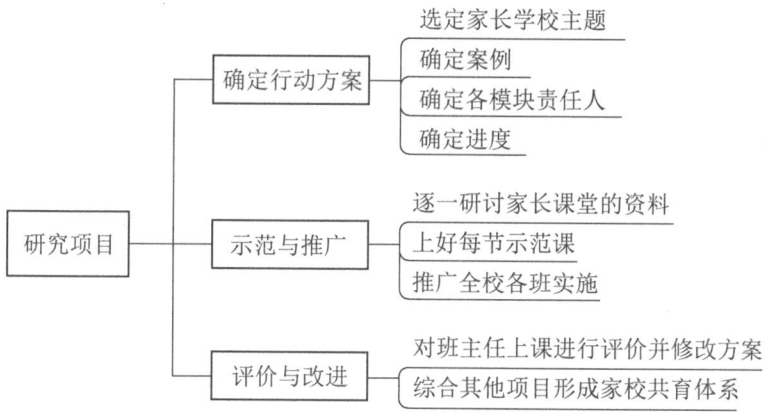

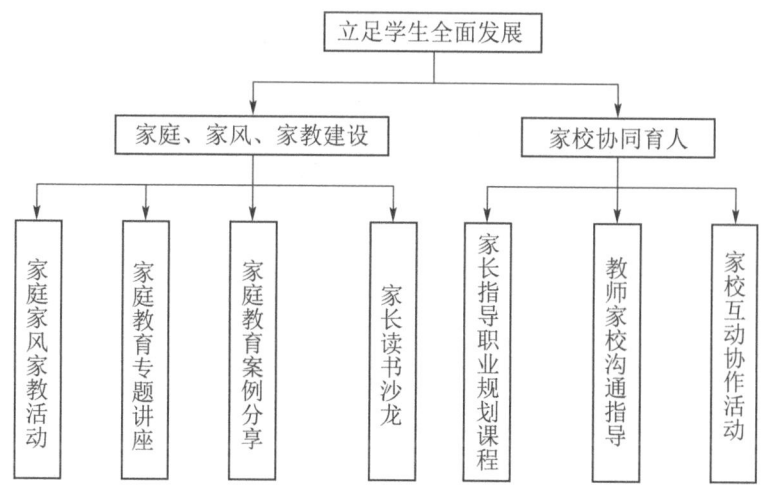

2. 策略

①问题导向：以家长在家庭教育中存在的问题为切入口；

②循序渐进：集体备课，形成方案，现场示范，推广反思；

③以点带面：抓住关键的几节精品课，让所有班主任都能上、会上、上好家长学校的课；

④注重反馈：及时收集家长学习心得，调整策略。

第三篇 "人文思政"思想政治课打造

思政课堂建设是提升思想政治教育质量的关键环节。松湖朗中的松朗课堂建设倡导素养导向、立足学科、深研学情、整体思考、综合分析、细化落实的方针，开展主题式实践性课堂实验。挖掘小组合作学习、导学案自主学习的优势，创设思辨的课堂气氛，激发师生的参与热情，引导学生积极参与，探求主动解决问题的课堂文化。

一、实践教学

2022年8月，教育部等十部门印发了《全面推进"大思政课"建设的工作方案》，指出："坚持开门办思政课，强化问题意识、突出实践导向，充分调动全社会力量和资源，建设'大课堂'、搭建'大平台'、建好'大师资'。"但目前部分高中思政课教师存在开门办思政课、调动各种社会资源的意识和能力还不够强，对实践教学重视不够等现象。基于此，笔者通过"创设大小课堂结合的课堂教学和校本课程实施策略""坚持思政小课堂和社会大课堂在'地、事、人'的结合""借力数字赋能，用好网络实践教学'云课堂'"三个维度，探讨"大思政课"视域下的实践教学，为高中思政课教师教学提供有益借鉴。

邱家洪老师认为，"大思政课"实践教学是指为实现思政课立德树人根本任务，贯彻落实"大思政课"理念，以思政课理论教学为依托、以丰富多彩的社会生活为舞台、以校内外实践活动为载体，通过学生的身体力行和亲身体悟，将感性认识、理论知识转化为高尚精神追求和良好素质能力的教学组织形式。

（一）创设大小课堂结合的课堂教学和校本课程实施策略

开展"大思政课"实践教学就要深化教学改革，提升思政课程实践"主课堂"。

1. 以思政学科社会实践活动为载体的课堂教学组织策略

以思政学科社会实践活动为载体的课堂教学的突出特点是在教师指导下，有目的、有组织、有计划地在课堂教学以外利用社会条件，通过学生亲身体验、动手操作等实践活动,培养学生理论联系实际分析问题、解决问题的能力,提高思想政治觉悟。其教育途径的基本流程可以归纳为"课前:开展实践—课堂:感悟实践—课后:指导实践"的循环。

(1) 坚持研学旅行与课堂教学结合

近年来,我们组织学生来到有着"改革开放伟大变革的试验田、先行地、排头兵"之称的深圳,进行改革开放主题研学旅行。依托此次研学旅行,我们设计了与课堂教学结合三维路径:

一是活动资源的选择。在深圳5天的研学旅行活动中,学校专门安排学生参观改革开放周年展览、聆听深圳改革开放的实践专题报告、实地考察招商局集团和汇健集团。这些实践资源与《经济与社会》内容高度契合,如何开发利用好这一资源,需要进一步作议题化设计。

二是活动议题的优化。根据课程标准内容,以"深圳为什么要将改革开放进行到底"为议题总领全课,设置一个问题和三个子议题。问题:为什么说改革开放是破局之招?子议题一:为什么说改革开放是制胜之招?子议题二:为什么说改革开放是引领之招?子议题三:为什么说改革只有进行时,没有完成时?

三是课堂的深度学习。基于深圳实地研学,学生切实感受到了40多年来深圳各方面所发生的巨大变化,引导学生积极思考发生巨变的原因,探究改革开放的背景、历程及重大积极作用,探究只有中国特色社会主义才能发展中国的道理,进一步帮助学生理解中国特色社会主义的相关知识,体悟社会主义制度的优越性,树立正确的价值取向。

(2) 坚持社会调查与课堂教学结合

通过课前完成《莞邑奇迹》社会调查,课堂设计"东莞为什么要将改革开放进行到底"的议题进行教学,引领学生理解改革开放的进程和巨大意义,以及坚持改革开放的理论自信和道路自信。

子议题1:为什么说改革开放是制胜之招?

活动一:【我家的这40年】

【议题情境】家庭的变化和家乡的变迁。

【议学活动】讲讲"我家的改革故事"。

故事一:太平手袋厂,敢为人先;

故事二:黄河服装城,白手起家;

故事三:松山湖园区,转型创新。

【议题小结】从同学说的这些实例中可以看出,我们家庭和家乡的变化既细致入微又翻天覆地,"家庭小变化,国家大发展",家庭的小变化折射出了国家的大发展。

(3) 坚持社会服务与课堂教学结合

子议题2：为什么说改革开放是引领之招？

活动二：【我说东莞这40年】

【议题情境】近期"莞邑新猷——美术里的东莞·特展"正式启动。特展将展示新中国成立以来，尤其是改革开放40多年来东莞这座城留给当下人们的视觉演变记忆。

【议学任务】商议解说词。假如让你当解说员，你将如何向游客们介绍东莞改革开放的伟大历程？

【议学活动】学生分成4个小组当解说员，用PPT演示改革开放的时间延续和空间拓展，点亮地图。

【议题小结】改革开放的发展历程就是从点开始，连成线，形成面，构成体。当前已经形成了全面深化改革、扩大开放的新格局。

可以看出，以思政学科社会实践活动为载体的课堂教学，将学生学习的空间由课堂内拓展到课堂外，使知识的传授与能力的培养统一起来。

2. 以思政学科社会实践活动为载体的校本课程实施策略

我们推进国家课程校本化，校本课程优质化，优质校本课程活动化、专项化，重视学科课程设置与教学对接，落实思想政治学科一层四核四翼要求，推进教与学的双侧改革，促进学科教学走向优质。其中在校本课程方面，立足学生特点、对标国家课程，构建了"小思政与大社会""模拟法庭""经济达人"等融合思政小课堂和社会大课堂的课程。

同时，结合校本课程、结业展示和研究性学习报告，打通"课前一公里"和"课后一公里"的联通，努力实现思想政治学科课堂一体化建设，形成以思政学科社会实践活动为载体的校本课程实施策略，做到立德树人、铸魂育人。

（1）开设"小思政与大社会"校本课程

我们积极推进思政小课堂与社会大课堂相结合，就是为了激发学生的学习兴趣，提高学生的学习积极性；引导学生参与社会生活，突出学生的课堂地位；让学生感受到真实体验的乐趣，充分调动学生的主观能动性，从而成为"全"学习者。

（2）开设"模拟法庭"校本课程

"模拟法庭"是学校的特色校本课程之一，属于我校科创节的品牌活动，由高中政治科组全体老师作为导师开展活动。课程开始采取一个学期校本课程的学习，选取一些典型案例，经过改编后作为科创节"学生模拟法庭"活动的模拟庭审主题，向全校学生展示校本课程的学习成果。与课程相配合，我们建立了多个课程实践基地，建立了校外导师指导制度，着力培育学生的理性精神、公共参与、法治意识等学科素养。

（3）开设"经济达人"校本课程

"经济达人"课程是我们的特色校本课程之一，属于政治科组正在着力形成的科组特色课程。通过开设课程，着力培养学生的财经素养，课程采用的形式主要是专题活动；通过整合经济活动中的各种现象，引导学生从经济的视角和思维去理解经济现象，感悟经济活动，体验角色扮演，能够运用经济思维处理生活中的各种现象；通过开展活动，学会运用经济理论解决现实问题，提高学生参与、合作、展示、分享的意识，树立和提高自主创新能力，培养未来的企业家。

（二）坚持思政小课堂和社会大课堂在"地、事、人"的结合

让学生走出去，注重社会实践，指导和帮助学生在社会中验证思政课学过的内容，用社会资源来丰富思政课讲授的内容，主要体现在三个方面：

①与"地"结合。利用社会的红色资源、博物馆、纪念馆等对学生进行思想政治教育，通过组织学生实地参观、亲身感受历史文化、现场授课等形式，让学生通过沉浸式的学习提升思政课的实效性。我们先后带学生前往东莞市博物馆、东莞市展览馆、华为欧洲小镇基地、东莞市商事制度改革实践基地等地开展党史教育、传统文化教育。

②与"事"结合。在教师的指导下，动员学生了解身边大事，讲好中国故事；提倡学生参与有意义的社会实践活动，鼓励他们为中国特色社会主义建设贡献力所能及的力量。

③与"人"结合。双师联手，共画同心圆，把社会人物请进来，结合思政课教学，让他们登上讲台，成为难以替代的老师。

总之，通过思政小课堂和社会大课堂在"地、事、人"的结合，使学生走向社会、深入基层，用双脚丈量祖国大地，用双眼见证百态人生，用辩证思维观察问题、了解问题、剖析问题和解决问题，从而更好地感受基层社会的"温度"，体悟家国情怀，锤炼意志品质，肩负起新时代青年学生的使命担当。

（三）借力数字赋能，用好网络实践教学"云课堂"

一直以来，实践育人存在着教学手段旧、组织难等问题，学生被动参与单一实践活动，兴趣不高。互联网、大数据、人工智能等技术手段的广泛应用，为思想政治教育工作破解难题创造了有利条件。以新媒体、新技术助推思政课改革创新，是适应网络时代、推进思政课供给侧改革的应然选择。

鉴于微视频已成为青少年学生获取信息、表达自我的重要途径，要善用新媒体新技术指导老师和学生拍摄制作具有价值意义的"慕课""青年说""微团课"等微视频，彰显学生在实践教学中的主体地位。依托莞易学平台上丰富、多样、可选择的"卓越课程"，我们创造性转化运用好国家智慧教育平台及地方教育资源平台上的各类优质思政课数字化教学资源，实现优质资源共建共享、迭代更新。

总之，思政课的本质是讲道理，要想讲好道理，不仅要用科学的理论教导学生、用真挚的情感打动学生，还要用生动的实践说服学生。加强"大思政课"视域下的实践教学是提升思政课亲和力、针对性的重要举措。

专论 3-1

思政小课堂和社会大课堂结合的实践策略

知乎上有网友提问：学政治课有什么用？回答中最高赞的竟然是：考试用！在人们以往的观念中，政治书都是讲大道理，政治课都是念常识念新闻，政治考前背一背，考试时吹吹"水"写满整张答题卡就能拿高分。这件事让我一度怀疑自己上的这门课到底有没有存在的价值。我做了很多学生的访谈，问他们为什么不喜欢政治课？后来我明白了：问题并不是出在课程上，当代中国青年学生并不是"淡化理想、告别主义、政治冷漠"，而是在思政课教师自己身上，没有将理论知识和学生的现实生活联系起来。这件事让我时常警醒自己，我们的政治理论课，这么好的理论，如此振奋人心的事实，如果只是考试时的标准答案，最终将变成"冷冰冰"的铁板一块。为了解决这一学科困境，我们需要提升思政课的实践力，架设理论与现实的桥梁，让思政小课堂和社会大课堂有机结合，让学生真问、真信、真用。

让学生走出去，注重社会实践，指导和帮助学生在社会中验证思政课学过的内容，用社会资源来丰富思政课讲授的内容，主要体现在三个方面。

1. 与"地"结合

利用社会的红色资源、博物馆、纪念馆等对学生进行思想政治教育，通过组织学生实地参观、亲身感受历史文化、现场授课等形式，让学生通过沉浸式的学习提升思政课的实效性。我先后带学生前往东莞市博物馆、东莞市展览馆、东莞市非物质文化遗产展览馆、广东省东江纵队纪念馆、华为欧洲小镇基地、东莞市深化商事制度改革综合试验基地、东莞理工学院体验基地、东莞市中级人民法院知识产权庭、松山湖法庭、长安法院等地开展党史教育、传统文化教育、国际理解教育。

例如，在教授《基本经济制度》时，我们带领学生参观东莞市深化商事制度改革综合试验基地，并拍摄视频作为学习资源。

《东莞商事制度的传承》微视频拍摄脚本

镜头	镜头运用/制作方式	时间	画面内容/现场同期	画外音/学生旁白解说
1	动画制作	3秒	片头动画	标题：东莞商事制度的传承
2	远景/近景	5秒	两名同学：百年党史创辉煌，东莞故事我来讲！	
3	中景	30秒	A："大家好，我是……学校的＊＊同学" B："我是＊＊同学" 齐："今天，让我们一起回顾东莞商事制度改革发展的历程，了解东莞商事制度的历史。"	A同学：这里是东莞市深化商事制度改革综合试验基地，我们可以看到，东莞在商事制度的改革发展中，传承创新基因，打造了商改的"东莞样本"
4	近景	20秒	展示东莞商业的发展、本土企业的不断壮大、营商环境的优化	B同学：我们可以看到，在市委市政府的带领下，东莞商事制度改革从先行先试到推广应用，通过上下联动、内外互动、政企推动，如今，营商环境优越，企业发展壮大，人居环境优美，居民生活富足
5	动画制作	15秒	十八届三中全会以来东莞商事制度出台的文件、相关新闻报道、东莞市深化商事制度改革的照片、优化营商环境的措施、"证照分离"的改革方案、《东莞市双随机一公开抽查工作实施办法》文件和图片	A同学：党的十八届三中全会以来，中央决定对全国商事登记制度进行改革。但是，商事制度改革涉及面广，推动难度大，因此，中央决定先从基层进行改革探索寻求突破，再逐步上升到国家层面的整体制度设计
6	动画制作	15秒	商事制度改革的历程，不同时期东莞商事制度改革取得的成果照片	B同学：2012年，在党中央决策部署下，国务院常务会议批准广东省开展行政审批制度改革试点，深圳、东莞、珠海、顺德成为最早推行商事制度改革的试点城市

续上表

镜头	镜头运用/制作方式	时间	画面内容/现场同期	画外音/学生旁白解说
7	动画制作	1分钟	广东健客医药有限公司、旗弘跨境电商供应链服务有限公司、粤科东城创业投资合伙企业等入驻基地的重点企业的照片	A同学：在东莞市委的决策部署下，商事制度总体经过了破冰、潮起、汇流、润育四个阶段。第一阶段是破冰阶段。2012年5月，商改在大朗镇开始试点，为全市推行探索经验。 B同学：第二阶段为潮起阶段。市委市政府不断创新监管模式，实现协同监管。 A同学：第三阶段为汇流阶段。以"一平台、三工程"的市场监管体系为主线，构建共治共享监管格局。 B同学：第四阶段为润育阶段。市委市政府进行了企业集群注册、住所信息申报等一系列创新探索
8	动画制作	30秒	东莞市政府关于商事制度改革的红头文件，东莞市商事制度改革的照片《东莞商事制度改革：从探索先行到全国样本》报道	B同学：自2012年以来，东莞市委以法治思维引领改革创新，打造"企业自治、行业自律、社会监督、政府监管"的多方共治机制，使东莞成为全国商改机制设计最系统、机制迭代最迅速、机制闭环最完善的案例之一，为全国提供了新时代商事改革"东莞样本"
9	近景	30秒	展示东莞商事制度发展的成效、获奖成果、商事制度扶持措施	A同学：习近平总书记指出，"理念是行动的先导，一定的发展实践都是由一定的发展理念来引领的。"新时代，东莞将进一步以"深化商事制度改革，营造湾区一流营商环境"为主线，为拓展商事制度改革的广度和深度，加快融入粤港澳大湾区建设发力

续上表

镜头	镜头运用/制作方式	时间	画面内容/现场同期	画外音/学生旁白解说
10	航拍/远景	1分钟	松山湖华为小镇外围、松山湖国际机器人产业基地、散裂中子源基地、松山湖管委会、万科生活广场	A同学：东莞的商事制度改革发展到今天，已经为全国打造了商改的制度样板和莞式模式，被评为改革开放40周年经典案例，从探索先行到全国样本，有着重要的推广价值。 B同学：湾区都市，品质东莞，未来，在市委市政府的领导下，东莞将对接大湾区、融入世界，将东莞建成高品质内涵式增长的现代化大都市！
11	近景	5秒	东莞商事制度改革基地图	同学齐讲：学东莞党史，做时代新人，今天的党史微课堂就到这里，感谢收看！
12	动画制作	3秒	片尾动画	

2. 与"事"结合

在教师的指导下，动员学生了解身边大事，讲好中国故事；鼓励学生深入社会基层进行调查研究，获得感性材料和实践经历；同时提倡学生参与有意义的社会实践活动，鼓励他们为中国特色社会主义建设贡献力所能及的力量。

源于生活、源于实践的学科性质，要求我们思政课教师要善于讲故事，讲述中国共产党领导人民进行新民主主义革命、实现中华民族站起来的历史故事，讲述中国共产党带领人民进行社会主义革命和建设、把一穷二白的旧中国改造成欣欣向荣的社会主义新中国的奋斗故事，讲述中国共产党领导人民进行改革开放、中华民族从站起来到富起来和强起来的感人故事，讲述中国共产党领导人民战胜各种自然灾害、保卫人民生命安全和健康的斗争故事。

在过去的一年里，我们在高一年级的课堂上顺应新教材的变化，坚持议题式教学，从学生生活出发，将现实生活融入课堂，大量选用真实案例，让思政课堂变得有趣且有温度。在案例选择上，我们既聚焦建党百年、脱贫攻坚、乡村振兴、抗疫斗争等课题，讲述榜样故事，如党史思政课，仰望革命先辈（必修三1.1）、校长张桂梅（必修二新发展理念）、袁隆平（必修三全民守法）、抗疫斗争（必修一新时代）、感动中国（必修三中国共产党的先进性）等；也有平视民生类的，关注时事热点，关注乡土发展，如丁真的世界（必修二政府宏观调控）、莞邑奇迹的缔造（必修三中国特色社会主义）、医药资源改革（必修二政府配置资源）、沙县小吃（必修三基层群众自治）、吃播（必修三法治社会）等；关注弱势群体，如社区生鲜蚕食菜农生计（必修二分配制度）、事实孤儿（必修二社会保障）等。为了能够带给学生们丰富的"潮事"，我们尽管工作生活都很忙碌，但还是坚持每天看新闻，上下班的路上听新闻，将时政知识带入课堂，用最新的新闻素材辅助教学，让孩子们听到的每一节政治课都是生动的、鲜活的、有温度的。钟南山、张定宇、张伯礼、陈薇、袁隆平、屠呦呦、黄旭华、南仁东、赵立坚、华春莹、耿爽、边防战士、哨所民兵、道德模范、中国好人……这些名字、这些名词，被孩子们所熟知，他们的故事、他们的精神，走进孩子们的心田，在悄悄地影响和指导孩子们的行为。我们不是伟人，但是我们却可以学习伟人精神，做对国家、对社会有益的事，在平凡中创造伟大，活出属于自己的、独一无二的生命的精彩！

例如，在《始终坚持以人民为中心》的课堂教学中，为了理解中国共产党的性质和宗旨、党的执政理念、新时代青年的使命，我们一高一老师创设了教学情境并设问，以"如何赓续百年初心，担当育人使命"为主议题，以"民呼我应""民心我思""民期我行"为子议题，创设生活化、结构化的教学情境。

【议题情境】东莞市委市政府把教育事业作为重大民生工程优先推进。东莞基层学校党委认真贯彻落实党的教育方针，按照上级部署，积极推进学校的扩容提质工程，解决学位供给瓶颈问题。

【议学问题】在教育资源方面，东莞市委市政府为什么主要通过推进教育扩容提质工程，而不是主要通过市场的力量来解决优质学位供给困难的问题？

【设计意图】近年来，民办学校费用居高不下，教育资本化存在不少矛盾和问题，从而引起社会关注。东莞教育扩容提质的这一情境既是我们身边的人和事，又关系到学生及其兄弟姐妹的读书和父母负担问题。情境因真实而可信，教师将同学们置身于这一真实的、新鲜的教学情境中，感受东莞市委市政府优化建设流程，加快建设速度，集中市、镇街、热心企业等各方力量增加优质学位，在拓展公办学位渠道上发力，着力优化布局、调整结构，推动各镇街教育优质均衡发展"齐步走"，让每一个学生受到最适合的教育。东莞教育扩容提质体现了子议题"民呼我应"，以更好地满足人民群众对优质学位的需求。有学生分享道，作为教育扩容提质工程的受益者，能以低于往年的录取分数考上自己理想的优质学校，离不开优质学位的增加，满足了父母让孩子们"上好学"的愿望和学生自己想"读好书"的心愿。

学生通过感悟和体验东莞市委市政府用心用力用情解决学生和广大家长的急难愁盼问题，既理解了中国共产党的性质和宗旨，又见证并坚信东莞市委市政府将继续坚持以人民为中心，深入推进教育改革攻坚，奋力在东莞"双万"城市新起点上跑出教育加速度，实现教育支撑、服务东莞高质量发展的决心，从而更有助于学生深刻理解党和国家的路线、方针、政策，增强了学生对坚持中国共产党领导的认可。

3. 与"人"结合

双师联手，共画同心圆，把社会人物请进来，结合思政课教学，让他们登上讲台，成为难以替代的老师。

例如，在讲授《中国特色社会主义的创立、发展和完善》一课时，就邀请了一学生家长参加，让女儿在课堂上对父亲进行现场采访。

女儿：爸爸，我今天想问您几个关于改革开放后人们衣食住行的问题。

父亲：好的。

女儿：请问您小时候的衣服、住房是怎么样的？

父亲：小时候我们没有很多衣服，衣服的款式也很少，而且颜色也是普遍的黑蓝灰几种，当时最流行的是解放军的军装。我的鞋子是不用愁的，改革开放以后有很多工厂来镇里，我家隔壁是鞋厂，下午无聊就和小伙伴们去鞋厂找次品，总是能找到一些好东西。关于住的方面，我们镇一开始是农村，所以我一开始是住在旧村里面的，和普通农村没有什么不同。后来搬进了镇中心，住上了普通的房子。

女儿：那关于吃食和交通方面呢？

父亲：想当年我也是高高瘦瘦一小伙，以前没什么好菜吃，现在越来越多东西可以吃，所以我就变得胖了。交通方面，虽然我们这里一直都那么偏，但比之前好了很多。

女儿：您对改革开放最深的感受是什么？

父亲：能做到改革开放是真的很不容易的，中华人民共和国成立七十多年来所取得的成就，改革开放的功劳必不可少，政府能推行这样的政策需要很大的勇气。这七十多年来，感觉我们的生活水平一直在提高，未来可期。

女儿：谢谢您的参与。

现场真实的对话让学生由衷地感悟：中华人民共和国成立七十多年来，的确是走得很辛苦，但能取得现在的成就，大家都是有目共睹的。时代正在召唤，只有不断前行，才有更好的明天。

总之，通过思政小课堂和社会大课堂在"地、事、人"的结合，让学生走向社会、深入基层，用双脚丈量祖国大地，用双眼见证百态人生，用辩证思维观察问题、了解问题、剖析问题和解决问题,从而更好地感受基层社会的"温度",体悟家国情怀,锤炼意志品质,肩负起新时代青年学生的使命担当。

专论 3-2

社会是最好的课堂

以思政学科社会实践活动为载体的课堂教学的突出特点是,在教师指导下,有目的、有组织、有计划地在课堂教学以外利用社会条件、通过学生亲身体验与动手操作等实践活动的方式,培养学生理论联系实际地分析问题、解决问题的能力,提高思想政治觉悟。其基本流程可以归纳为"课前:开展实践—课堂:感悟实践—课后:指导实践"的循环。

为畅通思政课内外衔接,我们利用节假日布置实践作业,既有"课前一公里",又有"课中一公里",还有"课后一公里"。通过课前学生调研,完成寒暑假周末研学作业,再将调研结果作为课堂教学资源,引导学生思考讨论,课后进一步激发公共参与的热情和布置实践作业,注重知行合一,增强思政课的实践指导;利用多种资源,拓宽思政课的教学空间。以思政学科社会实践活动为载体的课堂教学组织流程如下:

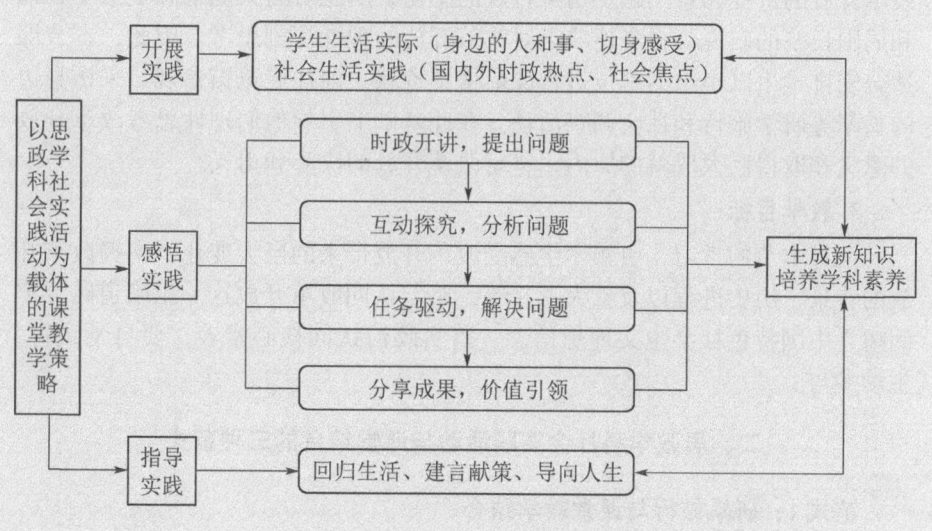

我们在思政课堂活动的设计上，既有时政导入，更有剖析探究；既有思想交锋，更有价值引领。这里，以《伟大的改革开放》一课为例，谈谈以思政学科社会实践活动为载体的课堂教学组织策略。

一、教材与学情

1. 内容分析

本课时的教学内容是思想政治必修1《中国特色社会主义》第二单元第四课《只有中国特色社会主义才能发展中国》第一节《伟大的改革开放》。本单元主要探究中国特色社会主义的开创与发展，因此第四课是在承接第三课《只有社会主义才能救中国》的基础上继续论证"只有中国特色社会主义才能发展中国"，也为第五课讲述在习近平新时代中国特色社会主义思想指导下建设社会主义现代化强国奠定理论和现实基础。而本节所讲述的"伟大的改革开放"开创了中国特色社会主义，从根本上改变了中国人民和中华民族的前途命运，不可逆转地开启了中华民族走向伟大复兴的征程。因此，本书内容具有承上启下的关键作用，我们设计"为什么要将改革开放进行到底"的议题，引领学生理解改革开放的进程和巨大意义，以及坚持改革开放的理论自信和道路自信。

2. 学情分析

本课的教学对象是高一学生，他们已经具备一定的社会观察能力，同时有着较强的质疑和批判精神。学生在初中《道德与法治》以及历史课程中已经对改革开放的进程和意义有了一定的了解，但囿于年龄和阅历，他们对改革开放的进程和意义缺少切身直观的感受，所见所闻只能来源于书本知识和周围长辈的叙说，自身还缺乏对改革开放的理性深刻思考。因此，本节课适合安排学生以小组为单位进行课前搜集资料、前往展览馆参观、采访身边的长辈等研学旅行和社会调查活动。在此基础上引导他们理性思考改革开放的意义和取得巨大成就的原因，坚定改革开放的决心和勇气。

3. 教学目标

通过本节的学习，引领学生感受改革开放带来的巨大变化，掌握改革开放的背景、历史进程以及重大意义等，坚定认同改革开放这一正确道路，牢固树立中国特色社会主义理想信念，落实政治认同核心素养，要自觉践行、主动参与。

二、思政学科社会实践活动与课堂结合的三种范式

范式1：研学旅行与课堂教学结合

2020年9月，我们组织学生来到有着"改革开放伟大变革的试验田、先

行地、排头兵"之称的深圳，进行改革开放主题研学旅行。

第一天的研学任务是参观"大潮起珠江——广东改革开放40周年展览"，学生们步入展馆，珠水春潮、壮美广东的改革长卷徐徐展开……展览主体按时间脉络分为"敢为人先、勇立潮头""增创优势、砥砺前行""走在前列、当好窗口"三大部分，生动展示了广东改革开放40年来的辉煌成就。同学们认真聆听讲解，不时驻足询问，了解展览作品背后的故事。

第二天的研学任务是聆听报告，深圳博物馆深圳改革开放史研究中心副主任崔孝松副研究员为中心组作了题为《伟大的创举、精彩的演绎——深圳改革开放的实践》专题报告，讲述了深圳从默默无闻的边陲小镇，到快速发展为现代化国际都市的沧桑巨变。

第三天，同学们走进象征着我国公有制经济与多种所有制经济缩影的中央直接管理的国有骨干企业、有着"中国民族工商业先驱"之称的近代第一家股份制公司——招商局集团，进行考察交流。同学们来到招商局历史博物馆，了解招商局集团149年发展历程及其在改革开放中的重要地位和作用。从起初创立时的奏折、开办之初的招商入股书到招商局抗日沉船的船体遗骸、招商局海员起义生死状；从李先念副主席批准建立蛇口工业区时圈画的香港明细全图到邓小平题写的"海上世界"，大量丰富的史料、图片和实物，全面再现了改革开放初期招商局参与工业建设的风雨足迹，也反映了有着"百年央企"之称的招商局一个多世纪以来的艰难历程。在招商局港口控股有限公司旗下的赤湾集装箱码头，同学们现场考察了数字化码头建设运营情况，站在招商局广场37楼，透过窗外俯瞰蛇口片区全貌，1979年填海建港的开山炮声犹然在耳。

第四天，同学们在医疗大健康领域有着高知名度的国家级高新科技民营企业——汇健集团进行考察交流。公司负责人围绕人才培养、科学研究、校园建设、产学创新等方面，给同学进行了深入介绍，同学们表示深受教育，要为服务国家富强、民族复兴、人民幸福贡献力量。

依托此次研学旅行，我们设计了与课堂教学结合三维路径：

① 活动资源的选择。

此次研学旅行活动，学校专门安排学生参观改革开放40周年展览、聆听深圳改革开放的实践专题报告、实地考察招商局集团和汇健集团。这些实践资源与高中经济生活内容高度契合，如何开发利用好这一资源，需要进一步议题化设计。

② 活动议题的优化。

根据课程标准内容，以"为什么要将改革开放进行到底"为议题总领全课，设置一个问题和三个子议题。问题：为什么说改革开放是破局之招？

子议题1：为什么说改革开放是制胜之招？子议题2：为什么说改革开放是引领之招？子议题3：为什么说改革只有进行时，没有完成时？

③课堂的深度学习。

课堂的深度学习可从四个环节着手：

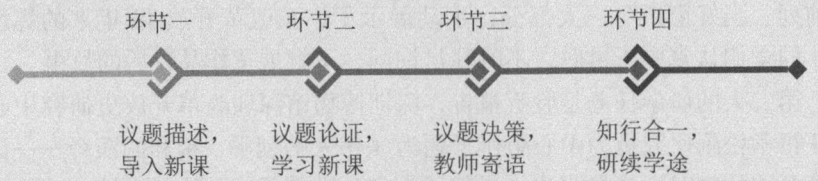

环节一：议题描述，导入新课
环节二：议题论证，学习新课
环节三：议题决策，教师寄语
环节四：知行合一，研续学途

基于深圳实地研学，在学生切实感受到了 40 多年来深圳各方面所发生的巨大变化之后，引导学生积极思考发生巨变的原因，探究改革开放的背景、历程及重大积极作用，明白只有中国特色社会主义才能发展中国的道理，进一步帮助学生理解中国特色社会主义的相关知识，体悟社会主义制度的优越性，树立正确价值取向。

范式2：社会调查与课堂教学结合

通过课前完成《莞邑奇迹》社会调查，课堂设计"为什么要将改革开放进行到底"的议题进行教学，引领学生理解改革开放的进程和巨大意义以及坚持改革开放的理论自信和道路自信。

子议题1：为什么说改革开放是制胜之招？

【活动一：我家的这40年】

四十年春风化雨、春华秋实，改革开放也使得我们的家庭生活发生了翻天覆地的变化。

【议题情境】家庭的变化和家乡的变迁。

【议学活动】讲讲"我家的改革故事"。

故事一：太平手袋厂，敢为人先

改革开放初期，东莞这个北接广州、南邻深圳的农业小县，抓住国际产业转移的历史契机，敢为天下先，大胆创造出"三来一补"的发展模式。1978年9月，中国大陆第一家"三来一补"企业——太平手袋厂在东莞诞生，同年12月，东莞成立了全国第一家"来料加工装配办公室"，提供从工商登记到办理进口许可证等"一条龙"服务，大大解放了生产力。东莞改革开放蹒跚起步，开始利用外资"借船出海"，探索发展外向型经济。太平手袋厂不仅对东莞这座城市来说意义非凡，对于我们这些老莞人来说，更是有着一份特殊的回忆。太平手袋厂，对于许多上了年纪的虎门人来说，是一段难以忘怀的激情岁月，而对于中国的改革开放来说，不啻于一道高亢嘹亮的序曲。

故事二：厚街家具村，艰苦奋斗

在当时极端困难的条件下，东莞人自己也开始积极投入改革开放的浪潮，参与开创中国经济社会历史的新篇章，也在开始尝试发展自己的企业和产业，比如当年东莞的一些私营小企业开始生产销售白糖、水泥、服装、家具、纸品等，一些镇街也发展出自己的特色产业。

20世纪80年代初，厚街人依靠小作坊，一把椅子一扇门地为人制作家具，一批先行者成为了厚街家具业的开路先锋。在先行者的带动下，厚街家具呈星火燎原之势，到90年代初，仅在双岗社区开家具厂的就有200户，全村一半人涉及家具行业。

今天，家具制造产业已成为厚街的支柱产业，厚街也获得"东方家具之都"的美誉，正所谓"中国家具看广东，广东家具看东莞，东莞家具看厚街"。

故事三：黄河服装城，白手起家

由于距离香港仅47海里，海路只要几个小时，改革开放后，一些商机敏锐的虎门人便开始在出海打鱼或贩卖海鲜时，从香港或深圳沙头角带回一些布料、服装，回到虎门摆摊售卖，很快便形成了当时远近闻名的虎门"洋货一条街"。"洋货一条街"日益火爆之际，一些人发现，服装生产其实并不复杂，完全可以自己干，便买来缝纫机，办起小作坊。到20世纪80年代末，虎门就已有60多家服装商户，这也是虎门服装产业的雏形。

虎门服装产业从萌芽走向兴盛，不断升级提质，现在发展成为拥有数千家服装企业、诸多知名服装品牌、20多万从业人员、年产值约450亿元、年销售额超900亿元的享誉国内外的"中国服装服饰名城"。自1996年开始举办的中国（虎门）国际服装交易会是目前中国服装界最具影响力的服装盛会。

故事四：松山湖园区，转型创新

随着时代的变化，代加工、贴牌生产、劳动密集型生产等处于产业链低端的经济发展模式已经不能很好地满足东莞的发展了，东莞继续推动发展模式创新。2001年7月，东莞开始筹建广东省东莞松山湖高新技术产业开发区，同年11月获得广东省政府批准，2002年1月10日正式奠基开发建设，2010年9月经国务院批准升格为国家级高新技术产业开发区。东莞以松山湖高新技术产业开发区为龙头，开辟了一条崭新的发展道路。

机器换人，是推动传统制造业实现产业转型升级的一项重要举措，是以现代化、自动化的装备提升传统产业，推动技术红利替代人口红利，成为新的产业优化升级和经济持续增长的动力之源。机器换人对于推动技术进步、提升劳动力素质、提高企业生产效率、促进产业结构调整、推进工业转变发展方式等具有重要意义。

中国散裂中子源是国家"十一五"期间重点建设的大科学装置，是位于国际前沿的高科技、多学科应用的大型研究平台。散裂中子源被称为"超级显微镜"，是研究中子特性、探测物质微观结构和运动的科研装置，可带动物理学、化学、生命科学、材料科学、纳米科学、医药、国防科研和新型核能开发等学科发展。建成后的中国散裂中子源和正在运行的美国、日本、英国散裂中子源一起，构成世界四大脉冲散裂中子源。

华为小镇投资100亿元，占地面积约1900亩。小镇景色优美，依山傍水而建，布局合理，设计新颖，房屋都是欧式古堡建筑风格，组建成12个欧洲风的小镇，每个建筑群之间都设立有轨电车站点，员工们在不同区域之间可以乘坐小火车上下班，非常方便。松山湖基地建成后将有3万研发人员聚集于此。这里不仅有住房，还有学校，提供从幼儿园、小学、初中到高中的15年全学段高品质教育。同时，华为还计划在松山湖为员工兴建2万套低价配套住房，并把华为大学、研发中心等功能载体搬迁到这里。

松山湖高新技术开发区集山水一色、人才与产业齐飞、生态与开发共荣，是东莞自主创新的旗帜、转型升级的先锋、创新创业者实现梦想的乐园，已成为东莞乃至珠三角最宜业宜居宜游、发展潜力巨大的一张新名片。

【议题小结】从同学说的这些实例中，可以看出我们家庭和家乡变化既细致入微又翻天覆地，"家庭小变化，国家大发展"，家庭的小变化折射出了国家的大发展。

【设计意图】用思政课讲好中国故事。习近平总书记在全国宣传思想工作会议上提出要讲好中国故事，展现中国形象。利用学生爱听故事的心理特点，将枯燥抽象的学科知识以讲故事的方式娓娓道来，环环相扣层层递进，课堂在行云流水般的节奏中缓缓推进，学生对国家和民族的热爱之情冉冉升起，政治认同、科学精神润物无声地点点浸润。

范式3：社会服务与课堂教学结合

子议题2：为什么说改革开放是引领之招？

活动二：【我说东莞这40年】

【议题情境】2018年11月24日，"东莞·这座城"东莞视觉艺术季暨"东莞作用"大型展览将正式启动。艺术季将展示改革开放40年来东莞这座城留给当下的视觉演变记忆。

【议学任务】商议解说词。假如让你当解说员，你将如何向游客们介绍东莞改革开放的伟大历程？

【议学活动】学生分成 4 个小组当解说员，用 PPT 演示改革开放的时间延续和空间拓展，点亮地图。

第一小组讲解的是"切与入 1978—1988"，这一时期的东莞，低调、激情，以饱满、阳光、亮丽的城市特质吸引了世界的眼光。

第二小组讲解的是"建与城 1988—1998"，这一时期从东莞制造开始呈现了高度国际化的全球市场风向标。

第三小组讲解的是"造与场 1998—2008"，介绍"东莞奇迹是如何创造的"，从引进外资到内资为主、从加工贸易到一般贸易、从基础设施到软环境建设、从经济发展到社会和谐，东莞人不断解放思想、与时俱进，在许多方面都走在了全国城市发展的前列。

第四小组讲解的是"智与绿 2008—2018"，展示东莞不断刷新自己的道路与梦想，营造创新发展生态系统，城市"颜值"越来越高，外界印象中的这座传统工业城市，逐渐变得温暖而柔软。

【设计意图】通过学生对"东莞改革开放 40 周年大型展览"解说员真实情境的角色扮演，让学生自觉做学习的主人，更有利于学生了解改革开放的历程。通过时间轴和空间点亮地图的方式，更能加深学生的理解，有利于培养学生公共参与的核心素养。

【议题小结】改革开放的发展历程就是从点开始，连成线，形成面，构成体。当前已经形成了全面深化改革、扩大开放的新格局。

苏霍姆林斯基说，只有让学生不把全部时间都用在学习上，而留下许多自由支配的时间，他才能顺利地学习。我们积极推进思政小课堂与社会大课堂相结合，以思政学科社会实践活动为载体开展课堂教学，就是为了激发学生的学习兴趣，提高学生的学习积极性；引导学生参与社会生活，突出学生的课堂地位；让学生感受到真实体验的乐趣，充分调动学生主观能动性，从而成为"全"学习者。

二、人文课堂

习近平总书记在《思政课是落实立德树人根本任务的关键课程》一文中强调，"要有仁爱情怀，把对家国的爱、对教育的爱、对学生的爱融为一体，心中始终装着学生，让思政课成为一门有温度的课。"这句话让我感触很深，教育应该是有温度的，思政课有温度，思想性、理论性才能"润物细无声"地渗透，学生才会身临其境融入课堂，课堂才能真正触及学生思想实际。在此，通过 3 个对我教育生涯影响至深的故事，谈谈自己对一堂有温度的思政课的理解。

1. 情感力：让课堂暖起来

2008年是我工作的第二年，那年五月发生了汶川大地震，举国同悲。当时我正准备上《我们的民族精神》，我马上想到了通过讲述中国人民团结救灾的故事，引领学生认知伟大的中华民族精神。于是，我做了很充足的准备，找了很多感伤的照片，准备了很多感人的小故事。上课之前，我自认为一定能给学生心灵很大的冲击。

于是，我就拿着准备好的课件去上课了，我一边展示着地震后灾区满目疮痍的图片，一边讲述"地震发生以后，美丽的汶川满目疮痍一片狼藉，到处是残垣断壁……"，讲着讲着，自己不由自主地流下了悲痛的泪水。善良的学生关切地递上了纸巾。过后，我的心久久不能平静。我确实是一个爱哭的老师，曾记得，给学生讲述黄文秀的故事时哽咽难语，看到祖国航天事业的奋斗历程时热泪盈眶，宣读一个医务工作者的一封家书时泪流满面，在跟同学们共同观看被捕后的陈延年遭受酷刑而坚贞不屈、乱刃加身而宁死不跪时巨大的心灵震撼……或许爱哭和我们思政学科的理性有些格格不入，但是，试想，如果一位老师，尤其是一位思政课老师缺乏一颗柔软的心，他所教的学生将何去何从？为此，提升思政课的温度，首先提升的就是情感的温度，增强思政课的情感力。

最是情怀能动人，家国情怀是最大的情感力。教育本是心心相印的过程，"对马克思主义的信仰，对社会主义和共产主义的信念，只有首先在思政课教师心中扎下根，才能在学生心中开花结果。"一个有情感的老师，才能被自己的课堂所"暖"，也才能"暖"学生。这个暖，不仅是暖场的暖，还是对学生心灵冲击的暖。思政课教师唯有自己信仰坚定，对讲授的内容高度认同，对倡导的理念执着坚定，对弘扬的价值切身躬行，方能投入真情实感，以高尚师德和仁爱之心，把大道理讲得深入浅出，把大情怀讲得刻骨铭心，撼动学生的心灵，浇灌真理的力量。

2. 故事力：让课堂活起来

2013年带完了又一届学生，有同学给我留了一张明信片：老师，您绝对是我遇到的不一样的政治老师，因为您好"潮"呀！我看到后乐了，也思考：潮从何来？我想，无非是用学生熟悉的话语讲述了一个个正在发生的事件，让学生听得懂、听得进、喜欢听。概括起来，这也是提升思政课温度的第二法宝，提升课堂的温度，增强思政课的故事力。

我们思政课教师要善于讲故事，讲好中国共产党治国理政的故事、中国人民奋斗圆梦的故事、中国坚持和平发展合作共赢的故事，让学生更好了解中国，由衷赞叹"我的中国，yyds（永远的神）"。

以高一年级课堂为例，为了顺应新教材的变化，我坚持基于真实情境的议题式教学，从学生生活出发，将现实生活融入课堂，大量选用真实案例，将思政课堂变得有趣而有温度。在故事选择上，既有仰望榜样类的，如聚焦建党结合《觉醒年代》讲述"南陈北李"的故事，聚焦脱贫攻坚、乡村振兴讲述校长张桂梅的故事，杂交水稻之父袁隆平的故事，聚焦科技报国、科学家精神讲述桂海潮等的故事；也有平视民生类的，如通过讲述《淄博烧烤》，引导学生理解市场经济中政府的作用，通过讲述本土发展故事《莞邑奇迹的缔造》，引导学生理解中国特色社会主义的意义，通过讲述沙县小吃的故事，引导学生理解基层群众自治的意义等；我们更躬身弱小，关注民生之疾，关注民生之困，关注民生之艰，让今天的青年摆脱冷气，能做事的做事，能发声的发声，如萤火一般，有一分热，发一分光。大量真实故事作为议题式教学的情境主线，让学生都爱上了这样的"讲故事"的政治课，培养核心素养也在学生听故事、思考故事的过程中实现了落地。我们期待今天的年轻人，因为思政课的学习，不仅仅提升科学素养，也能慢慢脱离一些平庸的东西，把自己所学的知识，跟这个国家的前途命运联系在一起。

讲好潮事，还需要会说潮语、善用潮计。"05 后"是当代中学思政课堂教学的对象，这一代学生成长在互联网迅速发展的时代，深爱网络流行语。如果老师在上课时能有几句他们喜欢的网络语言，那学生就会觉得和这个老师有共同语言，就会喜爱这个老师的课。比如最近的流行词"yyds"，不知道各位老师是否明白其含义？我在讲党史思政课时，以一句"中国共产党 yyds"瞬间点燃课堂高潮，学生以这种接地气的方式更加理解了中国共产党的领导是历史和人民的选择。这种潮话学生听得懂、听得进、喜欢听，把基本原理讲成生动道理，把精深的思想讲得深入浅出，把宏大的理论讲得有滋有味，不失为上好思政课的"潮计"。

3. 实践力：让课堂连起来

2023 年 6 月，小英在成功签约南方电视台后第一个给我打来电话。她曾经是我们班最安静内向的女孩，难以想象作为记者的她竟能针砭时弊，侃侃而谈。她说给她最大影响的是我布置的作业，从春节超市商品调查，到居委会换届选举记录，再到《东莞文化印记》的研究性学习报告，还有在"模拟法庭"上扮演过的审判长，政治经典名著阅读会上的分享，都是她中学时期最美好的回忆。她的回忆也是我最宝贵的财富！我一直在探寻如何让我们的思政课真正地落地？多年的教学实践，让我寻找到了一个打通政治课理论通往社会现实的路径，那就是以"脚力"提升思政课的实践力，让思政小课堂和社会大课堂有机结合。

在畅通思政课内外衔接上，我们的做法是：课前，布置研学作业，让学生利用节假日前往当地法庭、政府部门、基层社区、工厂企业、红色基地，开展实践；课中，将实践的见闻作为课堂教学资源，师生共同分享思考讨论，感悟实践；课后，形成调研报告或建议提案，积极建言献策，指导实践，打通思政课与社会实践相通的"最后一公里"。

仅以过去一学年为例，第一学期时我们指导学生走进传统村落、了解东莞文化现状，课堂上充分展示讨论，最终形成优秀提案 47 篇。第二学期，我们鼓励学子寻访身边的优秀共产党员，讲述优秀共产党员的人生故事，传承红色基因，赓续精神血脉，最终形成《闪光的名字，不朽的丰碑》，30万字蕴含了我校学子"学党史、述先进、笃力行"的学习成果，让学生真懂、真信、真用。

由于新教材的使用，老师和同学们都感觉到了理论性和抽象性的加强，由于理论本身的高度概括性、抽象性，学生在开始接触理论时的抵触情绪是可以理解的，因而如何架设理论与实际的桥梁是破解学生理论学习兴趣低的关键。为了适应教材变化，让思政课堂"活"起来，我们在课堂活动的设计上就要凸显实践性，既要有思想交锋，更要有价值引领。如在讲述民族区域自治的知识时，我结合新疆棉花风波中的抵制浪潮引导学生思考抵制就是爱国吗？在讲述收入分配时引导学生辩论互联网巨头入局生鲜市场的利弊，在讲述党史思政课时引导学生结合党的先驱故事思考"我想成为什么样的人"，如在中国梦的课程中设置未来信箱活动等。我们可以在每节思政课的最后设置迁移环节，给学科实践留下空间，同时也是实现价值引领的点睛之笔。

再以新教材必修一第四课"只有坚持和发展中国特色社会主义，才能实现中华民族伟大复兴"为例，这一课被老师、学生视为新教材中理论性最强的一课。这一课共包括中国特色社会主义进入新时代、实现中华民族伟大复兴中国梦、习近平新时代中国特色社会主义思想三节。那么，该如何上好这一课呢？我们的做法是：在情境选择上，分别选择了科学家精神、个人梦与中国梦、时代之问作为这三节的主题情境，并通过一个个故事、视频细化情境，如科学家精神主题情境讲述了老一辈科学家黄令仪、郭永怀、钱三强的科研故事，中国天眼团队的奉献精神和中国高铁"八纵八横"高铁网的创新精神。在活动设计方面，我们一方面设计了系列开放式、辨析式的活动，如在讲授习近平新时代中国特色社会主义思想的核心内容时，我设置了"青年大学习"这一开放式活动。具体而言，让学生自主梳理习近平新时代中国特色社会主义思想的内容，绘制思维导图。另一方面，注重活动的价值引领作用是我们每一节思政课都要坚持的"保留节目"。例如在讲授习近平新时代中国特色社会主义思想时，我设置了"时代之问，青春作答"的活动，引导学生思考：面对新时代新答卷，该如何走好自己的"赶考路"？让学生结合"新时代之问"，制定自己的职业规划。

同时，我们还利用特色校本课程和活动，开设"模拟法庭""小思政大社会""时事评论演讲写作"等校本课程，引导学生以实地参观、课堂讨论等多种形式了解最新时事热点、法治案例；每年举办"事事关心"时政小论文大赛、模拟政协提案、时事辩论赛、校长面对面等活动，鼓励学生在活动中实践所学政治知识。

此外，我们将生涯发展指导纳入我校思政教育课程体系，进一步凸显学科实践作用和立德树人的引领性。学校定期开展"松湖之约"，每期邀请一位专业人士跟学生面对面交流，在学生生涯规划上给学生以经验引领。迄今为止，"松湖之约"已成功举办150余期,数位著名教授、科学家、业界精英走上"松湖大讲堂",把丰富的人生智慧、卓著的能力素养带给学生,是学生的"校外思政导师",对学生终身发展产生了深远影响。

一个普通的思政课教师能做什么?法国文学家巴尔扎克说,教育是一个民族最伟大的生活原则,是一切社会里把恶的数量减少、把善的数量增加的唯一手段。思政课教师是一群普通的劳动者,但我们更是一群特殊的劳动者,因为立德树人是思政教育的根本任务。唯有用心做教育,依托情感力、故事力、实践力,提升思政课的温度,用心讲好每一节思政课,不断增强思政课的思想性、理论性和亲和力、针对性,才能将思政课真正变成触动心灵的课程,变成学生们"真心喜爱、终身受益、毕生难忘"的课程。

专论3-3

对思想品德教学中无痕德育的实践与思考

有一则寓言:太阳和北风打赌,看谁能把路上行人的衣服脱掉。北风越用力吹,行人把大衣裹得越紧;阳光只是微微照耀,却带着浓浓暖意,行人就不自觉地脱下外衣。我在想,为什么思想品德教育不能做到润物无声、不露痕迹,在无痕的意境中让一切变得和谐呢?

"不露痕迹的教育是最有效的教育",它没有口若悬河,没有正襟危坐,没有训斥责备,只有触动感激、心有灵犀、快乐成长,让学生"在体验中享受阳光,在滋润中享受雨露,在轻舞中享受春风",在无痕的影响中,把一切塑造得妥帖、自然。我在"思想品德"课程教学实践中特别关注无痕德育的运用,现结合三个教学案例谈谈自己的体会与感受。

一、联系学生的现实生活,体验生活情境

德育无痕,融入生活,闪耀着教育者的智慧和艺术,是对学生生活的观微知著,会引发学生的触类旁通和豁然开朗。

案例一:《难报三春晖》

这节课的主要内容是帮助学生体会父母为抚养自己付出的辛劳,要尽自己的所能孝敬父母。我在组织教学的过程中,把事先准备好的两个分别重达3公斤的沙袋拿出来,让学生体验母亲十月怀胎的辛苦。在同学们的大笑声

中，有两个男同学勇敢地走上讲台，表示愿意尝试。我把两个沙袋分别绑在两个男同学的肚子上，然后请他们在教室内走三圈，两位同学明显地感到吃力。在同学们的哄堂大笑中，我请他们站在讲台旁，说说感受。一位同学说："肚子感觉老往下坠，很不好受，我出生时超重，有9斤多，我母亲太不容易了。"另一位同学则说："让我走三圈还可以接受，如果这个样子让我绑上十个月，那我可吃不消。我母亲太伟大了，我一定要好好孝敬她。"

思考：

（1）模拟生活情境，打开生活空间。"思想品德"课程是一门开放的、建立在学生生活基础之上的课程。无论是经验的积累、自我认识的提高、能力的发展、品德行为的形成，还是对社会生活的理解，都需要学生自己直接参与各种实际活动，切实地和周围的自然、社会、人、物发生接触和相互作用，从而产生真实的感受和情绪体验。这一要求不是仅仅依靠课堂上单方面的传授或形式上的手脑活动就能获得的，很多时候，它要求教学着眼于学生成长的内在动机的唤醒，引导学生"用自己的眼睛观察生活，用自己的心灵体验生活，用自己的方式研究生活，用自己的情感热爱生活"；还要求我们能和学生们一起走出课堂，为学生打开一个宽阔的生活空间，然后再在这多彩的人生舞台中，去实践、体验、发现、获取。那么在课堂学习时，我们可爱的老师就如魔术师般，与现实生活接轨，模拟情境，这也不失为一种好策略。

（2）用心创设舞台，引导角色体验。创设生活情境，把学生置身于某一情境中，让其去体验去感受，从而获得情感上的认同、认识上的提高。体验是学生的感受和认识，学生的体验是学生道德认识提高的基础。有了体验，学习才能形成情感和思考的"合金"；有了体验，知识的学习不再仅仅是属于认识、理性的范畴，它已扩展到情感和人格等领域，从而使学习过程不仅是知识增长的过程，同时也是身心和人格健全与发展的过程；体验性也就成为思想品德学习的重要特征。现行德育坚持"生成在于活动"的理念，就是为了让学生在真实的生活情境中活动，从亲历的活动中引发体验、孕育感悟，实现优良德性的建构和社会性发展。例如，案例中的这种新鲜而互动的活动除了带给学生以惊喜外，更重要的是亲身的体验使他们的情感体验无不上升到最高点。当生活再现时，他们的思维便会重现这一特殊课堂上学到的一切——"孝敬父母，学会感恩"，定会牢记于心。

二、尊重学生的内在需要，营造情感氛围

无痕的德育充盈着仁爱和温暖，摒弃师生间的尊卑差异，存在于人与人心灵距离最短的时刻，存在于无言的感动中。

案例二：《难报三春晖》

这是 2006 年 10 月在南京举办的全国第四届思想品德优质课评选活动中获得一等奖的课。教师首先让学生观看影片《垂直极限》，片中的父亲在危急关头为了保住子女的生命，毅然放弃生的机会，伴着儿女们撕心裂肺的哭喊声，坠入了万丈深渊……接着在"真情告白"环节中，让学生敞开心扉，谈谈发生在自己身上真实的故事。最后在"爱的献礼"环节，同学们动手为自己的父母制作一个礼物，感谢父母的爱。教师也准备了一件送给母亲的礼物——用纸扎成的花，它是中国的母亲花"忘忧草"。教师充满感情地说：我希望我的母亲永远忘却忧愁，我也把这件礼物送给天下所有的母亲，祝她们永远健康、快乐！

思考：

一堂好课一定是真情融于德育，一定是"一棵树摇动另一棵树，一朵云推动另一朵云，一个灵魂唤醒另一个灵魂"。

（1）重视以情动情，营造真情课堂。情感是学生"学""信""用"政治理论的心理基石，是学生接受正确的政治观点，将其转化为坚定的信念、升华为崇高行为的重要前提。因此，思想品德课要把情感态度、价值观目标放在第一位。苏霍姆林斯基指出："没有情感，道德就会变成枯燥无味的空话，只能培养出伪君子。"所以，缺乏情感的道德教育是枯燥的、无用的，注入了情感的道德教育才是生动的、有效的。当前，德育已经从灌输式走向体验式，"假大空"的说教早已被润物细无声式的情感教育所代替。作为思想品德课教师，不能只停留在道德知识的传授上，而要在教学中牢牢抓住思想品德课的学科特点——以情感人、以情促人，学会运用情感教学方法，挖掘教材中的情感元素，抓住情感的缰绳，让学生真情流露，让课堂真情涌动。只有这样，才能提高思想品德课的实效性，才能彰显思想品德课的魅力。

（2）挖掘道德因素，感动美好心灵。生活中总有一种感动让我们念念不忘，感动是催生进步的一种元素。作为老师，要善于挖掘生活中的真善美，让德性在"心灵的颤动"中形成。为此，我们应该努力做到：第一，创设能激发学生情感的直观性情境。品德教育必须要渗透于能激发学生情感共鸣的一个故事、一节案例、一种情境、一次活动中，融合在师生都能彼此投入的一种氛围里。也许是慷慨激昂的演讲，也许是肃穆悲壮的沉寂；也许是跌宕起伏的情节，也许是荡气回肠的旋律；也许是辉煌灿烂的骄傲，也许是卑躬屈膝的耻辱；也许是惊天动地的大事，也许是生活中的某一个细节。第二，运用多种艺术手段增强情境的感染力。上例中的影片播放、死亡的悲壮、音乐的渲染……谁言寸草心，报得三春晖，已是水到渠成！第三，用真情换取真情，用情感点燃情感。上例的成功之处，就是课堂上教师和学生共同学习和共同成长，"观看爱—述说爱—感谢爱"，所有环节教师均参与，体现了整个教学过程都是一种沟通和交流。教师把自己对母亲的爱传递给了学生，传递给了现场所有的人，用自己的真情唤起大家的情感，学生感动了，教师的眼圈湿润了，听课的老师也潸然泪下。

三、捕捉动态的教学资源，促进自然成长

无痕的德育充盈着理解与智慧。灵活捕捉德育瞬间，珍视学生独特内心体验，引导学生自己体验、探索、顿悟，在全身心参与中提升精神追求、人格的濡化。

案例三：《创建新集体》

在讲述本课时，我设计了一个环节是以组为单位，进行"我绘我班"的手抄报的比赛，展望新的集体生活。同时，要求小组的所有成员都在小报上留下印迹。目的是通过这个活动说明一个集体要想前进必须有共同的目标，全体成员必须发挥所长，各尽所能，团结一致，齐心协力。可是，每班都有个别小组没有完成任务，有一个班因为纪律问题居然全军覆没。我对学生没有指责，而是引导学生分析失败的原因，讨论怎样才能使小组获得成功，然后再重新完成活动内容。

在第二次活动中，有一个组在他们的作品中画了许多彩色的小点和星星，从他们的解说中，我得知这些彩色的小点和星星代表班级中的每个同学，只有大家都为班集体增光添彩，才能把集体建设好。听到这个解说，同学们都频频点头，此时此刻的我也很兴奋，它为我提供了一个很好的教育契机，鲜活的课程资源再次生成。我拿过这幅画，用黑色笔在上边乱画，这个组的同学大喊："老师，别，这可是我们大家齐心协力、辛辛苦苦换来的作品，您怎么可以破坏呢？"我全然不顾他们的叫声和痛苦的表情，继续乱画。当它已是面目全非时，我拿起作品，问大家："你们看，这幅画还美吗？"大家异口同声地说"不美"，"我刚才在乱画的时候，他们组在说什么？""这是我们大家齐心协力、辛辛苦苦换来的作品，您怎么可以破坏呢？"这时，我对同学们说："我也为集体增添色彩了，怎么会不美呢？""您是在为我们抹黑。""请同学们想一想，你们在第一次绘画中乱糟糟的表现，和我现在的行为是不是有同样的结果呢？"大家都不作声，接着我又问："有没有办法可以恢复这幅画的美。"这时，有的学生说，可以用胶带把黑道粘掉，有的同学说可以用涂改液涂掉，还有的同学说重新画一张。我又引导同学思考：这些办法是不是最好的解决办法？通过讨论，大家认为，用胶带粘，虽

然黑道不见了,但会很难看;涂改液虽然可以在上边再涂新的颜色,但也不会像原来一样;重新画,等于放弃了自己的家园。

最后,大家感悟到,无论做任何事情,都应该首先考虑到自己的行为会给集体带来什么样的后果,不能等到出现问题后才想到自己做错了,因为有些事情做错了是难以弥补的。鲁洁教授在《德育社会学》中说,德育的终极意义表现在"不仅让人们去遵守某种社会秩序、道德规范,使社会的发展得以按部就班地进行,它还要促使人们找回那个已经失落的世界、失落的自己,使人们拥有世界,拥有自己"。说得多好,我们作为引导者,该想方设法让学生自己去找回失落的自己,拥有世界。

思考:

(1) 捕捉随机的课程资源,灵活大胆引领。《基础教育课程改革纲要》要求教师在教学过程中应与学生积极互动、共同发展;同时,还要求教师应尊重学生的人格,关注个体差异,使每个学生都能得到充分的发展。新课程特别强调学生的主体性,主张为学生提供自由想象、自主思考的空间,倡导课堂教学要努力做到:给学生一些权利,让他们自己选择;给学生一些机会,让他们自己去体验;给学生一点困难,让他们自己去解决;给学生一些问题,让他们自己找答案;给学生创造条件,让他们自己去锻炼;给学生一片空间,让他们自己向前走。开放性的课堂使教学既有可预设性又有生成性和不可预知性,而生成性和不可预知性均来自于学生在课堂中的反应,它很可能就是我们的教育点,是新课程中最鲜活的课程资源,需要我们政治教师用敏锐的观察力捕捉到,赋予它们课程资源的意义。学生的体验定是生活的折射,我们要尊重学生对文本、对生活的独特理解,珍视学生对各种活动的体验、感受,学会宽容。只有这样,作为教师,在活动的平等对话中、一些随机的动态生成时,才能调整心态,加以正确选择。从学生的角度思考问题,用学生的方式教育学生,学会捕捉、理解、聚焦、解决,使教学真正成为学生的需要。

上例中,一次失败的活动、一幅学生的作品,这一切都是不可预知的,是在实践过程中动态生成的,但它却是学生真实的表现。教师应学生而动、应情境而变,捕捉到它,并把它们有机地结合,转变为课程资源,不仅实现了预设的教学目标,而且超越了教育目标,使课堂教学更加鲜活、生动。没有说教,没有指责,教育是在不知不觉中进行的,而在学生的心中却留下了深深的印记。这种"即发生即教育"式的引领,乃真正关注学生的真实课堂生活,真正关注课堂生成的教学情境,随机灵动地更改教学走向。

(2) 珍视学生的真实感受,促进自然成长。我们面对的是童真的学生,所以德育要用人道的态度来进行;我们面对的是可爱的学生,教师要用充满爱抚的情意去关注他们；我们面对的学生是不完美的人，所以不能以目标来取代目的，教师要满怀柔情地期待、耐心细致地帮助他进步；我们面对的学生有自己的民主权利，教育不能限定学生的生活，更不能替代他们的生活，而要引导他们自己去调节、规范、体认自己的生活。我们在教育的过程中应充分尊重学生的个性差异，张扬学生的灵气，抑止匠气，珍视学生的感受，促进学生自然成长，和谐愉快地发展。

武侠小说中"踏雪无痕，一苇渡江"是轻功的最高境界；"手中无剑，心中有剑"是剑手的最高境界。对于教育工作者来说，"把教育的意图隐藏起来"，追求"不露痕迹的教育"效果，是德育教育的最高境界。德育无痕，带给学生的是一种享受，让学生在享受中浸润，在享受中悟理，在享受中成长。"随风潜入夜，润物细无声。"我们渴望德育无痕，期待享受德育！

三、备课说课

思政教师的备课说课是一个综合性过程，旨在通过深入分析和精心设计，提高思政课的教学质量和效果，因此，在备课说课过程中，思政教师应注重理论联系实际，关注学生的全面发展，也要注意与时俱进，不断创新教学方法和手段，以适应时代发展的需要和学生的实际需求。

2012年4月，我有幸参加了东莞市思想政治优质课比赛，在说课环节中，获得小组第一名，赛后评委老师纷纷评价说，这堂说课的取胜就在于"文化味"，将名人名言、诗词歌赋与说课内容巧妙结合，别具一格。以下是我的说课实录和设计意图。

巧借东风布喜雨，顺风顺水好行船
——《价值创造与实现》说课设计

开场白

各位评委老师，你们好！我是东莞中学松山湖学校的刘秋燕老师，秋水伊人亭亭立，燕舞莺歌翩翩飞，非常荣幸能够参加本次的说课比赛，希望得到各位老师的支持和指导！我说课的内容是《价值创造与实现》，我将从教学理念、对教材的分析、教法和学法、课前准备、教学过程五个方面来具体阐述。

【设计意图】自我介绍，富有文采，即刻引起观众和评委的注意。

一说教学理念

在说理念之前,先给各位老师讲一件发生在我课堂上的事情。一天,我给学生们展示了 2011 年对广州女大学生价值观的社会调查,调查显示,愿意嫁给"富二代"的女大学生占 59.2%。我以此为素材,引导学生们进行讨论:你如何看待这一选择?结果是令人震惊的,我的学生也有 60%不反对甚至赞同"傍大款"。这件事引起了我的深思:"为什么那么多学生对傍大款这一现象那么认同呢?"我想,一方面是在现代信息社会,多元文化激荡,不少学生受到负面价值观的影响;另一方面和应试教育有关,把学生当作知识容器、考试机器,忽视对学生情感态度价值观的教育。

因此,本课的理念就是:以人为本,在知识传授和能力培养的同时,更注重对学生情感态度价值观的引导,帮助学生树立正确的人生价值观。

【设计意图】新的教学理念要求政治说课时也要摆脱教条和刻板,不是空洞地念政策文本,而是通过自身课堂中的一个小插曲,既真实可信,又一针见血地指出应试教育的症结,新课程理念自然而出,有见微知著、先声夺人之妙。

二说对教材的分析

1. 本课地位与作用

本课是必修四《生活与哲学》的最后一课,是全书的落脚点,对于帮助学生树立正确的人生价值观具有重要作用。

2. 教学目标

根据新课程标准的要求和学生的认知水平,我将本课的教学目标整合如下:知识目标在于识记并理解如何创造和实现人的价值;理解劳动是人的存在方式,在个人和社会的统一中实现价值,实现人的价值的主观条件;同时能运用相关原理分析生活中的各种事例。能力方面,要使学生领悟和认识实现人的价值的正确途径。在情感态度价值观目标上,培养学生热爱劳动、乐于奉献的情感,勇于砥砺自我的生活态度和集体主义的价值取向。

3. 教学重难点

本课的教学重点在于在劳动和奉献中实现价值,因为这是实现人生价值的根本途径。由于在现实生活中,不少学生认为个人的成功完全是"个人奋斗"的结果,而忽视了社会给予的各种条件和前提,所以本课教学难点在于如何在个人与社会的统一中实现人生价值。同时,根据学生思想实际,本节更深层次的难点是,不少学生不相信社会中有讲奉献的人,认为即使有,也是离我们非常遥远的。

【设计意图】既体现课标要求,落实三维目标,又从学生实际出发,发现新的教学难点,是生本理念的重要体现。

三说教法和学法

1. 教法

本课教学，我将采用"五步探究教学法"。多媒体显示以下页面：

五步探究教学法

【第一步，热点链接，激趣导入】——问渠哪得清如许，为有源头活水来；

【第二步，自主合作，讨论探究】——竹外桃花三两枝，春江水暖鸭先知；

【第三步，梳理知识，建构体系】——众里寻他千百度，蓦然回首，那人却在灯火阑珊处；

【第四步，学会运用，能力提升】——日出江花红胜火，春来江水绿如蓝；

【第五步，情感升华，行为引导】——纸上得来终觉浅，绝知此事要躬行。

2. 学法

引导学生自主学习，合作学习，探究学习。

以上教法和学法的理论依据是，瑞士心理学家皮亚杰的认知发展学说、苏联教育学家维果斯基的最近发展区原则和美国心理学家布鲁纳的建构主义理论，以及新课程提倡的新的教师观、学生观、教学观，等等。

【设计意图】"五步探究教学法"是一个亮点，同时以五句古诗分别诠释其五个步骤，令人耳目一新，被评委老师认为是最"出彩"之处。以中国古诗对接现代教育理念，既赋予优秀传统文化新意，又彰显时代精神；既继承了中国传统文化超思辨、重意象、求美感的直觉思维方式，又借鉴了西方传统文化擅抽象、重逻辑、求真的思维方式的特点，体现出真、善、美的统一，科学性与人文性的统一。学法选择有理有据，突出了学生的实践能力和自主性，是培养学生的创新精神、实践能力和科学精神的重要途径。

四说课前准备

上课之前，我要求学生分组搜集"感动校园"的人和事，目的在于有效地开发和利用课程资源；同时，通过与学生的谈话，了解学生对人生价值问题的真实看法，使课堂教学更有针对性和实效性。

【设计意图】生活即教育，外面的世界很精彩，打开窗口，引进生动的生活材料，才能叩开学生的心灵之窗，开启学生的思维之门。

五说教学过程

1. 设计思路

"大道至简"，最简单的活动情境是最本质、最真实、最具体的。为了线索更清晰、思路更连贯，我用2011年感动中国年度人物刘伟的案例贯穿整个教学过程，根据教学目标设计探究问题，将抽象的理论生活化，让学生轻松地掌握相关知识。

【设计意图】用刘伟的事迹既体现了时政性，又因为刘伟作为当代青年的楷模，对说明本节的知识颇具说服力，同时采用"一例到底"的主题式案例教学方式，案例就像一条奔腾的河流，贯穿了整个课堂，统领三维目标，激活教学内容，用最低的教学成本取得最大的教学效益，最大限度地排除了一些形式化的、不必要的东西，实现了课堂教学的最优化。学生在学习的过程中不仅对案例印象深刻，而且会随着问题的不断解决而形成知识链条，从而能够从整体上掌握和理解教材，保证了学生记忆的连贯性和系统性。同时为了能让案例情节围绕着教学内容展开，需要教师对案例进行精心选择和编排，思考也比较深入，因此在教材和案例之间游刃有余，能够帮助教师驾驭和掌握教学的节奏，有效减少不必要的信息干扰，课堂时间得以充分利用。

2. **教学过程**

南宋大哲学家朱熹说："问渠哪得清如许，为有源头活水来。"说明社会生活是认识的源泉。因此，我教学的第一步是"热点链接，激趣导入"，用刘伟的视频进行情境导入，为学生提供感性认识基础，激发学生兴趣。

宋代大文豪苏东坡曾描绘出"竹外桃花三两枝，春江水暖鸭先知"的春江美景，我想借此来表达第二步"自主合作，讨论探究"要追求的意境。这是整堂课最核心的环节，我将进行3个探究活动，以问题为载体，组织学生阅读课本和材料、自主学习和小组讨论，目的在于培养学生获取解读交流处理信息的能力和自主探究的习惯。

探究一：《感恩与希望》。展示刘伟事迹，引导学生阅读材料，并思考这些问题：刘伟作为一名钢琴师，他通过什么方式来实现自己的人生价值呢？弹琴能够带给刘伟什么？通过教师的引导和学生的思考，能够得出：劳动是人存在的方式。

在此基础上，引导学生探究，幸福是什么？刘伟幸福吗？为突破这一教学重点，我组织了2个活动：首先展示课前调查录像，几个学生分别说出幸福在于贡献、追求、自由、享受、责任等。据此分析，显然刘伟是幸福的，刘伟累并快乐着，因为他用自己的劳动为他人做出了贡献，因为他感到了被需要的幸福感。

但是，在今天我们的生活中，不少人却有了不同的看法，多媒体展示《众女抢嫁富二代》。于是，我接着让学生们进行"实话实说"式讨论：换作是你，会作出如上述59.2%的人做出的选择吗？你认为如何创造持久的、属于自己的、真正的人生幸福？我首先让存在认识偏差的学生发言，学生发言后，我会提醒学生们注意，这个信息里关键词是"傍"。显示部分人不想通过自己的奋斗来获取和创造幸福，"傍富"者实际是以人身依附的方式来生存，首先丧失的是独立的人格；不愿意通过自己的双手来创造幸福人生的选择也不能得到社会的认同。

在反面教材的铺垫下，进行正面引导。前面教学难点中也提到，不少学生认为讲奉献的人和事离我们非常遥远。为了突破这一教学难点，我组织进行"校园观察"，通过对学生的现场采访和师生对话确认"我们身边有奉献者"。通过这一环节，可以将生活中的课程资源和教材资源进行有机整合，使本堂课虚实结合，有声有色，学生能够真正感受到奉献就在我们身边。通过正反两方面的事例讨论，可以得出本节的第1个知识点：要在劳动和奉献中实现价值。

探究二：《我和我们》。本课的另一教学难点在于如何在个人与社会的统一中实现人生价值。为了解决这一难点，我展示刘伟的一些话语，请学生们思考这些问题：刘伟是个成功者，但是仅靠他个人的奋斗能成功吗？刘伟的生存、发展、享受和价值创造的条件都是由谁提供的？这些问题的设计是随着学生思考的深入而逐层设问的，遵循了学生的"最近发展区原则"，有利于学生接受新知识，达到了教学的要求。

由于在现实生活中，不少学生认为个人与社会的统一会抹杀个性的发展，我在这里设计了一个"思维碰撞"。我首先让学生思考，何为个性？个性是否表现为怪异和陋习呢？通过思考，学生可知，个性应该不与社会主流的判断标准相违背，"个人和社会统一"与"追求人的个性发展"是不相矛盾的，它体现为个人借助社会提供的基础，采取不同方式奉献社会，实现自己的价值。设计这一环节的目的，一是提高教学的针对性、实效性；二是教育民主化的要求，引发思维碰撞，展开思想交锋，显示教育价值，使课堂充满活力。通过探究二的讨论与思考，自然地引出本节的第2个知识点：在个人与社会的统一中实现价值。

探究三：《隐形的翅膀》。我会提问学生，社会为人生价值的实现创造了良好的客观条件，那么，是否有了客观条件，人生价值就一定会实现呢？这一问题的提出起到承上启下的作用，引导学生进一步思考价值的实现问题。于是，我通过了解刘伟的人生经历，思考：刘伟的成功主观上具备了哪些条件？这个活动的设计着重培养学生获取和解读信息的能力。问题提出后，交给小组进行讨论，之后请各组代表发言。这样，通过以教师为主导、学生为主体的探究活动，可以得出本节第3个知识点：在砥砺自我中走向成功。

【设计意图】 学生在进入课堂之前，并不是白板一块，而是有着相当丰富的生活经验。这些生活经验对学生的思维方式、态度及行为起着深刻的或积极或消极的影响，同时也是进行人生价值观教育的肥沃土壤。从学科教学的功能来看，思想政治课较其他学科的显著特点之一就是具有明确的价值取向。从一定意义上说，思想政治课教学就是教师对学生进行价值上的引导，促使学生已有的经验得以朝着积极的方向转化、发展，过上健康、有意义的生活。这就要求教师充分了解学生已有的生活经验，在把握其思想动态的基础上，努力创设情境把学生带回模拟化的生活中，引导学生观察、辨认、讨论、分析生活现象，让他们在矛盾冲突中进行正确的价值抉择，促进学生正确价值观的形成与发展。

王国维认为读书的第三重境界在于，"众里寻他千百度，蓦然回首，那人却在灯火阑珊处"，经过了第二步的探究活动，知识自然会豁然贯通，我将开展第三步，"梳理知识，建构体系"。引导学生从感性认识上升到理性认识，理清本节知识脉络。实施方式是，先由学生根据板书回顾本节课的内容，再由教师指出并强调重点知识。

【设计意图】课堂不是华丽的表演，更应该关注知识的沉淀与落实。

这时，健康价值观的阳光已经投射在学生精神生活的河面，"日出江花红胜火，春来江水绿如蓝"。为了促进学生实现知识迁移，从知识向能力和素质转化，进行第四步，"学会运用，能力提升"。在这一环节，我们创新设计了由学生自选的试题套餐来帮助学生落实基础、知识拓展和提升，包括牛刀小试、美文赏析、影视欣赏、心理治疗师等题型。

【设计意图】本课的另一亮点在于学生自选的试题套餐，新颖独到。思想政治学科的新课程理念强调实践性，即注重与学生生活经验和社会实践的联系，通过学生自主参与的丰富多样的活动，关注学生的学习兴趣和经验，精选终身学习必备的基础知识和技能，培养学生的创新精神和实践能力。这就要求教师在命题过程中要强化命题的个性化和时代化，更加注重习题的开放性、体验性、过程性和综合性，通过各种不同类型的题目，让学生体验探究，掌握方法，学会学习。

"纸上得来终觉浅，绝知此事要躬行"，要促进学生从道德认知向道德行为的转化，必须以道德情感生活为桥梁，所以，进行第五步"情感升华，行为引导"。对于这个环节的处理，我主要是进行精简而富有深刻意义的总结，同时布置学生制订"一件小事行动计划"，要求学生在本周内为他人或自己做一件有价值的小事，并感悟其中的哲学道理，写一篇哲学日记或随笔。整节课在刘伟的钢琴曲《梦想的符号》声中结束。

【设计意图】在第五步中，通过意味深长的总结和写哲学随笔的作业设计，既是行为引导与知识运用相结合，又能激发学生兴趣，放飞学生思绪，达到知情意行的统一，体现了培养创新精神、增强实践环节的政治课堂教学改革的要求。

结束语

路漫漫其修远兮，吾将上下而求索。各位老师，希望得到你们的支持和指导，使我能在为学生奉献更新更美的精神食粮的同时，展示塑造人类灵魂工程的真正魅力，赢得政治老师职业的真正快乐，实现真正的精神尊严！

【设计意图】用3个"真正"的排比句结尾，一是将教师职业的真正价值与本课的课题"价值的创造与实现"相呼应；二是表达出政治课堂教学的改革意向和广大政治老师的心声，意味深长，耐人寻味。

2017年11月17日，我参加了首届广东青年教师基本功能力大赛，当优雅美丽的主持人宣布比赛结果时，我心中的大石头终于放下了：赛前我曾郑重地承诺"吾当努力向上，不负诸君期望"，而此刻，这个承诺终于得以实现！

　　从2016年参加省优质课比赛，不到一年时间我又回到了赛场，很多朋友都感到惊奇，因为过来参赛，对于自身是巨大的"负担"！但是，我还是来了。首先我绝不能放弃或轻视专业成长，我希望通过一次次的比赛来见识高手、磨砺自己；第二是，我来参赛，我不光是我，我代表的是东莞，我要展示东莞政治教研的水平。随着比赛的临近，我越来越感受到自己承载的关爱和支持，我知道这绝对不是一个人的比赛，而是团队的荣誉。所幸，这种为了集体而努力的压力良性地转化为了动力；更加庆幸的是，也许是这种为团队拼搏的神奇之力，让我这个刚刚怀孕2个月的高龄孕妇奇迹般地没有了所有身体的不适，每天像打了鸡血一样地奋斗！这里，我也分享一下参加省青年教师能力大赛和省优质课比赛的备赛经历，希望能给所有的同行们一点启发。

附：

却顾所来径，苍苍横翠微
——首届广东省青年教师基本功能力大赛备赛经验分享

纪实篇

　　2017年11月15日中午，我和潘房雄老师、王宁老师等一起踏上了顺德之旅。一路上我和两位老师进行了细致的探讨，经验丰富的他们不断地提醒我关注一些课堂上会出现的突发状况。他们的风趣幽默不仅减轻了我的压力，还有他们贡献的绝妙课堂点评竟然神一般地出现在了正式比赛的课堂上，我在庆幸之余更加感慨前辈老师的见多识广、料事如神。抵达酒店，马上就开始进行第一环节"时政开讲"的抽签！我抽取到的话题是"国歌法"，没有任何的耽搁，敬爱的教头王定国老师立即召集所有的东莞智囊团，从评分细则开始入手，大家各抒己见帮我破题，在听取指导老师们的意见后，我确立核心观点，撰写讲稿、制作课件，11点整一切准备就绪，安心睡觉以饱满的精神迎接第二天的比赛。

　　16号早上，我是第2个上台，我模仿电视节目，制作了一个10秒钟的片头，面带微笑走上舞台，侃侃而谈！我选择从内地小学生和香港球迷对待国歌完全不同的举动作为引入，由国歌的文化意义到政治意义，再到青年使命层层剖析，对时政材料做出了有温度、有深度、有高度、有广度的分析讲解，赢得了评委的高度肯定，以第一名的成绩先下一城。接下来的环节是教育素养的主旨演讲，要求选手从"教育理想、教育信念、我是这样一名政治老师、我的教学风格、我难忘的一节政治课、我心中的政治课、我最喜欢的哲学书、我最喜欢的经济学书、我最喜欢的政治学书"等诸多话题中抽取一个话题进行8分钟的演讲，而且每个选手只有8分钟的准备时间。我抽到的是3号"我是这样一名政治老师"，准备结束，我走向舞台。在正式演讲前，我真诚地告诉大家"我也不知道自己是一个什么样的政治老师"，轻松的开头拉近了我与听众的距离，严肃的气氛变成了如同朋友间聊天一般的轻松。我以从教生涯中带领的第一届学生引出话题，再到上周跟一个网络成瘾的学生斗智斗勇的真实经历，真诚生动富有感情的演讲中，一个专业的、令学生信服、教学方式多样、关爱学生，对学生终身发展负责、深受学生欢迎的政治老师清晰可见。在演讲时，全场鸦雀无声，我用自己的故事说出了所有老师的心声，触碰着老师们心灵深处最柔软的地方，不少老师流下了眼泪。近乎完美的演绎以绝对优势获得此环节的第一名。

第一天的比赛结束，我们面对的是最后一关"现场上课"。我知道我将要面对的是顺德最优秀的学生，由于与我校学生层次相近，所以我心中更加安定，因为我的备课切口应该是合适的。一夜无梦，睡到了天亮，精神饱满地醒来，开始了我的最后一场比赛。9点整，我上场了！课前跟同学们聊了"我会出国留学吗"，仿佛打开了他们的话匣子，导入轻松，自然流畅地引出了课题：价值判断和价值选择。紧接着是借助现代信息技术Plickers软件和Ipad，我进行了一场现场问卷调查。当学生们亮出自己的选择，大屏幕上看着各种真实数据的展示时，既有学生的兴奋，也有听课老师的好奇，整个现场都被点燃。我瞬时就引导学生解决了第一个教学内容：区分价值判断和价值选择，顺利地过渡到了第二个活动——研究性学习：出国留学研究。我将全班同学分成四组，分别从近代出国潮、现代出国潮、近期归国潮的角度进行研究。因为任务明确且富有挑战性，5分钟的小组讨论进行得非常热烈，同学们各抒己见、集思广益、跃跃欲试。精彩的小组展示拉开帷幕，从留美幼童到钱学森归国，从名校大学生留学到黄大年回国，在体验和感悟中形成观点：价值判断和价值选择的社会历史性和主体差异性。这里从"专业技能"的基本要求到"综合素质"的更高要求，设计巧妙，层层深入，而学生的学习状态也渐入佳境。小组合作是我屡试不爽的课堂教学方法，记得在2016年省优质课比赛时，我也是设计了小组辩论的环节：从就业过渡到创业后，因为我选取了自己学生开发的"青少年创客课程"这一自主创业项目的材料，切合了学生们的年龄和思维特点，在C、D组的模拟投资见面会中迅速点燃了学生思维的火花：D组的投资代表首先发难："贵公司的团队都是'90后'，太年轻，我凭什么相信你。"C组的创客英雄们毫不示弱："就是因为年轻，代表着无限的可能，我们敢闯、敢拼、创新不僵化，在这个变化的时代需要的就是充满活力、日新月异。"投资者继续刁难："你们是东莞的公司，具有比较狭窄的区域性，如何做大做强？"创业者们自信满满："我们始于东莞，但不止于东莞，只要有贵公司的资金助力，我们一定会如虎添翼，冲出广东，走向世界。"答辩会进入了最高潮，投资者毫不客气地说："在应试教育为主的中国，创客课程有什么用,家长只会花钱去补习文化课程。"创业者们果断反击:"国家已经意识到了应试教育的弊端,且不断进行改革,当前的高考制度改革不就是一个最好的证明吗?而我们抓住了未来的趋势,我们赢在了起跑线上!"学生们出色的表演感染了所有听课者,全场爆发出雷鸣般的掌声!课程进行至此,既有我的预设,更有出色的生成,我基于学生的观点帮助他们聚焦知识,帮学生归纳出自主创业的四项基本能力。而这一环节,后来也得到了评委张老师的高度肯定,她说:"这样的课堂才是真正的探究课堂,教师设问得当,指向性强,学生动脑动手动口,培养学生综合运用知识进行实践活动的能力,提高公共参与的素养,实现思维探究与实践探究并重。"

反思篇

一个多月的备赛,一路"过关斩将",我有太多的感慨,归结起来,有这样"五个一":

一个前提——基本功。这个基本功来自两方面,一方面是教育理论,一方面是教育教学经验。"腹有诗书气自华",备课时最大的渴望是迸发灵感、独辟蹊径,但脑袋里空空如也,最终救命稻草总是隐藏于手边的教育教学著作中,若没有高屋建瓴的理论作指导,我也只是井底之蛙。说到教学经验,一是在课堂上,新课改倡导学生自主合作探究完成教学目标,这其中必然出现动态生成性问题,没有丰富的知识储备和应变能力便难以有效地掌控课堂;二是后面的两个比赛环节,都是临时抽签,决定话题,厚积才能薄发,只有拥有大量的实践经历才能冷静理性地应对,而这些都绝非一时之功,需要不断历练、感悟和实践。

一种魄力——大胆否定。人最难突破的是"自以为是"。我在准备现场课时就遇到了这个问题,特别是在 2016 年比赛时,在我最初的教学设计中,我以"职业兴趣岛"的心理测试来帮助学生体会"当前的就业形势",并以此来分组,同时我的结尾是让学生总结职业素质并贴"生涯彩虹图"。这样的设计貌似热闹且富有仪式感,我为自己的创意也暗自得意。但指导老师的点评,着实令我沮丧,一来活动过于冗长,而影响到本课教学重点的学习;二来形式过于低幼,探究停留在浅层,属于为了活动而活动。教案大改四次,无一不是因为顾此失彼,处处隔靴搔痒。最终我固执的思想才发生了艰难的转变,狠下心来,"职业兴趣岛"变成了微课,简洁清晰,并且为后面的学习提供了充足的时间。结尾把形式化的"生涯彩虹图"变成学生运用本课知识对自身进行 SWOT 分析,引导学生学以致用。这节课下来,学生对就业现状印象深刻,我的教学思路很明晰,学生不仅轻松,而且学有所得。也正因为如此,在最后专家点评时王定国老师对这点给予了肯定,活动只是载体,真正想学生所需,授学生以"渔"才是目的。

一招要领——信息技术。信息技术的运用,为教学增添活力和色彩。两次参赛上课和时事开讲,我都使用了大量的现代信息技术手段,包括使用录屏软件制作微课,用"斧子演示"制作课件,用"会声会影"制作视频,用"希沃授课助手"进行学习成果展示,用 Plickers 软件和 Ipad 进行现场问卷调查。这些技术可以很好地解决信息传递不畅和信息受干扰的问题,而且能够使抽象的东西具体化形象化,从而扩大教学的深度和广度。而且我始终坚信,教师终身学习的坚定信念也一定会在潜移默化中影响学生。

一批主角——学生。课堂要的是老师一个人的精彩还是学生的热情?答案不言而喻。课堂是学生的课堂,学生是学习的主体,我们的教学应当关注学生作为"整体的人"的发展。我的课堂站在学生的视角去合理地设置有趣的问题情境,促使学生主动思考,把自主权交给学生,引导学生合作探究,碰撞出闪亮的火花。师生在平等、民主、和谐的课堂上实现师生互动、生生互动。学生转变了学习的观念,从"要我学"转变为"我要学"。现场教学中我最为满意的就是学生充分发挥积极性所做的精彩小组展示,其精彩几乎盖过老师,师生表现相得益彰,非常动人。

一道保障——团队。我想我是最幸运的,因为我身后有非常强大的团队,不管是教学设计,还是时事开讲、主旨演讲,都给了我最真诚最有力的帮助,其中有东莞市教育局教研室高中部负责人、高中思想政治学科教研员王定国老师带领下的东莞政治教研团队的鼎力支持,尤其是市名师工作室主持人杨永社老师和徐丰老师,市学科带头人王建新老师、陈观胜老师、冯春柳老师,市教学能手欧双艳老师,还有我亲爱的东莞中学松山湖学校政治科组全体老师的全程陪伴和指导,更有几位校长多次的鼓励、徐岚老师指导演讲主题、赵希老师指导演讲仪态、平凡和张毛毛老师指导演讲技巧,可以说这个成绩的取得绝不是我个人的,而是大家帮助的。正是因为得到了太多老师的帮助和支持,让我觉得长达一个半月的备赛之路虽然艰辛却充满动力。

经过这次比赛,我收获了很多,比如:山外有山,自我满足实在是年轻教师的大忌;我在课堂教学上存在着短板,特别是与学生在对话和引导上功力不足,导致我在省赛的最后一个环节留下了遗憾;教师学习的边界就是教学的边界,学习积累永无止境;我们个人的力量很微薄,集思广益博采众长方能提高自己;学生的发展,学生的转变,才叫有效,要让我们的公开课、优质课、示范课除去浮华、挤干水分,回归阳光生态!希望永远保持赤子之心,做那个手里抓满浆果的孩子,向往更高的山峰,期待第一场雪……

四、课堂提问

"问题是课堂的发动机"。课堂提问在教学中具有重要的意义和作用,尤其对于理论性强、原理抽象的思想政治课,能否让学生愉快地接受枯燥的知识,轻松主动有效地学习，与教师课堂提问的设计有着直接的关系。下面，谈谈思想政治课堂有效提问的教育心理学启示。

（一）对设计问题的内容的启示

教学必须充分考虑学生已达到的水平并要走到学生前面。设计问题的内容时，要注意其深浅难易程度，根据学生的特点设计高水平和低水平问题，紧扣重点，突出难点，并把问题问到点子上。

1. 难易适度

在一节课中，学生的有意注意和无意注意总是在不停轮转，如何使学生的有意注意维持得更久，关键在于要有适当的刺激度。例如，在经济生活"股票、债券和商业保险"的课堂教学中，有教师设计了如下问题："什么是股票？它有什么特征？什么是债券？它有哪几种？什么是保险？包含哪两种？有什么意义？投资有没有风险？"这些提问以记忆性问题为主，设置过易，答案不需要学生的积极思考就可以从课本上找到，这样的设疑则无法实现激活思维的目的。但是，如果教师设计的问题过难，也会打击学生学习的积极性，学生只能亦步亦趋地跟在教师的后面，完全丧失了自主性、主动性和创造性。

因此，设计的问题应难易适度，问题过易处在学生的"现有发展水平"，问题过难超过"可能达到的水平"或处于"较高水平"，都不利于学生的发展。同时，不同学生的"最近发展区"不尽相同，课堂提问的难度应适合绝大多数学生（中等生），对问题的理解应有一定的"弹性"，"压缩"可满足慢生，"延展"可满足优生。

2. 高低有序

从问题的水平层次上有低水平问题和高水平问题，例如，同样是引导学生思考"税收的好处"，低水平问题可以说"税收对国家和居民有哪些好处"，而高水平问题则是"分析依法纳税的必要性"。据研究，一般高一年级以下的学生喜欢直问直答的低水平问题，高一年级以上的学生大多喜欢拐弯抹角的高水平问题。但很多教师错误地把低水平问题等同为基础知识，把高水平问题理解为复杂知识，导致对低年级的教学提问大量使用低水平问题而忽视高水平问题、对高年级的课堂提问大量使用高水平问题而忽视低水平问题的错误倾向，因而学生学习效率低下。因此，我们要根据学生的特点来正确设计高水平问题和低水平问题，做到高低有序。

同时，有的教师喜欢向全班学生提问，由全班学生回答。教师问"好不好？""是不是？""对不对？"时，学生们都非常配合地回答"好！""是！""对！"。这种集体回答的方式主要用来核对答案、征询意见、吸引注意和活跃气氛，有交流量大、节约时间的优点，但它只适用于答案明确而又唯一的简单问题，不宜过多使用，否则，长此以往会导致学生思维肤浅化，他们会随声附和，不去积极思考问题，从而产生从众心理和依赖心理，这对学生的发展是不利的。

3. 问到点子上

教师在设计问题时要围绕中心，总体设计，把问题设在点子（重点和难点）上，绝不能随心所欲，在不重要的地方胡乱设疑。教师要善于分析重难点并将它转化为问题。设计的问题要小而具体（小切口），讲求过程，不重结论，具有可思性。只有这样，才能引导学生在积极的思考探索中理解知识，把握重点，突破难点，激发学生思维的层次性。

课堂提问还必须以教学目标为指南，有明确的出发点和准确的针对性。这就要求教师在深入研究教材的同时，要研究问题设计的目标、内容和学生的认知程度，明确为什么要问这个问题，估计学生的答案会出现哪些情况，每种情况的问题在哪里。对所提问题做到心中有数、有的放矢，切忌随意离开教学目的，节外生枝地提出一些又偏又怪的问题。例如《生活与哲学》有一知识点"整体与部分的关系在一定意义上说就是系统与要素的关系"，如果这样设问："如何理解'一定意义上'？"这就太笼统、太抽象了，学生感到无从入手。于是我将这个问题具体化为如下设问："无序排列的各个部分能否构成系统呢？互不相关的部分能否称之为要素？整体与系统是什么关系？包含、并列，还是等同？"这几个设问难度适中，指向明确，学生经过认真思考后明白了"一定意义上"是指系统是具有整体性、有序性和相关性的整体，较好地实现了知识的迁移。

（二）对设计问题的表述的启示

美国心理学家杰罗姆·布鲁纳的表征系统理论将人们知觉和认识世界的一套规则表征分为动作性表征、映象性表征和符号性表征三个阶段。不同年龄阶段的学生或同一年龄阶段的不同个体对同一知识的表征是有差异的，不同的表征对建构新知识产生不同的影响。因此，设计问题的表述要符合学生的认知方式，问题的逻辑排列次序和形式具有网络结构的问题体系。

1. 符合学生认知表征

面对不同的学生和不同的学习内容要采取不同的表征方式。例如，在学习经济生活中"商品"的概念时，高一学生在此前对商品的认知主要是映象性表征，但由于不同个体在阅历、知识面上的不同，对实物的具体类型、数量的了解大相径庭，如偏僻农村的学生对大米、蔬菜等商品很熟悉，而繁华都市的学生热衷于电脑、汽车等。他们的共同之处在于都知道商品是有用的，都要用钱买。据此提出"请你概括地列出现实生活中你熟悉的商品种类，并简要分析这些商品有何共性"。这类基础性的问题就符合不同类型的学生对商品知识的"这种"表征方式。当学生学习了有关商品的理论之后，知识结构如商品知识的数量、内在的逻辑联系、清晰牢固程度等方面发生了根本性的变化，表征方式也发生了变化，在原来的映象性表征的基础上增加了符号性表征。据此提出综合贯通性的问题就符合学生对商品知识的"这种"表征方式。

2. 排列问题由浅入深

学生对新知识的学习是一个渐进的过程，教学问题应按由浅入深的次序进行排列。例如，学习政治生活《主权的地位和国际组织的作用》一课时，先展示时事背景——台湾当局"加入"联合国的提案遭到拒绝，教师再提问："台湾是不是一个国家？国家与地区有什么区别？主权在国家构成中有什么重要性？联合国的成员应具备哪些条件？为什么台湾当局'加入'联合国的图谋不能得逞？"这5个问题紧紧围绕着中心问题，按从易到难的次序进行排列，让学生尝试进行问题解决，发现解决这类问题的技能技巧。在此过程中，前一个问题是解决后一个问题的基础和工具。这种循序渐进的提问，学生易学易懂，避免因问题的难易次序不当而导致学习吃力，产生消极情绪。

3. 构建问题网络结构

布鲁纳强调知识结构的重要性，主张教给儿童基本概念、基本结构。学生对新知识的建构不是新旧知识的简单相加，人脑对知识的储存也不是凌乱无章的。课堂提问应先设计适当的学习情境，根据情境把基本概念、基本结构转化为具体问题，再将具体问题按其内在联系形成问题体系，组成知识网络。例如在学习《生活与哲学》中的"整体与部分的联系"时，恰逢学校运动会刚刚结束，我就引导学生分析4×100米接力中蕴含的哲学道理，设计了如下问题："4位运动员相对于全队来说属于什么，全队又属于什么？4位运动员该如何排兵布阵？4位运动员中谁更重要？在接力中，什么是最重要的？"这些问题源于生活，贴近学生，能有效地拉近知识与学生、理论与生活的距离，学生会觉得有话可说，从而增强了学习兴趣，加深了对知识的理解。

（三）对设计问题的呈现的启示

问题的呈现涉及在什么时候发问、向谁发问和发问后如何应对等问题。

1. 找准提问的最佳时机

学生的求知欲在不同的课堂、不同的环境是不同的，也受自身情绪的影响。孔子说"不愤不启，不悱不发"，就是说当学生处于"愤悱"状态，即学习兴趣高、求知欲强时，教师的即时提问能激发学生解题的意愿，发展学生的思维。例如，在讲授经济生活"货币的本质和产生"时，我提出一个问题："同学们见过哪些货币？"有的说人民币、港币，有的说美元、欧元，有的说金元、银两，课堂气氛十分热烈。就在这时，教师作出判断："人民币、港币、美元、欧元都不是货币，只有金元和银两才是真货币。"学生们听后，满脸困惑。这时，学生的

"愤悱"状态就出来了，经过教师的适时点拨，能促使学生投入到积极的学习中去，提高课堂教学效率。

2. 平等对待每个学生

平等地对待学生是新课程标准的基本要求。因此，课堂提问要面向全体，能满足全体学生或绝大部分学生的需要而不是只针对个别学生或极少数学生。课堂提问一般先由中等水平学生回答，再请优生补充，有时也要引导慢生尝试，以满足不同学生的需要。同时，请学生回答提问时，不能先点名后提问，因为这样会导致未被点名的学生不积极地思考问题。

3. 耐心等待，恰当评价

美国有位教育学家指出，对学生的提问，在每个问题抛出后至少要等待3秒钟，这样做有许多好处：可减少卡壳现象，可增强学生的信心，可提高迟钝学生的积极性，可增多发散思维的成分，可增加学生回答的多样性，等等。心理学研究也表明，如果教师让这个思考的时间间隔过于短暂，会让学生刚刚形成的有意注意得不到必要的强化而消退。这就需要教师在提问之后给学生留出思考时间，静待花开，让学生做课堂的时空主人，充分发挥学生的主体作用。

同样，在学生回答后，教师应及时恰当地进行评价。教师的评价应以激励为主，可以从知识与技能、过程与方法、情感态度与价值观这三维目标的达成方面进行鼓励，但对知识本身的点评一定要明辨是非，这有助于对学生的学习进行及时的矫正和强化，可以使学生的错误为全班引以为鉴，使学生的正确答案为全班借鉴。通过即时反馈所产生的关注与欣赏，还能激励学生积极回答问题，带给学生成功的体验，并由此成为他们新的学习起点。

古人云："善问者如敲钟，叩之小者则小鸣，叩之大者则大鸣。"用心钻研，从学生的实际和教学的需要出发，积极进行有效提问，一定能增强课堂教学实效。

五、课堂语言

著名教育学家夸美纽斯说：教师的嘴，就是一个源泉，从那里可以发出知识的溪流。教师那感情浓郁、气韵流转、抑扬顿挫、音调和谐、幽默风趣、鲜活亮丽的课堂语言，恰似"大珠小珠落玉盘"，能有效构筑一种富有诱惑力的"召唤结构"，把学生带进瑰丽的知识殿堂，并开启心智，陶冶情操，令学生如沐春风，让课堂薪火闪耀。

新课程标准要求教师要更新教学理念，改革课堂教学，转变教师角色。课堂不再是教师的一言堂，课堂活动也必须以学生为中心。新标准、新要求、新方法给课堂教学带来了巨大变化，这些变化必然对教师课堂语言产生影响。下面结合教学实践，谈谈新课标下思想政治课堂教学语言的几点思考。

1. 导入语：激情引趣，一波一澜先夺人

著名特级教师于漪曾说过："课的第一锤要敲在学生的心灵上，激发起他们思维的火花，或像磁石一样把学生牢牢地吸引住。"好的导入语犹如乐曲的前奏、戏剧的序幕，既使学生兴趣盎然，又可激起强烈的求知欲望，让教学收到良好的效果。

在讲述《政府的权力：需要监督》一课时，我设计了这样的导入语："为什么神通广大、桀骜不驯的孙悟空，能够心甘情愿地辅助唐僧历经千辛万苦最终取得真经？我认为最重要的是唐僧苦口婆心的教导和孙悟空头上的紧箍咒。如果我们把权力巨大的政府比作孙悟空的话，要让政府用好手中的权力，同样需要这两样法宝。为什么需要这两样法宝？如何用好这两样法宝？这就是我们今天所要学习的内容。"

行政监督的知识距离同学们比较遥远，学生没有相关的生活经历，如果照本宣科地讲解，很难激起学生的求知欲。于是在教学中，我故意不从讲解课本知识入手，而是以故事的形式，通过悬念的制造来导入新课，一下子抓住了学生的心，诱发学生的情境体验，不仅为之后的教学作好铺垫、埋下伏笔，还能集中学生的注意力、调动学生的积极性，启发联想、活跃气氛。

2. 讲述语：行云流水，一言一语皆珠玑

我国古代教育名著《学记》提出："善歌者使人继其声，善教者使人继其志，其言也，约而达成，微而藏，罕譬而喻，可谓继志矣也。"它告诉我们，科学准确、通俗易懂，是课堂语言永恒的主题。

思想政治作为一门系统性、逻辑性很强，非常严密的学科，更应将科学准确放在首位。这就要求教师在讲解概念、原理时的教学语言必须使用政治术语，做到口齿清楚、逻辑严密、措辞精当、不生歧义，这样才能正确揭示事物的本质特征，给学生以清晰明确的正确认识。为此，在堂上练习、提问和主观题答卷中，我都引导学生选择专业术语或直接引用课本的专业句子，切忌没有理论表述基础的自我语言。

庄子说"朴素而天下莫能与之争美"，听一堂好课，感觉如行云流水般自然，细心揣摩，课堂语言的朴实不能不说是其中不可忽视的因素。因为教师内在的意向和拥有的知识要在特定的四十分钟内通过语言传送给学生，学生只有理解了教师的语言，才能领悟教师所要讲授的内容。李白写诗尚求老幼皆懂，更何况我们面对的是求知学子。因此课堂语言应立足于天然纯朴，深入浅出，考虑到学生的最近发展区，做到"有真意，去粉饰，少做作，勿卖弄"。

3. 提问语：巧设机关，一问一答求实效

有一位教师在上"我国的分配制度"时，首先花了5分钟使用了大量的图片和视频展示了某市近30年来的变化，然后提问："产生这些变化的原因是什么？"学生有的说是人民的艰苦奋斗，有的说是改革开放的基本国策，还有的说是当地

的地理位置，等等，用了 10 多分钟的时间，以至于教师有点急了，最后自己直接点明是由于我国的分配制度。

不可否认，在这个教学案例中，教师让学生在具体的熟悉的情景中理解和认识知识，设计可谓匠心独运，但在教学过程中，学生的思维没有指向中心问题，总在外围"兜圈子"，最终导致了教学的无奈。问题是一堂课的"心脏"，课堂提问给学生提供了思考的机会，也给学生自己发现问题、质疑问题提供了范例，同时能使学生的语言表达能力得到培养和提高。在设计课堂提问语时，过细了，等于牵着学生鼻子走，无法体现学生学习的主动性；但问题过大了，学生思维是开阔了，表达了许多意见，却未能触摸到新的生长点，这也是开放失败的原因之一。

所以，在设计课堂提问语时要注意防止三个误区：过美的问题让学生留恋于情境，过大的问题让学生漂浮于表层，过多的渲染让学生沉迷于感受。合理的设计应该是让问题与学生的学习内容有直接的联系，思考梯度合理，针对性和指向性强，便于学生发现其中的政治现象、政治问题，便于激活学生的生活经验，领悟相应的政治原理，促成学生对问题的探究，从而增强课堂教学的实效性。

4. 评价语：春风化雨，一笑一颦拨心弦

语言有温度，字句知冷暖。教师的评价语言应该是真诚的、恰如其分的、平等的、充满关爱的、赞赏的、充满期待的，应该让学生有一种亲切感、亲近感，让学生如沐春风。

特级教师梁侠在一次上课中，请同学们谈谈自己为什么要上学读书，学生思考后纷纷举手。梁老师走到一位低着头、未举手的女生前轻声地问道："你为什么不举手？"女生说："我有点紧张。""站起来后就不紧张了，能试一试吗？"女生望着老师不吱声。梁老师扶着她的肩膀，轻声地说道："只讲给我一个人听，能说吗？""能。"女生开始小声地说，后来越说声音越大，越说越流利。待她回答完后，梁老师问她："你现在还紧张吗？""不紧张了。"梁老师又问："你知道你在多少人面前说话吗？""不知道。""不知道我告诉你吧，你在一千多人面前发言，多不简单啊，回去告诉你爸妈，你敢当着一千多人的面发言，多么了不起，多么自豪，多么骄傲啊！"女生的脸上浮现出了灿烂的笑容。

以上例子给了我们这样的启示，课堂评价语应做到：①实事求是。即一语中的，切中要害，恰如其分评价学生获知的程度；切忌用习以为常的表扬而麻木了学生的心灵感应。②具体明确。是对是错，经教师一言指出，当局者清楚，旁听者明了；切忌用随心所欲的表扬而模糊了学生的评价标准。③语言得体。多用激励性语言，肯定优点要热情洋溢，指出不足要亲切具体；不姑息学生的错误，不放大学生的优点，不拔高对学生的赞美。④方式多样。"此时无声胜有声"，评价语言不只局限于有声语言，多样的无声语言也具魅力，一个手势，一个眼神，一个微笑，一个抚摸，都会使学生感到亲切，拉近师生间的距离。

5. 结束语：点石成金，一字一句润心田

"好的结尾，犹如咀嚼干果，品尝香茗，令人回味再三。"一出好戏要"剧终情不尽"，一首好诗应"歌罢音未绝"，一堂好课也应"言有尽而意无穷，余言尽在不言中"。尤其是《生活与哲学》中的许多哲理内涵非常值得学生们去细细品味，作为政治教师，在授课时不能忽视下课前的那几分钟，要精心设计一些能够引起学生们思索和回味的结束语，让课堂结束语能像古钟的余音那样，袅袅不绝地在人的心里回响。

我在《做好量的积累，促成事物的质变》一课的教学即将结束之时，为了引发学生深入思考关于珍惜光阴的深奥话题，以课堂道具一张"求学生涯"的纸条为突破口，设计了以下一段结束语："我们通过日复一日的学习，知识与日俱增，从哲学上讲，发生了量变；我们又通过各种毕业考试，由小学生变成中学生，发生了质变。拿出课前的那张纸条，我们度过了幼儿园的3年，把它撕去；我们度过了小学的6年，别再留恋；初中的3年和高中的一半时间，也已经离我们而去。"（学生轻轻地撕去了手中纸条的一大半）"我们又要面临一个新的转折点——高考，看似漫长的学习生涯，只剩下手中的一厘米半。昨天已成为过去，明天还没有到来，在自己手中牢牢掌握的只有现在。只要把握住现在，每一时每一刻每一分每一秒都比别人稍微努力一点，就会获得成功！我想把这一厘米半时间送给同学们，请大家牢牢把握手中仅存的宝贵时间，脚踏实地，抓紧机遇，赢得人生！"

这段富有诗意又与本课哲理紧密相关的人生感悟，发人深省、巧妙提升，在学生清浅的心灵池水中投下了一枚小小的石子，荡起层层涟漪。我们没有理由不相信，语言、情感以及汩汩的人文情怀正在孩子们纯净的心灵土壤中埋下了一颗颗美丽的种子，它们必将生长、发芽，逐渐长大。

苏霍姆林斯基认为，教师的语言"在很大程度上决定着学生在课堂上的脑力劳动的效率"，教师"高度的语言修养是合理利用教学时间的重要条件"，倘若教师妙语连珠、不吝鼓励、富于启发，自然会使学生如沐春风，如饮甘露，受益良多。在新课标的指导下，作为教育者的我们应该积极提高自己的语言素养，掌握语言艺术，增强语言表现力，让课堂语言的教育性和审美性达到完美的统一。

六、课堂模式

（一）"FFS 问题导学"教学模式

著名的"钱学森之问"拷问着每一个教育工作者：为什么我们的学校总是培养不出杰出人才？追根溯源，课堂教学模式的偏差似乎是其中主要原因之一。

随着后课程改革时代的到来，人们对课堂教学方式的探索也进入到了纵深发展阶段，"FFS问题导学"教学模式对于转变教学方式、增强学习能力、推进课程改革等有着重要的意义。

1. "FFS问题导学"教学模式的内涵

（1）两种范式

从教学内涵上看，课堂教学是从"教"的课堂向"学"的课堂发展、从低级阶段向高级阶段发展、从不成熟向成熟发展的动态过程，具体可划分为四种境界："教师讲授"课堂—"教师导学"课堂—"问题导学"课堂—"自我导学"课堂，如下图所示。

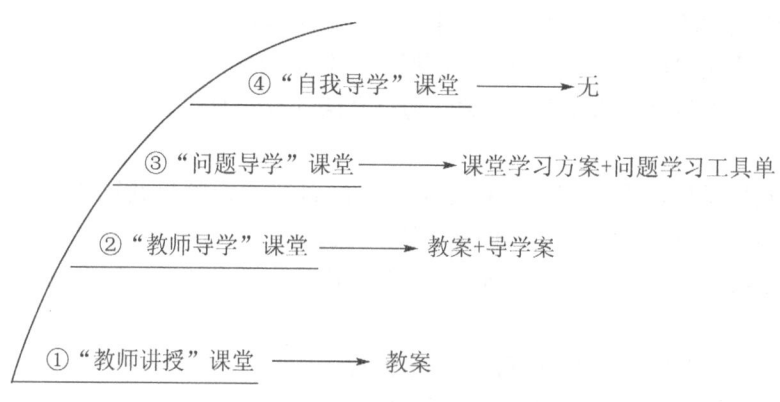

课堂教学的四种境界

"教师讲授"课堂是指教师有目的、有计划地向学生系统讲授知识，促进学生发展的课堂；"教师导学"课堂是指在教师指导下学生自主合作探究学习的课堂；这两种都属于知识传递型的课堂。"问题导学"课堂是指以问题学习为主线，在自主学习、发现生成问题的基础上，师生开展合作探究学习的课堂；"自我导学"课堂是指学生在真正意义上实现自主合作探究学习的课堂；这两种则属于知识建构型的课堂。

"知识传递型"教学过分强调教师课堂讲授行为和传授知识的艺术性，轻视了学生主体的学习责任、学习方法和学习质量的有效性。久而久之，教师在课堂教学中变得相对积极主动，学生则变得被动消极，养成"教师推着学生走"的被动学习习惯，逐步使教师和学生形成了一个"教学是教师讲学生听或先听教师讲解学生后做练习"的习惯思维，最终将产生教书匠式经验型的"勤"教师和"懒"学生。另外，"知识传递型"教学中，教师灌输记忆、整理等浅层脑力参与而忽视思考与思维高级脑力配合，这种忽视学生高级情感与心智参与的教学方式直接遏制了学生潜能的发展，导致创新意识和创新思维隐退。

"知识建构型"教学是基于建构主义知识观、教学观和学习观的教学类型，建构主义理论认为，"学习是一种能动的活动，绝不是教师片面灌输的被动的活动","知识"并不是靠教师传递的,而是由学习者自身主动建构的。布鲁纳在《教育过程》中说道:"学习行为的目的不但要把我们带到某处,而且还应当让我们日后再继续前进时更为容易"。这启示我们教育的本质是追求自我教育,教学的本质是让学生学会学习,最终使学习者学会终身学习和持续发展。

(2)"FFS 问题导学"教学模式的主要特点

①目标主要指向"问题解决"。课堂教学的着力点转移到发现问题、研究问题、解决问题上来。当代思维科学研究表明,问题是思维的起始。指向问题解决的课堂教学的目标定位,表象是直接的问题解决,更深层次的是思维品质和学习能力的培养和提高。

②课堂教学的内容问题化。根据课程标准、课本知识、学生实际,将课堂教学的内容转化成"问题链"。这样不仅使课堂教学的内容清晰明了,而且使课堂教学的内容呈现与目标达成更加一致,为提高课堂教学的针对性、实效性提供了可能。

③课堂教学以问题为纽带。在课堂教学的过程中,师生共同围绕"问题"展开双边活动,教师是问题情境的创设者、问题研究的组织者、问题解决的指导者、学生学习的鼓励者,学生是问题提出和生成的主动参与者、问题解决的积极主体。

2. "FFS 问题导学"教学模式的基本流程

从操作层面上看,"FFS 问题导学"教学模式的教与学过程分问题发现、问题生成、问题解决三个阶段来进行(分别取发现、生成、解决三个英语单词的首字母组成"FFS"),各阶段的主要任务描述如下图所示。

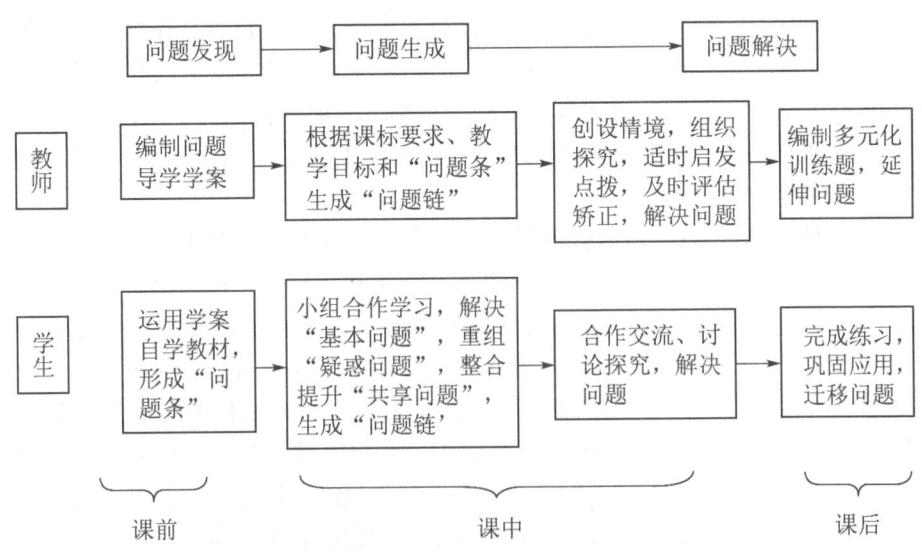

"FFS 问题导学"教学模式的基本流程

(1)"问题发现"

"问题发现"主要是通过"师生共备"来发现问题,通过导学案来引导学生关注必需的知识点,并引导学生发现问题形成"问题条",逐步养成结构化预习的好习惯。"问题导学"以优质的"问题"为纽带,课程的基本单位是"问题",一节课设计的成败,在很大程度上取决于"问题"设计和实施的水平。为此,将教学内容问题化,提出既能激发学生学习兴趣和探究欲望又具实际探究意义和价值的"问题",是有效实施"问题导学"的起点和保障。

为帮助学生鉴别问题优劣,我对学生所提出的"问题"类型和数量作出了明确的规定,每个人的"问题条"要包括三类:第一类是"基本问题"(3个,要基本覆盖全部知识点),即通过自己的学习,能够解决的"问题"。这类"问题"一般来说都是教材中最基本的内容,绝大多数学生都能够自学完成的"问题"。第二类是"疑惑问题"(2个,要有探究价值),即需要求助同伴或教师帮助解决的"问题"。第三类是"共享问题"(1个,要具有独特见解),即在预习过程中自我发现的、具有创意性看法、值得同伴分享的"问题"。通过这三类"问题"的提出,可以使学生的预习环节真正地落到实处。"基本问题"的提出,减少了课堂学习中的"重复";"疑惑问题"的提出,明确了课堂学习中探究的方向;"共享问题"的提出,激发了进一步学习的成就感。这些"问题"都具个性化的特征,建立在此基础上的学习,就是具有针对性的学习,不仅可以调动学生学习的积极性,也能够有效地解决共性发展与个性发展的统一,满足学生的不同发展需求。在此阶段,教师可以适当提示一下提出"问题"的方法和技巧,比如,对基本概念的内涵和成因的追问、对书本知识的系统化整理和深化、对知识的提升和迁移、对材料信息的提炼和运用,等等。例如,在学习《收入分配与社会公平》时,李同学提出的"基本问题"有:什么是公平?什么是效率?效率与公平之间有什么关系?同时提出的"疑惑问题"有:公平是否意味着消除差距?企业职工工资增长缓慢会给企业和职工带来什么影响?最后他还提出了"共享问题":国家制定最低工资标准的必要性。

(2)"问题生成"

"问题生成"主要是通过"师生共学"来生成问题,师生针对发现的问题通过深度学习、对话、讨论、思考等方式生成"问题链"。这一行动旨在让学生通过自主、合作学习进一步学会发现问题,培养自主合作探究学习意识,提高分析问题、探究问题和解决问题的能力。"问题链"与"问题条"不同,"问题条"是个性的,"问题链"是共同的;"问题条"是散乱的,"问题链"是有序列的。对于"问题链",既可以由教师在结构化备课中根据课程标准、教学目标和"问题条"内容来生成,也可以由学生以小组为单位通过对话、展示、辅导、评价等方式来完成。

学生"问题生成"的具体做法是:以学习小组为单位,各成员之间相互交流、释疑,删除那些重复的"问题",互动解决各自的"基本问题",重组共性的、尚不能解决的"疑惑问题",整合、提升"共享问题"。如,班级中某小组提出了这样的"问题":"疑惑问题"——如何全面认识"相对公平"?公平就意味着消除差距吗?收入差距为什么只能缩小不能消除?如何理解并区分初次分配和再分配?工资收入是初次分配还是再分配?哪些收入是再分配所得?"共享问题"保留了李同学的"问题"——"国家制定最低工资标准的必要性"。在这个阶段,由于同学们对各自的"基本问题"相互交流、解决,因为这些"基本问题"都能够在教材中直接找到答案,比较简单,小组同学之间可以互助解决,并且所有同学的"基本问题"都相似,所以,在"问题生成"阶段,就不再呈现"基本问题"了,仅保留"疑惑问题"和"共享问题"。这些"疑惑问题"和"共享问题"是以小组为单位,经过对问题的整合、审视和价值判断所形成的一个个"问题链条",需求助他组同学帮助解决和共享,"问题"的数量与第一阶段相同。如,小组内同学们提出"如何全面认识'相对公平'?""公平就意味着消除差距吗?""收入差距为什么只能缩小不能消除?"等问题,通过对这些同类的问题进行整合、提升和序列化,得到了"疑惑问题",即需要求助他组同学帮助解决的。"共享问题"经过讨论,小组同学一致认为李同学的"问题"有深度、有见地,就保留了,并增加"收入分配不仅要由市场决定,还要国家的调控"这样一个结论,使李同学的"共享问题"得以进一步升华。这个阶段,教师不直接提出问题,而是从方法的层面指导同学们的讨论和"问题"的整合,比如,整合"问题"要有层次和序列,要删除重复的和已经解决的,要集中全组同学的智慧,要善于尊重他人的观点,等等。

在此阶段,通过小组同学的交流与帮助,有些个性化的"问题"被攻克,"基本问题"被删除,避免了课堂教学中的无效性和重复性劳动,进一步增强了学习中的针对性;通过去粗取精、去伪存真的辨别、整合,有些个性化的"问题"被延展、优化、提升为小组内"共性的问题",得到进一步的提升和张扬,层次变得更高了。初步理清了个性"问题"与共性"问题"的关系,在解决个性"问题"的基础上生成了共性的"问题"。而整个过程都是学生完成的,所有"问题"都是学生们交互建构出来的,这有利于充分激发学生学习的自主性和交互性,学生的知识和智慧在第一阶段("问题发现"阶段)的基础上得到进一步发展,并为下一阶段的学习奠定了基础。

(3)"问题解决"

"问题解决"主要指通过"师生共思"来解决问题,导向的重点应主要围绕"问题链"展开,教师选择一些与课本相联系的材料(时事政治、社会热点问题和学生感兴趣的话题等),以问题为中心,设置情境,让学生体验和思考。教师从感性材料入手,不断引导启发学生进行深入思考,帮助学生透过现象看本质,实现由感性认识到理性认识的飞跃,从而实现问题的解决。为提高分析问题和解决问题的能力,实现有效知识迁移,这一阶段还需要多元化训练来实施。

3. "FFS 问题导学"教学模式的实践体会

经过近一年"FFS 问题导学"教学模式的教学实践，学生的学业成绩得到明显提升，学习能力显著增强，具体来说有以下体会。

（1）教师角色发生了转变

"FFS 问题导学"课堂是以"学"为中心的"学本"课堂，体现以"学"为中心的教学理念。这里的"学"指学习者学习，包括了学生学习和教师成长。从学生角色来看，学生要由配合者、接受者和服从者转向充满自信的、积极学习的问题探究者、发现者、生成者、解决者、合作者和评价者，学会小组合作学习，开展小组讨论，集思广益。而教师的角色变为"大同学"，一个与学生共同合作的学习者，由课程复制者转变为课程开发的研究者，由知识讲授者转变为问题发现者，由知识抄写者转变为学习活动的设计者，由课堂教学管理者转变为学生有效学习的服务者。

（2）课堂教学实效大大提高

"FFS 问题导学"教学模式是一种以学生自读互研、讨论交流为主的教学模式。导学问题设置、"教"的时间和容量的压缩，既增加了学生自主学习的"学"的时间，又使学习的简单重复得到了有效控制，学习的指向更加明确；教师还可以利用学生自读、自研等机会，对学生进行个别辅导和点拨，从而大大提高课堂教学的实效。

（3）学生综合素质得到提高

"FFS 问题导学"教学模式有利于把教学从知识中心转变为能力中心。现代课堂教学要把知识教学、能力培养和思想教育三者结合，并着眼于创新能力的培养这一主要教学目标。"能力中心"既是现代课堂教学的核心，也是区别于传统教学的重要标志。"FFS 问题导学"课堂上，自读教材有利于培养学生的自学能力和发现问题的能力；小组讨论能增强其分析判断解决问题的能力和协作能力；交流发言使学生的语言表达能力和归纳论证能力得到了锻炼；变式训练则有利于学生创新精神的培养，所有这些都使学生的综合素质得到了提高。

形而上者谓之道，形而下者谓之器。我们对课堂的追求不应止于"技"和"艺"，智慧教师追求的更高层次和境界应该是"道"，尊重人的成长规律，激发学生学习的主动性，培养终身学习和自主学习的能力，这才是我们教育的大道！

（二）体验式教学"六段教学模式"

所谓体验式教学，是指在整个教学过程中，学生以教材为载体，以已有的生活经历和知识为依托，在教师的引导、点拨下，自主参与、自我体验、互相合作，从而获得知识、发展能力、健全人格的过程。体验式教学作为一种教学方法和教学过程，它要求学生在教学活动中用眼、耳、鼻、手、脑等多种感官去体验,身临其境;并从中获得种种发现,开启智慧,增长才干,达到发展自身的个性、情感、意志、态度,促进全面发展的目标。

根据体验式教学是为了培养"完整的人"的教学目标,我设计了"入境激情—对话移情—探究动情—实践纵情—评述析情—总结升情"的六段教学模式。这里,以人教版高中《思想政治》必修模块4《生活与哲学》第8课第2节第2目《做好量变的准备,促进事物的质变》为例,谈谈我对体验式教学的粗浅认识。

1. 入境激情

【片段1:汉字接龙】

教师:加笔画,使它变成另外一个字;下一位同学在新字的基础上再加笔画,使之又变成另一个字。听明白了吗?好,我们开始!

教师:我们的进展很顺利,游戏升级。请将这两个字重新组合,使之变成一个新字。Are you ready? Go!

学生:踊跃参加活动。

教师:祖国的汉字真是博大精深啊!同学们的反应非常灵敏。我们来总结下刚才的游戏。

教师:两组活动中的汉字发生了哪些变化?

学生:笔画的不断增加,结构的改变,使得一个汉字变成了另外一个字。

教师:这些变化分别有什么特点?

学生:每个字形状的不同是微小的,而意义却截然不同,说明了量变和质变的不同特征。

教师:通过刚才的游戏,同学们能否概括出何谓量变?何谓质变?

【思考】

捷克教育家夸美纽斯在其《大教学论》中曾说:一切知识都是从感官开始的。教学活动是在一定的教学情境中发生的,教学情境是教师和学生有意识、有目的、有计划地选择、设计、构建的适合于教学目的、教学内容、教学手段的物质环境、心理环境和教学氛围。"教学活动的成效取决于主体与教学情境相互作用的性质",因此,教师可根据特定的教育内容和学生实际,恰当运用实物演示情境、借助图像再现情境、播放音乐渲染情境和扮演角色体会情境等手段,强化学生的情感体验。借助情境的直观性、形象性,对学生的感官产生强烈的刺激,使学生进入所创设的特定氛围中,激起他们相应的情感体验,让学生在不知不觉中触动自己的情感之弦,引起学生认知的共鸣和发展。

苏霍姆林斯基说过:"所有智力方面的工作,都依赖于兴趣。"只有让教学活动一开始就充满一种体味的快感,激发出学生的投入感和参与感,才能使学生产生求知的欲望和兴趣,为教学活动的继续展开并取得成效打下基础。由此可见,创设适当的教学情境和合理激发学生的情感尤为重要。

2. 对话移情

【片断2：学科游戏】

观看视频，回答下列问题：

1. 冰变成水的过程中，哪些地方发生了变化？
2. 从哲学上分析，它们分别属于何种变化？
3. 冰变成水，需要哪些条件？说明了质变与量变之间有什么关系？
4. 冰变成水并不意味着变化的终结，还会接着气化，说明了质变与量变之间有什么关系？

【思考】

学生有了学习兴趣、求知欲望，进入教学情境之后，教师要善于在教学情境中与学生进行有效的对话。对话教学实质上是一种"在与情境的对话中建构知识"的过程，对话也促进了移情。移情即感情移入，是在人际交往中人们感情的相互作用。教师通过设置启发性问题、营造和谐的课堂环境，促使学生在师生间的平等对话、生生间的自由对话中增进对彼此的相互理解，将积极的情感移入教学过程，并获得初步的愉悦情感感受。

对话也是教师对学生进行有效引导的过程。教师要教会学生学习，提高学生的学习能力，给予学生学习的思考武器。如果缺乏学习方法的指导，有的学生会探究无路，无处下手；有的学生会因方法不当而探究失败。这势必会使学生产生失败感、挫折感、无助感，进而影响学生继续探究的信心。

同时，"对话是探索真理与自我认识的途径"。学生在对话中产生积极情感，充分发挥自己的主观能动性，将学习方法指导、思维方式引导以及自己对外部世界的感知逐步内化，从而清醒地认识到自己的知识和能力水平，为下一步主动探究做好准备。

3. 探究动情

【片段3：成功之路】

教师：今年的春节联欢晚会，炒红了一个小品演员，他就是……小沈阳，观看视频，结合质量变关系原理，谈谈小沈阳的成功给我们什么启示？

1. 小沈阳真的是"一夜成名"吗？给我们什么启示？
2. 他的人生转折点是什么？给我们什么启示？
3. 他在东北出了名，并没有满足，还争取在高手如云的春晚表演节目，给我们什么启示？
4. 这些方法论分别对应哪些世界观原理呢？

【思考】

要充分发挥学生的主体作用，将学法指导落到实处，并使学生通过亲身经历、亲身感受认知周围的事物。要想学得更有个性，就要让学生主动探究。学生在前一阶段学法指导和思维方式引导的基础上探究问题，既有规范性，又有灵活性。

探究的过程是学生主体与知识、环境客体相互作用并产生悟性的活动过程。学生在前两个阶段的基础上，在探究知识的过程中，对知识的获取有强烈的欲望，达到了"动情"的状态。在教学过程中，正确地、有效地设计探究性问题，对高效课堂的实现至关重要。

在问题的设计上，要精心准备，提出问题的矛盾、变化和发展，能够起到启其心扉、促进思维的作用。学生的思维能力只有在活跃状态中，才能得到有效的发展。因此，我根据学生心理、年龄、学习实际和教学重点，既不偏高也不偏低地精心设计出深浅难易、范围大小都恰如其分的具有思考性的问题；在问题的设置时还注意形成梯度，使得教学环节更为紧凑流畅；同时我在问题表述上反复斟酌，力求让学生最直截了当地领会教师的问题。

在这个过程中，学生既习得了知识，掌握了方法，又使情感得到升华，发挥了主观能动性。在此过程中，每个学生都有所收获、有所发展。

4. 实践纵情

【片段4：拓展训练】

教师：哲学不仅问辩人生，也对国家和社会的发展起着重要的指导作用。我们广东的发展历程也充分体现着质量变之间的辩证关系。请同学们看材料，分析其中是如何体现本节课所学的哲学知识的。

材料一：一个个辉煌的数字告诉我们，改革开放30年，广东取得了辉煌成就，经济发展，人民生活水平不断提高。

材料二：改革开放30年以来，邓小平同志、江泽民同志和胡锦涛同志在不同的重要历史阶段先后在广东提出了三个伟大战略决策，给广东经济发展带来了"三个春天"，广东人民抓住机遇，赢得主动，实现了跨越式发展。

材料三：今天，广东省委省政府树立新的奋斗目标，争当实践科学发展观的排头兵，在新的历史关口，提出"双转移"战略，通过"双转移"，走出一条有广东特色的统筹区域城乡发展的新路子。

【思考】

要使学生熟练地掌握探究习得的知识和选择适合自己的学习方法，对自己所学知识加以证实，将所学知识加以合理应用，还得通过实践练习方能达到这一目的。由于学生的知识和能力水平存在差异，所以在实践练习中教师要对学生进行一定的指导，做到扶放结合，对水平高的学生着眼于"放"，对水平低的学生着眼于"扶"，对中等水平的学生着眼于"半扶半放"。

学生在实践的过程中，如果对知识的理解、掌握和应用都达到了质的飞跃，那么学生就有了成就感和成功感，就会产生一种"高峰体验"，就会尽情抒发自己的情感，达到"纵情"的状态。在这个阶段中，既使学生熟练地掌握了所学知识，又培养了学生的实践创新能力，还进一步陶冶升华了学生的情感。

5. 评述析情

【片段5：成果汇报】

中心发言人汇报小组讨论的结果，其他同学作适当补充，教师进行点评。

【思考】

学生通过前几阶段的学习，获得了知识，丰富了情感，锻炼了能力，但教学过程并没有结束，还得有"评述析情"这一阶段。评述即评价概述，包括教师对学生的评述、学生之间的评述和学生自我的评述。其中应发挥学生的主体性，以学生的自主评述为主。通过评述，学生认清自己的已有水平，发现自己的不足并找出差距，为下一阶段的学习打下牢固的基础。

在评述过程中，学生会产生各种各样的情感感受，积极的情感感受会唤起学生更大的学习热情，使学生好学乐学，大多数学生都会有这样的感受。当然，个别学生也会因学习不顺而产生消极的情感感受，产生厌学情绪。教师要对这些情感感受的来源、强度和持久性进行分析，使学生处于良好的情绪状态之中，不受不良情绪的影响。因此在"评述析情"的过程中要做到客观公正，同时又要求教师给予学生更多的鼓励，使全体学生都能积极乐观地投入到新的学习活动之中。

6. 总结升情

【片段6：总结升华】

请同学们拿出上课前发给大家的小纸条，我们通过日复一日的学习，每当完成了1个学年的学习，我们的知识和能力增加了1厘米，从哲学上讲，发生了量变；我们又通过各种毕业考试，由小学生变成中学生，发生了质变。我们度过了幼儿园的3年，把它撕去；我们度过了小学的6年，别再留恋；初中的3年和高中的一半时间，也已经离我们而去。

我们又要面临一个新的转折点——高考，看似漫长的学习生涯，只剩下手中的一厘米半。昨天已成为过去，明天还没有到来，在自己手中牢牢掌握的只有现在。只要把握住现在，每一时每一刻每一分每一秒都比别人稍微努力一点，就会获得成功！我想把这一厘米半时间送给同学们，请大家牢牢把握手中仅存的宝贵时间，脚踏实地，抓紧机遇，赢得人生！这节课就到这里，谢谢大家！

【思考】

在"三维"目标中，情感态度、价值观目标无疑是最重要的课程目标，也是我们必须优先设置和实施的课程目标，它是课堂教学的血肉和灵魂，体现了教育最核心的功能。一堂成功的思想政治课的最大亮点应是德育目标的升华，最大的败笔就是德育目标的丢失。教师只有牢牢抓住思想政治课的本质——道德教育，坚持育人为本、立德树人的理念，才能实现思想政治课最重要、最本质的追求。

没有感动就没有道德体验，没有体验就无从谈道德教育。道德学习不同于科学知识的学习，科学是一种事实之知、客观之知，而道德是一种人事之知、价值之知。因此，本质上的道德规范不是干巴巴的教条，其源头和土壤就是生活，德育要在生活中展开，要以生活的方式进行才会有效。从这个意义上讲，一次体验胜过一百次的说教。寓情于理，情理交融，这样的思想政治课留给学生的精神是永恒的，能让学生受益一生。

陶行知先生说过："把学生学习的自由还给学生"。体验式教学能够让学生在情境中体验，在体验中探究，在探究中感悟，在感悟中实践，在实践中成长，符合青少年认知心理特点，激发了学生的聪明才智，符合学生健康发展的要求；符合新课程改革的需要，体现了"以学生的全面发展为根本"的新课程理念；有利于创新型人才的培养，符合国家民族兴旺发达的需要。因此，在思想政治教学实践中，我们必须渗透体验式教学理论的精髓，遵循民主与平等、合作与互动、建构与创新的原则，尊重学科的自身特点，尊重教师作为教学组织者和引导者的角色，充分发挥学生的学习主动性。

（三）议题式教学模式

思政课是落实立德树人根本任务的关键课程。习近平总书记多次强调了"大思政课要善用之"的明确要求。何为"大思政课"？这已然成为了思政课教学教研必须回答的问题。

1. 何为"大思政课"

"大思政课"首先是责任之大。思政课既教学生以马克思主义科学世界观和方法论，发挥着一般课程传道、授业、解惑的育人使命，同时又肩负着维护国家意识形态安全、培育担当民族复兴重任的时代新人的政治使命。思政课既是人生发展之大课，也是国家发展之要课，只有把握"大思政课"责任之重大，方能阐释"大思政课""为何培养人"的问题。

"大思政课"再者是视野之大。思政课不是"书斋里的学问"，其学理来源于实践，又要求学生学以致用解决实际问题。讲好"大思政课"，既要赋学生以广阔的社会视野，将思政小课堂和社会大课堂结合起来，"以中国特色社会主义取得的举世瞩目成就为内容支撑，以中华优秀传统文化、革命文化和社会主义先进文化为力量根基，把道理讲深讲透讲活"；又要引领学生构建体系化的知识视野，以大单元教学理念指导课堂设计，使条块化的知识线得以相连成系统化的知识面。唯有兼具广阔的社会视野和知识视野，学生方能更好了解国情民情，坚定"四个自信"和投身伟大复兴中国梦的远大信念，回应"大思政课""培养什么样的人"的问题。

"大思政课"还应是立意之大。青少年时期是人身心发展的快速时期，学生在成长过程中既有学段学情之分，各阶段又具有紧密衔接之特征。习近平总书记强调:"要把统筹推进大中小学思政课一体化建设作为一项重要工程,推动思政课建设内涵式发展"。唯有跳出单一学段,从大中小学思政课一体化建设之整体立意,思政课建设方能紧紧围绕立德树人共同目标,遵循循序渐进、螺旋上升之教育规律,增强育人的整体性、连续性、协同性,解决"大思政课""如何培养人"的问题。

2. 以"议题观"支撑"大思政课"建设

议题式教学是时下思政课教学的潮流,很多思政教师在其教学设计中均标榜使用了议题式教学法,但只是把精力放在雕琢几个对仗工整、富有文学味的议题之上,这实际上是对议题式教学的狭隘化理解。

《普通高中思想政治课程标准(2017年版,2020年修订)》指出"围绕议题,设计活动型学科课程的教学",而"围绕议题展开的活动设计,包括提示学生思考问题的情境、运用资料的方法、共同探究的策略,并提供表达和解释的机会"。可见,议题式教学不是一种孤立的教学方法,而是开展活动型学科课程设计的抓手。它首先以议题的形式呈现学生参与活动需要回答的问题。在进行议题式的教学设计时,教师首先需要拟定统领全课的总议题,并根据教材或情境的逻辑将总议题分解而成若干子议题,子议题又最终细化为基于情境的若干问题,"总议题—子议题—问题"的议题线构成了全课的逻辑骨架,提示着全课的探究方向;其次,它还包括活动开展的沃土——相关情境的创设,教师既可以对应总议题设置一以贯之的主题情境,也可以针对各子议题分别设置不同的情境,进而构成序列化的情境线。情境创设在教学实践中发挥着先声夺人、引人入胜的作用,教师既可以以学生感兴趣的时事热点入境,也可以化学生熟悉的乡土资源、校本素材为课堂所用,力求让学生从情境体验中感受到亲和力;在议题式的课堂中,学生还会基于情境开展相关议学活动。以往对议学活动的理解常局限于当堂的小组讨论,而实际上,从议的时空看,学生既可以当堂议,也可以课前议、课后议;从议的形式看,既包括小组研讨、合作磋商等商议形式,还包括辨析、辩论等争议形式,模拟提案等建议形式及观点评析、人物评析等评议形式等。形式多样的议学活动是议题式教学的精髓所在,是学生生成知识、提升素养的具体途径;再者,学生参与议学活动是有任务导向的,在循序渐进的课堂中,学生将依序完成知识衔接、理解、应用、迁移之任务,从而完成知识学习和素养提升的闭环;在这样的议题式课堂中,学生的知识是生成的而非灌输的,是有清晰线索的而非条块化的。

综上,以议题式教学模式开展思政课教学一般遵循以下逻辑:确定主议题—形成议题线—创设情境线—设计活动线—设置任务线—生成知识线,将学科核心素养的培育贯穿议题式教学全过程,因而形成了"五线一核"的"大议题"模式架构。在这一架构中,学生以亲身体验者的角色进行循序渐进的深度学习,议题是学生通过体验要解决的关键问题,情境是学生体验的场域,活动是学生体验的途径,任务指引学生体验的方向,知识、素养是学生通过体验生成的成果。

那么,如何将议题式教学模式转化为"大思政课"的支撑呢?我在课堂实践中以"大议题观"指引议题设置,使议题式教学成为"大思政课""三维内涵"的载体,构建了如下的"大议题-大思政"的议题式教学框架。

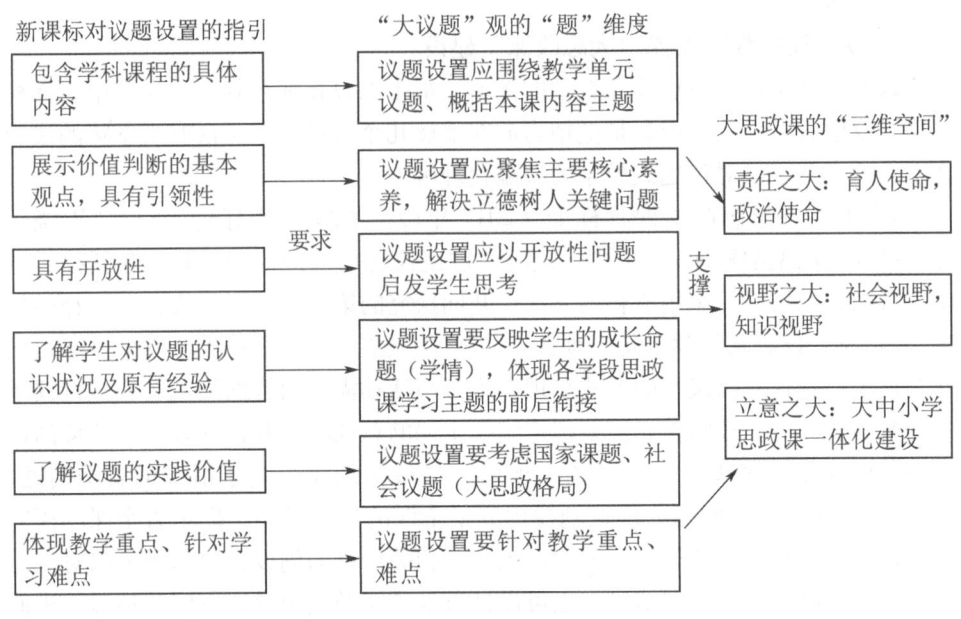

"大议题-大思政"议题式教学框架

以《走近老师》为例,该节系七年级上册《道德与法治》第三单元第六课第一节内容。从教材内容来看,该节在第二单元讲述在朋友关系基础上,从师生关系的角度进一步形塑学生人际交往能力,为本单元"师长情谊"开篇,帮助学生走近教师这一职业,引导学生学会接纳和尊重不同风格的老师,为下一节"师生交往"奠定情感基础;从教学背景来看,该节与党和国家推进教育强国建设、在全社会弘扬尊师重教的社会风尚相契合,与当下名校毕业生扎堆中小学任教、"子涵式家长"引热议等与教师职业认知有关的社会话题相呼应,与学生自小便与教师打交道并在小学思政课中学习过《走近我们的老师》相关内容的知识经验基础相衔接,与解决学生步入青春期后可能与老师之间产生更多矛盾的现实问题需要相贴切。基于此,本节以"学生为何要'亲其师'?"为议题,该议题在展现本节主要内容的同时又为下一节讲"如何'亲其师'?"作铺垫,同时还以"亲"字凸显价值引领。围绕这一议题,本节以培育学生尊师重教的道德修养和师生交往能力为核心素养目标,设置了以下课堂架构:

议题线:品初心·教师这一职业有何使命和特点?—颂匠心·如何认识老师的不同风格?—筑同心·成为一名教师需要具备哪些能力品质?

情境线：漫画《老师不是放马的》、视频《燃灯者》、名校硕博扎堆中小学任教——教师模仿秀、网络热梗"我家子涵"——模拟教师招聘会。

活动线：比喻老师、研讨"燃灯者们"身上的优秀品质、评析名校硕博任教中小学——模仿身边的教师、评析"子涵"因为不适应教师风格而要求更换教师的现象——模拟教师招聘。

知识线：教师职业的使命和特点——尊重不同风格老师的原因和行动——本节综合知识、认识自己相关知识等。

这一课堂设计架构不仅能够推动学生打破不同学段、不同教学单元之间的知识壁垒，在课堂中获得更为广阔的知识和社会视野，而且有利于学生在沉浸式的情境探究中自觉形成尊师重教的道德品格，发展人际交往能力，从而助力"大思政课"的育人目标的有效达成。

七、微课制作

微课具有主题突出、类型多样、情景真实、交互性强、可生成性、使用方便等突出的优势。对学生而言，微课能更好地满足学生对不同学科知识点的个性化学习、按需选择学习，既可查缺补漏又能强化巩固知识，是传统课堂学习的一种重要补充和资源拓展。对教师而言，微课将革新传统的教学与教研方式，突破教师传统的听评课模式，是教师专业成长的重要途径之一。

微课符合教育发展的新趋势，具有辅助课堂、资源共享、个性自主的优势，它将逐渐走进我们的视线，为越来越多的老师们接受。现以《区分初次分配和再分配》为例，谈谈微课的制作。

1. 选题适当，实用科学

确定课题是制作微课的首要环节和起点，科学的选题是微课成功的前提和基础。在题目的选择上，尽量选择热门的考点，教学的重点、难点，而且知识的选择要细，十分钟内能够讲解透彻，同时知识要准确无误，不允许有文字、语言、图片上的知识性错误或误导性的描述。教授《收入分配与社会公平》时，不少学生对"初次分配和再分配"这一知识理解困难，这方面练习的出错率高，而这个知识点不但是第七课的重点，也是历年高考的高频考点。于是我制作了关于这一知识的微课，让学生回家时复习巩固。由于本微课主题突出，指向明确，帮助学生在最短的时间学会了最关键的内容。

2. 策略得当，设计清晰

微课制作的策略很多，有任务驱动、问题导向、合作探究、反馈互动、激趣引入、逐步推进、讲授启发、强化知识、实验演示、操作探究、讲解分析、推理演算、解惑答疑、查漏补缺、区别对待、有的放矢、直观逼真、引疑激趣、知识讲解、答题指导，等等。教师可根据需要，灵活选用恰当的策略或结合运用多种策略。由于《区分初次分配和再分配》属于讲授型的内容，要求在较短的时间内突破某一关键点，因此我在制作微课时选用了区别对待、有的放矢，直观逼真、引疑激趣，知识讲解、答题指导这三项策略。微视频中运用直观有趣的方式进行知识讲解，化难为易，变抽象为具体，使学生通过生动有趣的感官刺激，最大限度地发挥潜能，收到事半功倍的学习效果。教师精神饱满、口齿清晰，教学策略运用适当、重点突出，没有冗余信息。屏幕的内容拍摄清楚，能配合教学内容进行及时的画面切换，处处体现出制作者以学生为本、以有效传递教学内容为目的的匠心。教学过程按照由理论到实践、化难为易的思路设计，依次为以下五个环节：问题由来、基本概念、主要区别、例题讲解和练习检测。由于"初次分配和再分配"这一知识深奥抽象，因此，我还特别设计了形象直观的图标，在对比二者区别时也是着重从分配的领域、主体和主要内容方面来对比，清晰明了，化繁为简。

3. 精讲精练，简洁高效

微视频是微课的核心。常见的微视频获取方式有外拍式（借助 DV 等拍摄设备录制）、录屏式（通过屏幕录像软件自动录制教师对着电脑讲授的内容或操作过程，同时录制声音）、软件合成式（利用图像、动画、视频软件制作或合成动画或视频）。微课《区分初次分配和再分配》主要采用了录屏式视频获取方式，用自动录屏软件 Camtasia Studio 录制授课教师对 PPT 的讲解，具体操作步骤是：启动 Camtasia Studio，选择"录制 Power Point"；打开 PPT，单击"录制"按钮，PPT 就进入了放映状态；点击"单击开始录制"这一按钮，程序便开始对 PPT 进行视频录制了。教师一边放映 PPT，一边讲解 PPT 上的内容。PPT 放映结束后，点击"停止录制"，再点击"生成您的录制"，选择"自定义生成设置"，勾选"创建 MP3 文件"，然后一直点击"下一步"，直至"完成"，视频就初步制作出来了。为增强感官效果，有必要对视频进行修饰和完善。再次开启 Camtasia Studio，导入刚刚做出来的初步视频，把视频片尾的空白部分分割移除。最后，再为视频的片头和片尾配上背景乐，一个精美的微视频便诞生了。

微视频一般不要超过 10 分钟，以 5～8 分钟最佳。本课微视频时长 7 分 43 秒，容量 12MB。视频短小精悍，师生使用灵活方便。视频简短不但有利于师生注意力集中，而且还能方便师生利用零碎时间进行学习。视频大小应以 50MB 以内为宜。小容量的视频能使师生流畅地在线观看，还能方便师生高速地将其下载到笔记本电脑、手机、MP4 等设备上进行移动学习，实现处处可学，时时可学。

掌握知识的目的是应用，所以在知识讲解的同时，不能忽视答题指导。教师应通过对同一类题目的归纳总结，提炼出答题规律，帮助学生形成解答同类题的基本思路，提升解题能力。在本课知识讲解结束后，教师通过两道相应的选择题协同讲解并清楚明白地归纳答题方法。学生在观看微视频后，牢固掌握了解题的基本方法，把握了答题的要领，在配套的"自我检测"中，每道难题均能迎刃而解，解题效率大大提高。

4. 资源齐备，使用方便

发布应用是制作微课的最终目的。因此微课除了微视频外，还应有微教案、微学案、微课件、微反思等配套资源，以满足师生的个性化需求。我把自我检测的练习题从视频中分离出来，单独成一个文档，连同课件、微视频一同上传到班级 QQ 群，布置学生周末回家复习时观看并完成练习。然后，根据学生对该微课的使用情况及效果，对本节微课进行深刻的反思。最后，把微视频与教学设计、课件、配套练习、教学反思等一起打包上传到学校网站，供老师们借鉴使用、研讨批评。

本节微课取得了显著的效果，学生老师收益也多。学生们普遍反映，本节微课帮助他们很好地掌握并牢牢记住了"初次分配和再分配"。他们观看微课后所做的"练习检测"，正确率达到 95%。学生们希望，以后多提供此类资源供他们学习使用。学校科组活动时，老师们对本微课进行了研讨。他们表示，该微课能切实帮助学生攻克重点，化解难点。

网络时代，随着信息与通信技术的快速发展，特别是随着移动数码产品和无线网络的普及，基于微课的移动学习、远程学习、在线学习将会越来越普及，微课必将成为一种新型的教学模式和学习方式。但我们也应该深刻地意识到，微课的作用在于启惑、解惑而非授业，不受时空限制的网络在线教育是不能代替课堂新知识的教学的。

八、思政课核心素养

（一）初高中思政课核心素养的梯度培育

习近平总书记在"3·18"讲话中明确指出，统筹推进大中小学思政课一体化是思政课内涵式发展的重要工程。在此指引下，2022 年发布的《义务教育道德与法治课程标准》与 2020 年新修订的《普通高中思想政治课课程标准》在核心素养的培育上是一体的、衔接的、渐进的关系，既契合了学生身心发展规律，又彰显了思政课的学科思维和关键能力，共同服务于立德树人这一根本任务。

然而，在一线教学中，各学段"各扫门前雪"的现象依然普遍，初高中教材内容"螺旋式上升"的特点在课堂中没有得到体现，容易走向初高中重复教学、学习难度脱节两个极端，不仅削弱了学生的学习兴趣，而且破坏了初高中思政课核心素养梯度培育的深度学习过程。为此，理顺初高中思政课核心素养的

"同"与"异",对聚同衔异中合理规划初高中教学目标和内容、引导学生在逐步深度体验中实现核心素养的进阶具有重要意义。

1. 初高中思政课核心素养的共同逻辑

21世纪以来,为了推动育人目标的具体落实,许多国家和地区都将核心素养的培育作为课改的方向,并将其与具体课程教学相联系,总体上呈现"国家育人目标—学生发展核心素养(一般性核心素养)—具体学科的核心素养"三层逻辑,即学科核心素养是国家育人目标和一般性核心素养在具体课程的体现。

习近平总书记指出:"我国是中国共产党领导的社会主义国家,这就决定了我们的教育必须把培养社会主义建设者和接班人作为根本任务。"为落实这一宏观的育人目标,2016年发布的《中国学生发展核心素养》以培养全面发展的人为核心,囊括人文底蕴、科学精神、学会学习、健康生活、责任担当、实践创新等六大素养。各学段思政课都是落实立德树人根本任务的关键课程,它们在"培养什么样的人"的问题上是一致的,因而在将一般性核心素养转化为课程核心素养时必然是统一的、连续的。

具体而言,义务教育阶段道德与法治课程要培养的核心素养主要包括政治认同、道德修养、法治观念、健全人格、责任意识。五个核心素养围绕培育社会主义建设者和接班人这一根本任务形成了有机整体:政治认同是思想前提,道德修养是立身成人之本,法治观念是行为指引,健全人格是身心健康的体现,责任意识是内在要求。同时,初中阶段的学生正处于品德发展的关键时期,经验型抽象逻辑思维占其思维的主体,因而初中阶段道德与法治课程的核心素养,重点对学会学习、健康生活、责任担当等一般性核心素养进行了具化,为人文底蕴、科学精神、实践创新等素养的落实作了初步的铺垫。高中思想政治课所培育的核心素养主要包括政治认同、科学精神、法治意识、公共参与,四个核心素养目标同样聚焦社会主义合格建设者和可靠接班人的培育,其中,政治认同是成长方向,科学精神是认知能力,法治意识是必备品质,公共参与则是行为表现。高中阶段的四个核心素养目标适应了高中生形式逻辑思维和辩证逻辑思维进一步发展、实践能力进一步增强的学情变化,重点涵养人文底蕴、科学精神和实践创新等学生发展核心素养。

核心素养导向下的课程目标均指向了学生运用所学知识在真实情境中解决真实问题的能力,强调从"知识本位"到"能力本位"的跳跃。在核心素养导向下的课程目标体系中,知识的理解是起点,而知识在真实情境中的运用与迁移才是归宿。以义务教育阶段和高中阶段共有的"政治认同"素养为例,在义务教育阶段,其所对应的课程总目标要求学生能够了解中国的基本国情、中华优秀传统文化主要代表性成果、中国共产党的历史和革命史、改革开放和中国特色社会主义的伟大成就、社会主义核心价值观的内涵及其重要意义等基本知识,并能够

"运用"这些知识形成正确的情感、态度、价值观，即能够"汲取党史、新中国史、改革开放史、社会主义发展史所蕴含的精神力量，热爱伟大祖国、中华民族、中华文化、中国共产党和中国特色社会主义，为自己是中国人而自豪"等；最终还要把这些正确的价值判断"迁移"到现实生活中，转化为正确的价值选择，即能够"把个人发展和国家命运联系起来，维护国家利益和安全""在社会生活中自觉践行社会主义核心价值观"等。而高中阶段"政治认同"素养所对应的课程总目标则使用了"认同走中国特色社会主义道路是历史的必然""坚信中国特色社会主义是国家富强、民族振兴、人民幸福的根本保障，坚定中国特色社会主义道路自信、理论自信、制度自信、文化自信"等表述，这些表述高度凝练了知识"理解-运用-迁移"的三层逻辑，不仅包含了对中国特色社会主义等知识的理解要求，还要求学生在理解知识的基础上形成正确的价值观，即能够"认同"和"坚信"中国特色社会主义，并且最终能够在复杂的社会生活中始终坚定"四个自信"。

2. 初高中思政课核心素养的进阶关系

《关于深化新时代学校思想政治理论课改革创新的若干意见》要求，大中小学要循序渐进、螺旋上升地开设思政课。在这一纲领性文件的指引下，义务教育和高中阶段思政课的核心素养目标具有明显的进阶关系。这是顺应学生身心发展规律的必然之举，从初中到高中，学生生活实践的范围进一步扩大，逻辑思维能力明显提高，自然而然地，高中阶段对学生运用知识与技能解决现实问题的思考力、表达力、判断力及行动力有更高的要求。

政治认同是思政课区别于其他学科的鲜明底色，因而初高中思政课均把政治认同作为首要核心素养，但这一素养在两学段课程中的要求层次是不一样的。初中阶段首先要求学生能够描述"四史"的基本脉络，中华文化的基本特点，中国共产党领导人民进行革命、建设、改革的主要成就及社会主义核心价值观的内涵；进而在这些经验性认识的基础上理解为什么要坚持中国共产党的领导、为什么要坚定文化自信、为什么要坚持中国特色社会主义制度、为什么要弘扬社会主义核心价值观；并能够从国家需要审视自身，对个人发展作出正确的价值判断和价值选择，能够树立为中华民族伟大复兴而奋斗的理想，坚定"四个自信"，自觉践行社会主义核心价值观。而高中阶段要求学生能够从古今中外的辨析中、从理论与实践的结合中，更为立体地阐明为什么要高举中国特色社会主义伟大旗帜、为什么中国特色社会主义最本质的特征和最大的优势在于党的领导、为什么社会主义核心价值观是公民最基本的价值准则，思考的问题更高阶，思考的过程更具"科学精神"的色彩。在此基础上，高中阶段的学生应能够从正确的政治方向角度对党和国家的大政方针政策及各种纷繁复杂的社会现象作出正确的价值判断，进一步坚定中国特色社会主义共同理想，树立共产主义远大理想。

道德是法律的基础，法律是道德的保障，两者共同构成了人们的行为规范。考虑到义务教育阶段是学生养成良好行为习惯的关键时期，道德修养被作为独立的核心素养目标，与法治观念共同培育。初中学段学生应能在道德和法律的指引下，对个人的行为作出正确的价值判断和选择，并能够结合生活中的具体案例，思考道德、法律对个人生活、社会秩序和国家法治的作用。到了高中阶段，学生已经形成比较稳定的行为习惯，感性思维逐渐向理性思维过渡，故高中思政课不再将道德修养作为独立的核心素养目标，而在道德修养与法治观念基础上进一步凝练了法治意识这一核心素养目标。具有法治意识的高中生，不仅要有学法守法用法的意识，还要能够从人类文明演进和国家治理全局的角度认识全面依法治国的重要意义，明确建设社会主义法治国家的基本要求，并能够在参与公共事务中助推法治中国的建设。

健全人格可视为科学精神的预备素养。只有秉持自尊自信、积极向上的人生态度，才能以发展的眼光把握社会发展的客观规律；只有秉持理性平和的心态，才能自觉地坚持马克思主义的科学世界观和方法论。从健全人格走向科学精神，是一个从感性走向理性、从主要关注"我"到更多关注"我们"的过程。健全人格素养要求学生能够从生活经历出发揭示生命的意义，理解个人与社会、国家与世界的关系，积极适应社会发展变化，对个人发展作出正确的价值判断和选择。而具有科学精神素养的高中生，应能够以马克思主义科学世界观和方法论的视角，对个人成长、社会进步、国家发展和人类文明作出正确的价值判断和行为选择，彰显更高层次的思考力、判断力和行动力。

从责任意识到公共参与，是责任担当从内化于心走向外化于行的过程，是从简单实践走向深度参与的过程。初中学生应能在日常生活中，关心家庭、社会、国家和自然，具有参与民主实践的热情；应能自觉分担家庭责任、参与社会公益和志愿活动，以实际行动捍卫国家利益、保护生态文明。步入高中，学生知识储备和生活经历进一步丰富，实践能力也进一步提高，同时即将作为成年人全面参与政治生活，因而高中阶段思政课注重培育学生积极行使人民当家作主权利的能力，强调通过参与民主生活承担社会责任。

3. 初高中核心素养的梯度培育

《义务教育道德与法治课程标准（2022年版）》指出，要注重案例教学，选择、设计和运用个人和社会生活中的典型案例，鼓励学生探究、讨论；要积极探索议题式、体验式、项目式等多种教学方法，引导学生参与体验，促进感悟与建构。《普通高中思想政治课程标准（2017年版，2020年修订）》要求"强化辨析，选择积极价值引领的学习路径""优化案例，采用情境创设的综合性教学形式""走出教室，迈入社会实践活动的大课堂"。

可见，初高中思政课都应注重学生对真实情境的体验和探究。基于情境设置的问题指引着体验、探究的方向和深度，而深度学习是一个由浅入深的体验、探究过程，故问题设置宜采用由若干个递进的问题组成的问题组形式。基于初高中思政课核心素养的共同育人目标和能力进阶要求，初高中思政课在对同一课程内容进行"体验式问题组"教学设计时，应体现连续性、承接性和进阶性，以衔接旧知、生成新知，实现知识、思维和能力的螺旋式上升。这里，我将以"我国的根本政治制度"为例，探讨以"体验式问题组"推进初高中核心素养的梯度培育。

从核心素养导向下的教学目标来看，《义务教育道德与法治课程标准（2022年版）》对"我国的根本政治制度"这一部分内容的要求是：了解人民代表大会制度是我国的根本政治制度，理解全过程人民民主的制度优势。因而初中教师在讲授这一课时内容时，应把重点放在了解人民代表大会制度的基本内容，以及能够结合具体事例初步感知作为全过程人民民主重要制度载体的人民代表大会制度的优势。而《普通高中思想政治课程标准（2017年版，2020年修订）》对本部分内容的要求则是"说明人民代表代表大会制度是我国的根本政治制度"，因而高中阶段的教学重点在于引导学生从人民代表大会制度的基本内容中凝练出人民代表大会制度作为我国根本政治制度的表现，以及能够全面阐明人民代表大会制度的制度优势。可见，初高中对本教学内容的要求具有明显的延续性。学生在经历初高中的连续学习后，对人民代表大会制度的认同将从感性经验层面上升为理性分析层面，科学精神素养进一步显现，通过人民代表大会制度参与民主生活的能力也将进一步增强。

从核心素养导向下的教学内容来看，初中教材用一节内容介绍人民代表大会制度，主要包括人民代表大会制度的基本内容、人大代表的职权和义务、为什么要坚持人民代表大会制度、如何坚持和完善人民代表大会制度四部分内容。高中教材则用一课两节的篇幅更为详细地讲解了人民代表大会制度，相较于初中教材，高中教材在简要回顾人民代表大会制度基本内容的基础上，重点对全国人民代表大会的主要职权和组织系统进行了介绍，为更好理解人民代表大会制度与其他国家制度的关系进而阐明人民代表大会制度是根本政治制度奠定了基础。同时，高中教材用完整的一目引导学生结合国情，并从中外制度实践的比对，多角度论证人民代表大会制度的优势。显然，高中教材在衔接初中教材基础上，内容的广度和深度均有所拓展，为核心素养的梯度培育创造了条件。

着眼于初高中教学目标和教学内容的进阶性，我采用"体验式问题组"教学策略，对两学段的课堂教学进行了整体设计。具体而言，在初中学段，我把体验的重点放在了人民代表大会制度的基本内容上，围绕十四届全国人大一次会议，创设了"会前：人大代表选举—会中：人大会议议程—会后：国家机关各司其职、人大代表尽责履职"的情境链，设置了"人大代表是如何产生的？—人民代表大会是如何决定重大问题的？—人大与其他国家机关之间是何关系？—人大代表有何权利、义务？"的问题组。学生能够随着情境链的展开，较为完整地体验人民代表大会制度框架下的各项活动，并在问题组的指引下，从对各项活动的体验中凝练出人民代表大会制度的基本内容。在此基础上，为了更好衔接高中的教学重点，我以视频《人民代表大会制度的形成和发展历程》作为情境链，并对视频中的情境"民法典的制定"以文字材料形式作了拓展，设置了"自建立以来，人民代表大会制度经历了哪些完善？—实践表明，不断巩固和发展人民代表大会制度有何意义？—结合民法典的制定，谈谈如何坚持和完善人民代表大会制度？—结合生活经历和《民法典》对治理高空抛物的相关规定，你将如何联系人大代表，提出哪些反映你对'守护头顶上的安全'的建议？"问题组。学生能够在体验人民代表大会制度的发展给国家、社会、人民生活带来的变迁之基础上，从实践层面阐明人民代表大会制度的优越性，理解坚持和完善人民代表大会制度必须坚持党的领导、人民当家作主和依法治国的有机统一，初步具备有序参与政治生活的素养。而在高中的教学中，我首先以"十四届全国人大一次会议精彩瞬间回顾"作为情境，以问题组"我国人民是如何行使国家权力的？—人民代表大会制度是如何保障人民当家作主的？"引导学生结合情境，巩固初中所学的人民代表大会制度的基本内容及其保障人民当家作主的制度优势等相关知识，并以问题组"全国人民代表大会有哪些职权？—全国人大与全国人大常委会、各专门委员会之间是何关系？"引导学生进一步体验全国人大的工作，在衔接故知的基础上拓展全国人大的职权及组织架构这一新知。相较初中，我把学生体验的重点放在了人民代表大会制度的优势上，创设了三个辨析情境，通过问题组引导学生从不同角度的对比辨析中理解人民代表大会制度的突出优势。

辨析情境一： 由于中国革命的艰巨性和中国社会的复杂性，中国革命胜利后建立的政权，既不可能是资产阶级的专政，也不可能是无产阶级一个阶级的专政，而只能是实行各革命阶级的联合专政。与这种政权性质相适应的政权组织形式，既不能采用旧民主主义的议会制，也不能照搬俄国十月革命后的苏维埃制，而只能吸收革命统一战线内各革命阶级、各方面代表人物共同参加人民代表会议，最后形成人民代表大会制度。

（1）结合材料，我国为什么要实行人民代表大会制度？

辨析情境二： 西方国家立法机关、行政机关、司法机关之间经常扯皮，互相牵制，致使很多重要国事无法得以及时决断。据调查，拜登上任以来，只有41%的提名在参议院得到通过，创数十年来新低。与此同时，其提名通过所需的时间也创下新高。

在经过代表们的充分讨论、审议后，十四届全国人大一次会议高票通过了关于一府两院的工作报告、国务院机构改革方案、修改立法法以及国民经济发展、预算等多项决议。

辨析情境三：美国联邦政府提出的医疗改革法案虽然在国会获得通过，但因多数州的抵制而推行困难。而我国新医改方案经全国人大审议通过之后，各地依照国务院部署，认真贯彻落实。

（2）结合材料，对比中美各国家机关之间、中央与地方之间的关系，说明人民代表大会制度为什么要实行民主集中制原则？

（3）假如你是人大代表，你会就哪方面问题提出什么议案？请你在调查研究的基础上，撰写一份有理有据、具体可行的人大议案。

纵观初高中"我国的根本政治制度"的"体验式问题组"设计，我根据各学段教学重点分别提供了丰富的体验场域，并通过设计问题组引导学生对这些场域进行不同广度和深度的体验。初高中的体验场域是连通的，学生的体验感是连续的，学生在体验式问题组的指引下，步入深度学习的过程，在愈发透彻的学理分析中实现更高层次的政治认同，发展更高水平的参与能力。

青年兴则国兴，青年强则国强。思政课承担着给青少年种下信仰种子的光荣使命。青少年思想政治教育是一个接续的过程，聚同衔异，以"体验式问题组"推进初高中思政课核心素养的梯度培育，让信仰的种子生根发芽，深扎中国特色社会主义的广袤土壤，结出贡献伟大复兴中国梦的累累硕果！

（二）课外阅读：政治学科核心素养培育的有效途径

在新一轮基础教育课程改革中，"核心素养"已经成为中学课程、教材、教学改革的最为热门的话题。教育部《关于全面深化课程改革 落实立德树人根本任务的意见》中将核心素养体系置于深化课程改革、落实立德树人目标的基础地位。我们的教学不能止于过去的"基本知识、基本技能、基本方法、基本态度与价值观"等的"双基"或"四基"的培养，而要着眼于学生终身发展的政治认同、理性精神、法治意识和公共参与的思想政治核心素养，培养有理想、有思想、有尊严、有担当的中国公民。为适应时代的需要，作为一线教师要关注核心素养的培养，拓宽课程资源，在教材之外拓展学生的课外阅读。

长期以来，高中思想政治教学之所以让人感到枯燥乏味，一个重要原因就在于教师缺少正确的课程资源观，"就教材教教材"，课程知识被风干化而缺少丰富具体的文化之水的滋润，结果导致学生对丰富多彩的世界失去了敏感性。如果说高中思想政治教材是人文社会学科领域中人类智慧之"冰山一角"，那么课外阅读资源则是隐藏在冰山底部的庞大部分。高中思想政治学科蕴含大量的课外阅读资源，包括马列经典著作、其他学科教材、国家法律法规、历史参考文献、重要时政材料、文学艺术作品等，涉及经济学、政治学、哲学、文化学、伦理学、宗教学、法学等诸多社会科学领域。开展课外阅读活动，能开阔学生视野，激发学生学习兴趣，深化课本知识，彰显思想政治课独有的育人价值和学科魅力。正如苏霍姆林斯基在《给教师的建议》一书中说的：课外阅读是"第二套教学大纲"，是"智力生活的指路明灯"和"智力发展的必要条件"，努力用课外阅读去学习建立"智力背景"、打好"智力底子"、提供"后方保障"。

1. 有助于增强政治认同，培养有政治立场的公民

所谓政治认同，就是人们在社会政治生活中产生的一种感情和意识上的归属感。政治认同是把社会公民组织在一起的凝聚力量，是激励社会成员共同奋斗的思想基础，是社会成员共同遵循的价值目标和理想归宿，在社会政治生活中发挥着重要作用。培养学生的政治认同素养和坚定的政治立场，需要有正确的方式与方法，一味说教灌输肯定是行不通的。通过挑选经典名著，指导学生进行课外阅读，润物无声、教育无痕地帮助学生亲身感悟，才能打开学生在政治认同方面的心结，从而使政治认同真正成为学生的一个重要素养，使学生成为具有坚定正确的政治立场的合格政治公民。

例如，鉴于教材编写的简约性原则，《政治生活》第一课"生活在人民当家作主的国家"用一句话交代了国家的概念和性质："国家是经济上占统治地位的阶级进行阶级统治的工具，阶级性是国家的根本属性。"学生显然不能由教材文本而真正理解国家的内涵，于是我选取了恩格斯《家庭、私有制和国家的起源》中相关章节供学生课后阅读。该书用详实的史料描述了野蛮时代氏族的瓦解和文明时代国家产生的全过程，深刻而令人信服地揭示出国家的本质——阶级统治的工具，并进一步指出国家作为社会发展一定历史阶段的产物必将走向灭亡。

再比如，《生活与哲学》中关于"阶级斗争是推动阶级社会发展的直接动力"的内容，我推荐学生阅读《共产党宣言》中的第一部分"资产者和无产者"。这里用生动活泼、富有感染力的语言阐述了"一切社会的历史都是阶级斗争的历史"，"资产阶级在它已经取得了统治的地方把一切封建的、宗法的和田园诗般的关系都破坏了。它无情地斩断了把人们束缚于天然首长的形形色色的封建羁绊，它使人和人之间除了赤裸裸的利害关系，除了冷酷无情的现金交易，就再也没有任何别的联系了。它把宗教的虔诚、骑士的热忱、小市民的伤感这些情感的神圣激发，淹没在利己主义打算的冰水之中。它把人的尊严变成了交换价值，用一种没有良心的贸易自由代替了无数特许的和自力挣得的自由。总而言之，它用公开的、无耻的、直接的、露骨的剥削代替了由宗教幻想和政治幻想掩盖着的剥削"。行文气势磅礴、文采斐然，分析精辟独到且闪烁着辩证法思想的光辉，使课本抽象、枯燥的政治理论变得具体丰满起来，从而增强马克思主义理论的亲和力，激发学生对社会主义制度的政治认同。

2. 有助于培养理性精神，培养有思辨理性的智性公民

理性精神要求我们思考问题要全面辩证，在考虑全面的基础上形成自己的思想，思考问题时做到深刻而不感性，透过现象去把握事物的本质规律，以彰显理性特质。经过这样的过程所形成的思想也一定是思辨的、理性的，而拥有这种思辨理性素养的公民才是一个真正具备理性精神的智性公民。经典读物是对学生进行理性精神这一核心素养培育的一个重要平台。

例如在学习《文化生活》中传统文化的知识时，我推荐学生阅读了三篇文章，首先是李清照的《声声慢》和法国诗人克洛岱对《声声慢》的译文《绝望》。李清照的《声声慢》为："寻寻觅觅，冷冷清清，凄凄惨惨戚戚。乍暖还寒时候，最难将息。三杯两盏淡酒，怎敌他、晚来风急雁过也，正伤心，却是旧时相识。满地黄花堆积，憔悴损，如今有谁堪摘？守着窗儿，独自怎生得黑？梧桐更兼细雨，到黄昏，点点滴滴。这次第，怎一个愁字了得？"克洛岱的译文《绝望》为："呼唤/呼唤/乞求/乞求/等待/等待/梦/梦/梦/哭/哭/哭/痛苦/痛苦/我的心充满痛苦/仍然/仍然/永远/永远/永远/自心存在/存在/死/死/死/死。"学生在诵读、赏析和比较中不仅能够感受西方文学语言的直白粗犷和中国古典文学的含蓄风雅，更激发了他们对中华优秀传统文化的认同和向往，让置身于现代化中渐行渐远的我们获得一份心灵的慰藉和滋养。

同时，教师还可以推荐学生阅读台湾作家柏杨的批判国民性的著作《丑陋的中国人》。该书对国民文化劣根性的批判和讽刺可谓入木三分，令人醍醐灌顶、振聋发聩。比如，作者在批评中国人的脏乱吵时这样写道："最明显的特征之一就是脏、乱、吵。我们的厨房脏乱，我们的家庭脏乱。有很多地方，中国人一去，别人就搬走了。至于吵，中国人的嗓门之大，真是天下无双，尤以广东老乡的嗓门最为叫座。有个发生在美国的笑话，两个广东人在那里讲悄悄话，美国人认为他们就要打架，急拨电话报案。警察来了，问他们在干什么，他们说'我们正耳语。'"这段文字生动地说明了对待传统文化要"取其精华、去其糟粕"，同时犹如一面镜子，对学生尤其是基础文明习惯不太好的学生很有教育意义。

3. 有助于树立法治意识，培养有规则制约的守法公民

公民的法治意识，主要是指在以法律制度为主要调节手段的国家中，社会成员即广大公民通过进行"成本核算"，依靠合理正当的途径方法，去合法维护自己权利，并自觉履行自己应尽的义务的意识。法治意识是社会公民所必须具备的一项核心素养，中学思想政治课必须承担对中学生进行该项核心素养的教育培养的重要任务。

《政治生活》教材指出公民的政治自由是人民当家作主的重要方式，也是社会主义民主的具体表现。为了让学生深刻感受政治自由的重要意义，我推荐了法国思想家伏尔泰的《哲学辞典》。伏尔泰认为，"我们天然地具有使用我们笔的权利，就像我们有说话权利一样""禁止写作比禁止说话更不应该，用笔犯法而

受处罚就像因说话受处罚一样"。伏尔泰的话让我们体会到言论、出版自由是人生而享有不可剥夺的自然权利。

一些学生认为自由就是无拘无束，想干什么就干什么。针对这种观点，教师不妨让学生读一读英国政治学家霍布斯在《利维坦》中所描绘的人们处在"自然状态"下的情景："在没有一个共同权力使大家慑服的时候，人们便处在所谓的战争状态之下。……因此，在人人相互为敌的战争时期所产生的一切，也会在人们只能依靠自己的体力与创造能力来保障生活的时期中产生。在这种状况下，产业是无法存在的，因为其成果不稳定。这样一来，举凡土地的栽培、航海、外洋进口商品的运用、舒适的建筑、移动与卸除须费巨大力量的物体的工具、地貌的知识、时间的记载、文艺、文学、社会等都将不存在。最糟糕的是人们不断处于暴力死亡的恐惧和危险中，人的生活孤独、贫困、卑污、残忍而短寿。"这段文字能够使学生认识到那种"自然状态"下不受任何约束的纯粹自由在现实生活中是根本行不通的。

4. 有助于增进公共参与，培养有责任担当的负责公民

人人都是社会之人，而当今社会又无疑是一个政治社会。从这个意义上说，所谓的公共参与，主要指的是个人或社会组织通过一系列正式和非正式的途径直接参与到公共决策中，它包括公众在公共政策形成和实施过程中直接施加影响的各种行为的总和。亚里斯多德在《政治学》中说，人是天生的政治动物。然而，在市场经济时代，"政治"这个词在人们眼里失去了往日神圣的光环。曾经激励中国数千年的"治国平天下"的儒家理想亦成为历史深处遥远的绝响。今天，学生对马云式创业英雄和霍金式科学家的崇拜程度远远超过历史上著名的政治人物。很多学生认为政治是大人物的事，是国家的事，离自己很遥远，因而对自己的政治权利不太关心，对参与政治生活缺少热情。为此，在思想政治课教学中，要培养学生的社会公共参与的意识和能力，激发其参与政治的热情，可以通过开发课外阅读资源为教学服务。

在学习《政治生活》之前，我给学生准备了法国思想家贡斯当在《古代人的自由与现代人的自由》中的相关思想观点："古代自由的危险在于，由于人们仅仅考虑维护他们在社会权力中的份额，他们可能会轻视个人权利与享受的价值。现代自由的危险在于，由于我们沉醉于享受个人独立以及追求各自的利益，我们可能过分容易地放弃分享政治权力的权利……放弃政治自由将是愚蠢的，正如一个人仅仅因为居住于一楼，便不管整座房子是否建立在沙滩上。""政治自由是个人自由的保障，因而也是不可或缺的。政治自由是上帝赋予我们的最有力、最有效的自我发展的手段。"这段文字很好地说明个人的发展离不开政治，帮助学生理解"政治参与"的重要性。

此外，让学生自主阅读而非单一地讲授教材知识，是尊重学生、让学生成为学习的主人、发挥学生的主体作用、培养学生主动参与意识的体现，这一教育形式本身就是一种增进公共参与意识的"隐性"教育。

当我们站在学生终身受益的视角，就会发现，我们的教学方式和课堂模式必会发生相应的变革，就会对如何培养学生的政治学科核心素养有更多的思考。我们不应是政治文件的传声筒或复读机，更不能进行意识形态的简单灌输，而应该对国家政治生活基本要义做出理性的把握，用更符合规律和学生实际的方式去引导学生以正确的方法和理性的态度触摸社会的政治脉搏，进而培养其独立的辨析能力、理性爱国的精神，以及对社会责任的担当。

在思想政治教学中，教师应积极引导学生开展课外阅读，让教学超越课程规定的内容本身，成为师生之间共同对生活乃至生命的深刻体验的分享。学生在这样的学习中得到的知识也许是有限的，但在这样的学习中受到的道德感染与思维影响，或许会在他们的生命中长时间持续……

第四篇　思政育人特色评价体系建构

思政育人的有效性指能以恰当的方式实现对学生思想的引领、知识的传授、身心人格素质的培养，进而促进社会的稳定发展。我校打破单纯依靠学科分数评判优劣的形式，由原来的结果性评价向四维综合评价体系转变，将记录式、叙事性的质性评价和阶段性、总结性的量化评价相结合，关注学生思想变化的前沿后续，记录学生收获，真正为丰富学生的思想道德水平提升服务，让青春焕发出绚丽的光彩。

松湖朗中思政教育评价体系

一、个体评价：我的旅程——《青春履历》成长手册

成长手册分为三本：《入学手札》《青春印迹》《青葱记忆》，展示学生3年来在学校中的行动轨迹、关键节点、精彩瞬间，以及在成长旅程中的自我对话、自我发现、自我反思、自我成长。每一位学生都可以获得一本精彩的个性化成长手册，让思政育人看得见、摸得着。

二、群体评价：我们的故事——青春成长树

在每个班级的外墙上都有一棵属于本班的"青春成长树"，随着年级的上升，树从小树苗逐渐长成茂盛的大树。树的每一个部分都是各个班级经过全员努力获得的各类集体奖项或为学校做出的特别贡献，还有学生和老师在特别瞬间的照片、文字和感想。青春成长树，是对群体的肯定、鼓励，以此更好地激励群体的团结奋进、责任担当，促进学生阳光开朗、积极向上。

三、增值性评价：成长的收获——青春奠基石

青春奠基石由红、绿、黄三块基石组成，获得相应基石可获得"追梦少年""筑梦少年""圆梦少年"称号，意在让每个青少年都为实现中国梦增添强大青春能量。集齐三块基石可拼成青春奠基石，获得"时代朗娃"称号。基石的获得采用集点制，参与学校所有思政和德育活动均可以积累相应点数，集齐点数则可以换取对应基石。

四、结果性评价：大家的肯定——综合素质评定

综合素质评定建立在对课堂和活动效果"双评估"的体系标准上，增加对思政素养的评价比重，将其放在和学业能力同等重要的位置。坚持多元评价主体，通过自评、互评、师评、校评的方式，既对学生的学习能力、运动能力、审美能力做出评定，也对学生道德品质、公民素养、交流与合作等思政元素给予评定。

专论 4-1

朗生教育"自觉赋能"体系的多元化增值性教育评价的实践研究

松湖朗中是省一级校、广东省安全文明学校、东莞第三批市品牌学校、东莞市初中教育质量先进学校、东莞市首批品质课堂实验校、东莞市首批教育评价改革实验校，2022年乔迁新校，同时与东莞中学松湖学校集团办学，目前有58个教学班，最大可容纳108个教学班。

三年多来，松湖朗中按照《深化新时代教育评价改革总体方案》及《东莞市推进教育评价改革行动计划》等文件精神，全面贯彻党的教育方针，坚持社会主义办学方向，落实立德树人根本任务，遵循教育规律，培育学生的核心素养及关键能力。乘与松湖莞中集团办学及搬迁新校大规模扩招的东风，学校注入了新的发展动能，注入了松湖莞中先进的办学文化，将百年莞中的办学文化与大朗中学原有办学文化进行了融合，生发出新朗中新的办学理念，以为每一位学生终身发展为出发点，让每一位学生站在中央，

以人为本,努力打造松湖朗中未来理想教育新样态。以市教育评价改革实验学校为契机,2022年8月重新构建了松湖朗中"教育评价改革实验"组织架构,调整了评价改革的方向,落实了新的研究分工,以新的组织架构与改革方向引领学校各部门各学科组共同研究学校新的教育评价改革,使构建的新教育评价系统促进新的办学文化在我校落地生根,从而激发全体师生努力办一所人民满意的理想学校。

松湖朗中不断深化教育评价改革,以"自觉赋能"体系为指导,推动学校教育的多元化增值性评价实践。通过一系列的改革实践,学校致力于全面提升教育质量,构建一个全面、多元、发展性的教育评价体系。经过不断尝试、实践、反思、修正,为积极构建多元化发展性评价体系,重点在党建引领、教师发展、学生成长、后勤助力等四个方面进行比较系统的改革实践研究。

松湖朗中多元评价系统

一、党建引领

学校制定并实施多元化的评价方案,以发展性评价标准为指引,抓实思想政治工作,发挥党员在各项工作中的示范作用。通过突出党建的关键作用,制订了一系列多元化发展性评价方案，如总支示范考勤评价量表、行政干部与党务干部考核方案、优秀支部与优秀党员评价量表等，以发展性评价标准为指向，发挥学校党组织领导作用，紧紧抓实思想政治工作，发挥党员同志在各项工作中的攻坚示范作用。

党员宣誓引领发展

二、教师发展

学校注重办学文化的内化，通过制订多元化的评价方案，引导教师将学校的办学文化转化为日常工作的行为，以实际行动落实学校的办学理念。同时，学校创新校本研修新机制与评价方式，提升教师的育人素养，建设一支团结协作、业务素质优良的教师队伍。通过制订教师育人方式、自主成长、团队合力、业绩优质等系列多元化发展性评价方案，引领教师将学校的办学文化内化为每天工作的行为，以实际行动来落实学校的办学文化，创新了校本研修新机制与评价方式，增强了教师育人素养。

"素养导向的学科大概念教学实践研究"课堂展示活动

三、学生成长

学校关注学生的全面发展，构建多元化的评价方案，突出学生在动手操作、作品展示、口头报告等方面的评价方式，培养学生的核心素养和关键能力。学校还构建了松湖朗中阳光学子9个基本素养28个评价要点的多元评价体系,助力学生五育共存,实现综合发展。通过构建健康身心、热爱劳动、人文艺术、科学创新、阳光大气等系列方案,切实培养学生的核心素养及关键能力,让学生拥有健康的心、温暖的心、灵巧的手,阳光大气,有人文底蕴、有科学素养、有创新意识,为学生的终身发展负责。

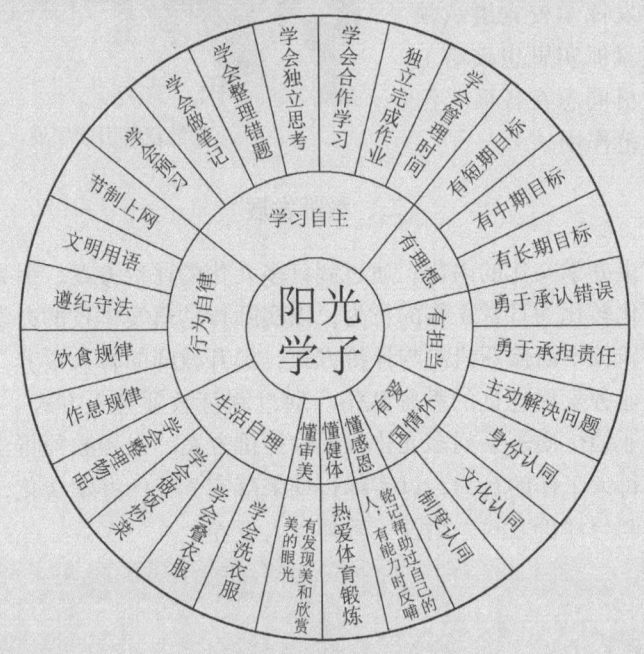

松湖朗中阳光学子的多元评价体系

四、后勤助力

学校发挥后勤服务的暖心润心作用,构建高要求的服务标准、健全的安全保障考核方案、全面的卫生健康机制等多元化的评价方案,为师生提供舒心的工作和学习环境。通过构建高要求的服务标准、润心贴心的服务评价量表、健全细致的安全保障考核方案、全面可持续发展的卫生健康机制、多元化工会活动方案等系列多元的评价方案,助力后勤做好暖心润心服务,让全体师生在学校舒心工作与学习,幸福健康成长。

五、教育成果

学校评价新样态保障了教育减负不减质。近两年学校全体师生积极参加各类教育教学比赛,在比赛中自信展示,教师获得市级以上奖励有明显的进步,有国家级6项、省级29项、市级85项,特别是品质课堂大赛的获奖等次有了质的飞跃，9 人次获市一等奖，13 人次获市二等奖。教育成果获奖有重大进步，有省级 5 项、市级 8 项，入选省市典型案例省级 5 个、市级 11 个。近两年学校的中考成绩在经受多次新冠疫情的冲击下仍然保持高水平，其中 2022 年中考平均分 660.23 分，所有学科均较大幅度超过市的平均水平，八大校录取率达 28.6%，普通高中录取率达 71.8%，其中 3 位同学中考总分超过 770 分，列全市前列。

在上级部门的大力支持下，我校的教育研究改革工作顺利推进。短短两年多的时间，我校已初步构建起一套助力学校打造成未来理想教育新样态的多元评价体系。如今，我校师生活力四溢，学生爱校，教师爱生，家长认同，一所人民期待的理想学校正在荔香热土上茁壮成长。

在未来的教育道路上，松湖朗中将继续推动教育评价改革的深入进行，进一步加强党建引领，发挥党组织在教育教学工作中的核心作用，提升党员教师在各项工作中的示范带头作用；持续关注教师发展，加强对教师教育教学行为的引导，提升教师的专业素养和育人能力；深入推进学生成长评价改革，关注学生的全面发展，培养学生的核心素养和关键能力；不断完善课程建设，丰富校本课程内容，提升学生的学习体验，促进学生创造力发展；进一步加强后勤助力，提升后勤服务质量，为师生提供更好的工作和学习环境，不断提升学校的教育教学质量，为国家培养更多优秀人才。

专论 4-2

教学评一体化视域下的思政课教学实践研究

（执笔人：王宁）

摘要： 本课题坚持在教学评一体化理念指导下，立足学校育人方式变革和高质量发展实际，在教育领军人才的带领下，扎根一线课堂开展专题研究。通过公开课教研、集团同课异构、集团说课大赛、区域研课评课、在线课堂观察、多元评价研讨等多种形式进行课题研究，探索形成在教学评一体化理念指导下的思政课教学实践策略和路径，改进现有的教学方式和学习方式。课题采用理论研究和实践研究相结合的方法，探索适合不同校际不同年级的教学实践范式。

一、研究意义

（一）研究背景

（1）教学评一体化是国际教育教学改革大势所趋。教学评一体化思想源于20世纪90年代中期，强调教学活动与评价活动有机融合，将评价活动贯穿于教学活动的整个过程之中，形成一个动态的"教学评价循环体"，提高课堂教学整体效益，促进学生全面均衡发展。

（2）教学评一体化是落实学科核心素养的要求。《普通高中思想政治课程标准（2017年版）》第一次提出了政治核心素养的要求，"学科核心素养是学科育人价值的集中体现，是学生通过学科学习而逐步形成的正确的世界观、必备品格和关键能力"。课标针对政治学科核心素养，指出了核心素养作为人的内在品质，应通过差别式评价和标准性评价相结合，打破评价的固化方式，注重教学从不同视角、用不同素材、基于不同经验等形成解决问题的不同方案，因此，课标更关注教学与评价的标准化与多样化的统一，突出了教学评一致性原则，重视评价，已成为新课程标准的显性要求。

（3）教学评一体化实践是"立德树人"目标的需要。当前思政课教学以发展学生核心素养为目标，突出以学生为中心，发挥学科育人功能。只有将政治学科知识体系建构与学生思维能力的培养有机统一起来，才能更好地突出政治学科的育人功能，才能培养出有独立思考能力、有健全人格、能适应未来发展的社会公民。

崔允漷教授认为，教学评一致性是深化课程教学改革之关键。教学评一致性的评价不能局限于对学习目标达成情况的判定。在教学评一致性中，评价是教与学之间的桥梁，其关键功能在于获得学生在学习过程中的相关信息，进而运用这些信息来支持接下来的教与学决策，从而保障教学评一致的有效落实。

以教学评为导向，推进高中思政课教学方式和评价方式改革，具有可行性和实操性。重视评价性，推进思政课教学方式和教学策略改进的实践研究，就是在这样的时代背景和课程改革背景下提出的。

（二）应用价值

（1）评价方面：有利于多元评价高中生的学科核心素养。普通高中思想政治课程标准的基本理念指出，要建立促进学生思想政治学科核心素养发展的评价机制。坚持教学评一体化教学，可以促进建立发展性评价机制、综合性评价机制，提升学生的理论思维能力、价值判断能力、法治素养能力和社会参与能力，能客观如实地反映学生学科核心素养的发展状况，提升学科思维力和实践力。

（2）教学方面：有利于改变传统思政课教学的固化现状。当前思政课更注重以考纲引导和评价的教学，忽略了针对学生学习的过程性评价和形成性评价。坚持教学评一体化教学，重视以评促教、以评助学，有利于形成比较科学的评价体系；将课前诊断性评价、课中过程性评价、课后结果性评价高度结合，有利于形成对教学的全面科学评价，提升思政课教学的实效性。

（3）育人方面：立德树人是思政课的根本目标。探索在教学评一体化指导下的思政课教学实践，聚焦真实生活情境，设计问题任务，通过合作探究，使学生关注当下重大热点问题、学会分析论证问题和解决问题；深入推进师生互评和生生互评，能有效提升学生学科思维和价值认同，涵养学生关键品格和能力，促进学生形成具有责任和担当的现代公民，践行社会主义核心价值观，争当时代新人。

（三）学术价值

（1）聚焦课堂形成以评价为重点的有效路径。立足于学校育人方式改革和高质量发展实际，在教育领军人才的带领下，扎根一线课堂开展专题研究。通过公开课教研、集团同课异构、教导处带动研课评课、课堂观察和技术评价等多种形式进行课题研究，形成以教学评一体化路径开展思政课教学的策略和路径。

（2）凝炼以校际联动开展不同年级教学的经验。课题以本校、集团校、镇区校为联动单位，进行不同年级和不同班级的实践研究。具体通过三个步骤进行：首先，选取课例和课型进行集体研讨，为课题实践进行前期理论构建，形成课题的初步教学设计框架图。其次，选取两校不同年级和班级进行比较研究，获得教学评一体化实践的初步结果。最后，在课题实践研究的基础上，提炼出符合不同学校、不同层次学生学习水平的教学范式和实施路径。

（3）丰富教学评一体化理论的系统性和全面性。高中阶段的思政课以立德树人为根本目的，重在育人育心，学生是课程的原点和落脚点。课题选择坚持教学评一体化导向，注重从学生生活出发，引导学生对现实问题的关注，学会以政治学科思维和能力研究现状、解决问题、实践转化，注重学生的过程性成长和内驱力挖掘，助力学生成长与发展。

二、研究现状

本世纪课程改革以来，教学评一体化理念受到了专家们的普遍关注，华东师范大学崔允漷教授、清华大学谢维和教授、全国著名特级教师崔成林等均在大力倡导教学评一体化在思政课教学中的实践。但是，教学实践中，比较少教师能够真正从综合评价的角度进行实地教学，教学依然处于以考纲为中心的传统教学方式，系统开展以评促教、以评促长的很少，以"教学评一体化"和"思政教学"作为关键词，分别在知网、维普的期刊数据库中进行核心期刊检索，已有的文献数目分别为 3 篇和 1 篇，已有的研究更多聚焦于思政课教学的价值定位与应然选择的理论研究，实践研究成果方面突破和创新较少，对于前置性评价、过程性评价、结果性评价教学还缺乏系统、全面的研究。

三、本研究总体框架、基本内容及拟达到的目标

（一）总体框架

课题组在前期实践的基础上，界定课堂的核心概念，拟定课题的研究步骤，推动整体研究，具体见下图：

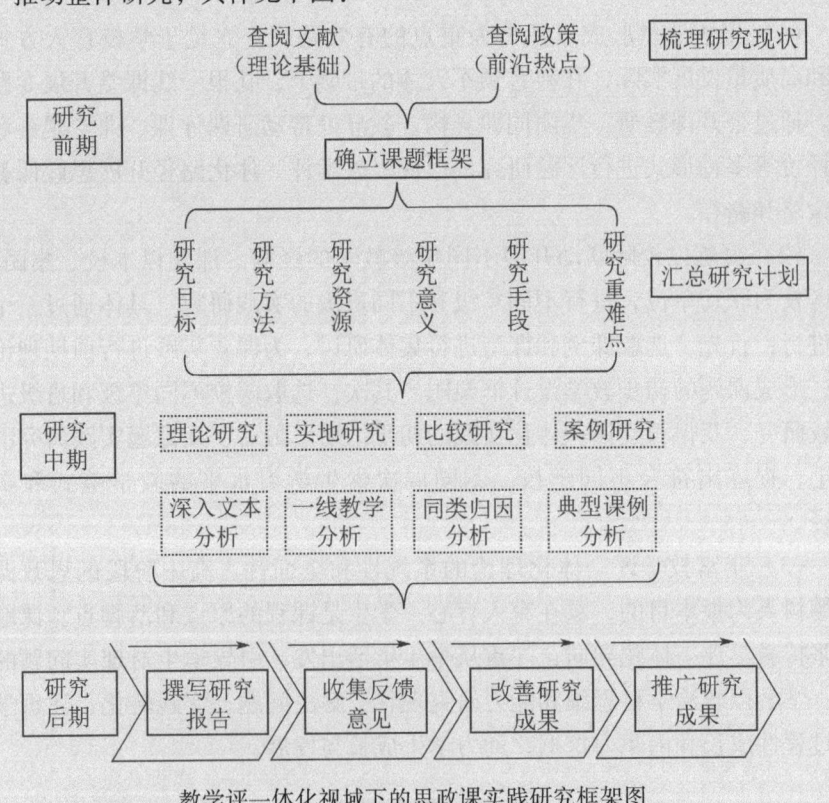

教学评一体化视域下的思政课实践研究框架图

"教学评一体化"是本课题中的核心理念，是指教学中把前置性评价、过程性评价、结果性评价贯通于整个课堂中，重视学生互评、师生互评，学评相助，以评价带动教学，实现学生思维提升，提高解决问题的能力。

"思政课教学实践"是本课题落实的重点。在本课题中更侧重教学策略、教学方式、育人方式、评价方式的落地和实施。通过推进常规教学，以全体课题组成员为主体，推动教学评方式改革和实施，达成诊断性评价、过程性评价、结果性评价整体推进。

（二）基本内容

本课题主要研究以下三方面内容：

（1）不同校际教学评一体化建设现状分析，主要内容如下：
①不同学校思政课教学情况的调查及分析；
②不同学校思政课教学评价方式的现状和问题。

（2）教学评一体化理论学习与实践策略概述，包括：
①教学评一体化思想的内涵和要求；
②教学评一体化指向下的思政课教学策略改进方案。

（3）教学评一体化指向的课堂评价方式改进，主要有：
①现有评价机制；
②典型课例测评；
③评价方式标准；
④课堂评价量表。

（三）拟达到的目标

（1）构建教学评一体化指导下的学科教学范式。通过本课题的实践探索，形成教学评一体化视域下的思政课实践路径和基本范式，以更科学可行的评价方式引导思想政治学科教学。

（2）促进教学、学习、评价方式的优化改进。本课题的核心，是探索以教学评一体化理念为指导的思政课教学实践，促进思政课教学方式和教学策略、评价方式的变化和革新。其中，教学实践围绕以下方面开展：
①在教学方式上，重视教学与评价相互渗透；
②在学习方式上，推进互评与自评相互结合；
③在评价方式上，以评价促进教学深化发展。

四、拟突破的重点、拟解决的关键问题及主要创新之处

（一）拟突破的重点

打破单纯以考纲为指导的传统教学方式，确立以能力和思维提升为指导

的思政课教学方式，着力培养学生学科素养和能力，促进学生形成创新性思维、科学性思维、思辨性思维等高阶思维能力和解决现实问题的能力。

（二）拟解决的关键问题

探索基于教学评一体化视域下的思政课教学改进模式。通过前期文献研究和学科理论学习，梳理问题现状，设定课题目标；进行不同校际间的实践研究，进行归因分析；建立不同年级课堂观察表，总结提炼经验，深入探索教学思路设计和教学方式改进，及时推广研究成果。

（三）主要创新之处

本课题的创新之处是从新课程理念出发，在思政课教学中贯彻落实教学评一体化原则，通过师师互评、生生互评、师生互评，以评促教，以评促学，以评促长，提升思政学科教师教学能力和学生学科思维能力。

1. 探寻不同校际之间评价方式改进的具体路径

本课题在对市属学校、镇区学校、集团学校落实教学评一体化理念的实际情况进行调查分析的前提下，通过学校联动和集团办学开展比较研究，进行思政课教学改进探索和策略对比分析，在此基础上，聚焦评价导学的特征及内涵要求，形成符合不同学校和不同学生群体特征的教学思路和模式。

2. 议题式活动型课堂贯通评教互促，助教学变革

通过打造符合学科特色的议题式活动型课堂范式，贯通教学评一体化原则，通过精设任务、真实情境、问题导引、合作探究，实现思维进阶，生成新知；注重以学生评价带动教学，革新教师教学观念，推动学科核心素养落地。其教学模式的开展如下图所示。

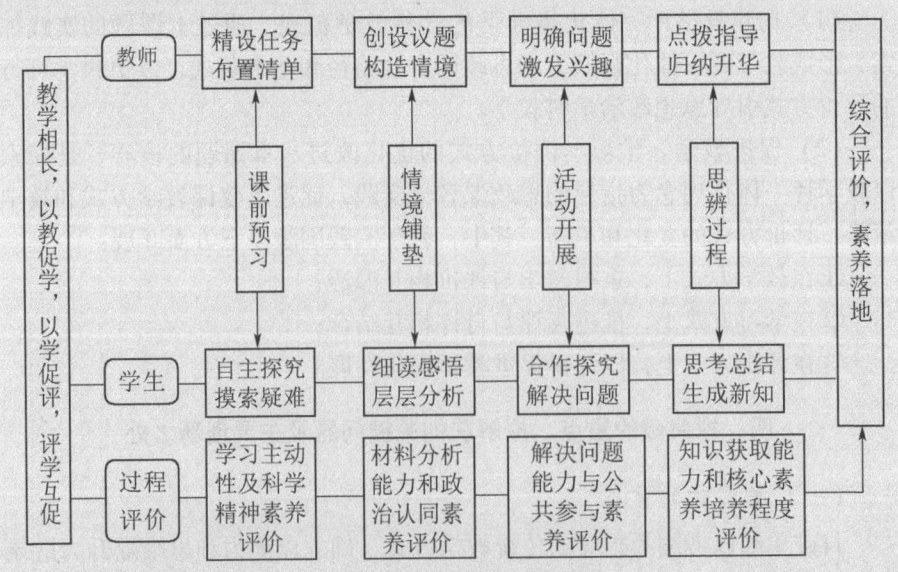

高中政治教学评一体化教学模式下"议题式活动型课堂"的开展

第五篇 社会反响

一、激励与鞭策

（一）发挥区域内引领示范作用

①依托"'三旗辉映'别样红，党建领航育新人"党建文化品牌，打造贯穿学生成长全过程的党团队一体化阶梯式培养新模式，赓续红色思政。我校党、团、队组织先后荣获镇优秀少先队集体、五四红旗团委、先进基层党组织等荣誉称号。党团队"融通"，大胆探索新时期学校党建带团建、队建工作的新思路，得到了多方面的肯定。

②作为初中学段代表，学校和东莞理工学院、东莞中学松山湖学校以及东莞市大朗中心小学结成"东莞市大中小学思政课一体化建设联盟"。本联盟的成立，着力破解学段间内容过度重复、学段间衔接性不高、大中小学教师"各管一段"等思政教育痼疾，通过加强沟通交流、做好思政教育整体设计、搭建资源共享平台、优化师资队伍建设等措施，统筹推进东莞市大中小学思政课一体化建设，打造了大中小学思政课一体化建设的"东莞样本"。

③在课程思政上首创学科思政育人宣言；依托省市级课题、项目、基地，点面结合，以一批精品学科思政课程带动全面课程思政。每年10月份，都有一批学科思政课参与学校对外公开课展示，影响显著。近年来，贵州铜仁、云浮、清远、茶山中学等省内外众多中小学老师来校参观思政育人效果，得到一致好评。

④创新德育品牌"活动型思政"。学校积极做好顶层设计，旗帜鲜明显思政，成效显著。"寻访红色足迹"实践活动，"心头上的乡韵"寻访活动，"英雄在我心中"赞颂活动，"少年家风说"展示活动，"小小百家讲坛"活动，红色情景剧、法治情景剧、心理情景剧展演活动等在省市内斩获多个奖项。人民日报、南方日报、东莞日报、东莞慧教育、荔香大朗等均对我校"聚焦生命成长，打造精彩人生"的德育品牌和思政活动进行报道。

⑤作为华南师范大学、东莞理工学院等高校的教学实习示范基地，东莞市劳动教育特色学校，成立了党、政、军、企、学"5+"联盟，实现各领域优势互

补、资源共享。构建以学校为枢纽、以家庭为单元、以社会为平台的校家社协同育人的教育大格局，将思政教育合力发挥到极致。

⑥在全市开展"互联网＋思政教育"模式，与全国6个城市的9所学校开展网络视频直播思政课和党史课，为东西扶智的现代化建设出一份力。

（二）谱写"学有优教"的幸福画卷

"努力让每个孩子都能享有公平而有质量的教育"，习近平总书记的话语掷地有声。聚焦"公平"和"质量"，让老百姓的孩子从"有学上"提升为"上好学"，这是每一个东莞中学松山湖学校教育人心里的"教育梦"。

松湖莞中先后与新丰一中、清远青坑中学、韶关实验中学及东莞市企石中学、桥头中学、石碣中学开展支教、帮扶结对工作。同时，学校抽调精干力量先后协办东莞市第八高级中学、松山湖实验中学、松山湖中心小学等一批新校的创建，把学校的办学理念和教育教学与管理经验传递辐射到更多学校，为东莞的教育发展作出了贡献。

2019年7月，东莞全面开启集团化办学之路，我们责无旁贷，迅速与石排中学对接托管；截至目前，成员学校增至三所，包括大朗中学和第十三高级中学。托管以来，集团先后委派副校长柴松方、刘秋燕、郑利雄，校党委副书记严明，教导处副主任吴山、陈新统、吴丰，德育处副主任雷鸣、张坚平，团委书记王文然，总务处副主任满超岳等11名行政领导入驻成员校开展托管工作，同时还有近20名骨干教师常驻成员校进行交流、教研指导。

集团化办学的"松湖样本"，既一脉相承又各有特色。我们共同的脉是松湖莞中共同的教育理念这一血脉，四所学校都坚持"对每一位学生的终身发展负责"的办学宗旨，坚守"自主、和谐、共同发展"的办学理念，恪守"为学以真，立身以诚"的校训。此外，教育集团管理委员会是集团最高决策机构，依照集团章程，由龙头学校黎德文校长任理事会会长，下设课程教学管理团队、学生工作管理团队、特色创建管理团队、宣传协调管理团队，负责集团日常运作，这样的统一管理，确保了集团内部有效实现共建、共进、共享、共荣。

基于不同成员校的实际情况，集团具体问题具体分析，或侧重教师培训，或偏重课程建设，或以管理模式输出为抓手，构建高效有序的集团运行模式，进行龙头学校和成员学校融合发展，实现"管理互通、师资共享、研训互动、文化共建和质量同进"，充分调动成员学校的办学积极性和全体教师的主观能动性，突破发展瓶颈，实现优质教育资源叠加和再生。

成员学校校风校貌得到显著改变，办学成绩日渐显著，基础设施和办学硬件得到根本改善，教学教研面貌得到极大改观，课堂教学改革、德育课程建设、校本课程建设等在有序推进中取得可喜的成绩。学校的社会形象得以重塑，社会各界对石排中学的关注度大幅提升。当然,成员学校的发展,也对龙头学校教学与管理的改进与优化产生积极的促进作用。2024年,东莞中学松山湖学校教育集团还被评为"广东省优质基础教育集团"。

在2022年的6月份,刚刚送走一届毕业生的我也跟着被送进了医院,出院的第二天我就接到了一个任命——外派去新加入的成员学校松湖朗中担任校长。说实话,我的内心是极不情愿的,一方面是孩子尚小,不足4岁,而家中的老人身体不好,加上自己的伤口也未痊愈;另一方面,这所新学校面临着前所未有的四大挑战:首先,它是一所老学校,教育观念较为陈旧,尤其是根深蒂固的应试思维已经远远不能跟上新时代教育高质量发展的脚步。其次,它是一个快速扩容的学校,由原来初中每个年级4个班增长为18个班,增长300%,而扩容伴随而来的学生管理、教师不足等客观情况却没有很好解决。再次,它正准备搬校区,大朗镇委镇政府投资5亿多元在荔香湖畔建设松湖朗中新校区,而现在正是竣工收尾的最后时期。在过去的半年时间里,因疫情影响,工期延后、资金不足,能否正常开学都是一个大问题。最后是集团化的融合问题。两所截然不同的学校如何对接、空降过去的我如何让全体师生心甘情愿走松湖模式?新的学校如何传承、移植,进而内生?对于一个年纪轻轻、管理经验不足的我都是巨大的考验。

但是所有的困难都在大家期盼的眼神中变得微不足道,斯蒂芬·茨威格曾在《人类群星闪耀时》中写道:"一个人命中最大的幸运,莫过于在他的人生中途,即在他年富力强的时候发现了自己生活的使命。"

"办老百姓家门口的高水平学校"就是我的使命,在我看来,信任就是责任,责任意味担当,担当在于付出,成为松湖朗中人是值得骄傲的。我能给松湖朗中带来的唯有一颗诚心,一份决心,一种实干的信念。

到现在,个中辛苦难以言表。但是其中的收获,尤其是看着学校一点点变美、变得有教育味,老师们团结奋进、教育视野不断开拓,孩子们欣欣向荣、校园活动风生水起,这种成就感足以宽慰所有的辛劳。期待与全体东莞教育人共同努力,用我们的情怀和智慧,踔厉奋发、勇毅前行,推进教育优质均衡发展,不断提升人民群众的教育获得感,一起谱写"学有优教"的幸福画卷。

(三)坚守人文情怀,践行自然教育

作为一名有着18年教龄的高中思政课教师,一路走来,在前辈同事的帮助下,我取得了一定的成绩,但今天,我想给大家讲两个发生在我身上的小故事。

第一个故事。2021年6月,毕业了7年的学生小英在成功签约南方电视台后第一个给我打来电话。她曾经是我们班最安静内向的女孩,难以想象作为记者的她竟能针砭时弊,侃侃而谈。她说给她最大影响的是我布置的作业,从春节超市商品调查,到居委会换届选举记录,再到《东莞文化印记》的研究性学习报告,还有在"模拟法庭"上扮演过的审判长，政治经典名著阅读会上的分享，都是她中学时期最美好的回忆。她的回忆也是我最宝贵的财富！

知乎里面有一条提问：政治课有什么用？其中获得最高赞的答案是"考试用"！这个答案深深地震动了我，难道我们这一学科的价值就仅在于帮助学生拿分数吗？这一回答背后也折射出了学科的一个困境：理论与实际脱节！我一直在探寻如何让我们的思政课真正落地？多年的教学实践，让我寻找到了一个让政治课理论通往社会现实的路径，那就是提升思政课的实践力，让思政小课堂和社会大课堂有机结合。

在畅通思政课内外衔接上，我们的做法是：课前，布置研学作业，让学生利用节假日前往当地法庭、政府部门、基层社区、工厂企业、红色基地，开展实践；课中，将实践的见闻作为课堂教学资源，师生共同分享思考讨论，感悟实践；课后，形成调研报告或建议提案，积极建言献策，指导实践，打通思政课与社会实践相通的最后一公里。仅以过去一学年为例，第一学期时我们指导学生走进传统村落，了解东莞文化现状，课堂上充分展示讨论，最终形成优秀提案47篇。第二学期，我们鼓励学子寻访身边的优秀共产党员，讲述优秀共产党员的人生故事，传承红色基因，赓续精神血脉，最终形成《闪光的名字，不朽的丰碑》一书，30万字蕴含了我校学子"学党史、述先进、笃力行"的学习成果，让学生真懂、真信、真用。我也把这一理念贯彻于学校的其他工作中，我们坚持开设"松湖之约"校园讲坛，每周邀请一名各行各业的社会精英走进校园，给学生分享职业成长故事，8年来，204场，有力地推动了学生的生涯发展。

第二个故事发生在2020年6月的疫情期间，我校有3名学生是密切接触者，已经被转运到隔离酒店，但是校内还有91位学生要在宿舍进行单人单间隔离，等待流调结果。当我走进隔离宿舍时，这里安静得仿佛没有人住一般，我透过房间的小窗往里面看，几乎每一个学生都躺在床上，看着天花板。他们可都是十六七岁青春绽放、活泼好动的孩子啊，怎么变成了这样？我突然想起了《中国青年报》上的一篇文章《最可怕的不是病毒，而是我们心灵的恐惧》。我向学校申请"逆行"跟他们吃住在一起，因为我知道，这91位被隔离在心灵孤岛上的同学需要我的陪伴！当我通过宿舍广播告诉孩子们"我和你们在一起"时，沉寂的隔离宿舍响起了掌声和欢呼声。晚上常常是一个人情感最脆弱的时候，于是我每2小时调一次闹钟，巡查隔离宿舍。宿舍最高只有6层，可一个晚上我就上下54层。还记得解除隔离的那天，孩子们都涌过来跟我拥抱，这时候我才想起，自己已经整整4天没有睡觉了。

校内隔离的危机暂时解除了，但是我们又要面对一系列的新问题：3名密接、37名次密接的同学接下来还要继续隔离，他们的学业怎么办？心理帮扶谁来负责？还有一些不理性的家长在微信群质疑学校工作的不透明，甚至一些次密接学生的家长要求把学生送回学校，家校沟通如何有效进行？

在这种情况下，我提出了双导师制居家学习方案，由刚刚送走毕业生的高三优秀教师来负责。一大批老师铁肩担道义，主动报名。一名文化科老师负责学业，进行每天钉钉上课链接、作业收缴反馈，另一名心理或体育老师负责身心健康，包括心理调适微课、隔离期运动方案，这种"一生一案"的处理慢慢地消解了家长和学生的顾虑。

我想，疫情危机也是教育契机，在校园管控期间，孩子们亲眼见证医务人员的艰辛付出，就是最好的感恩教育素材。于是就有了这样的活动……

解除校园管控的第二天，我就开了一场全校学生和家长同时在线的直播课，一个小时的时间里跟大家讲述《松湖莞中的72小时》，通过一张张真实的照片，告诉大家到底发生了什么？更告诉学生们：英雄出自平凡，医护人员和老师们彰显的职业精神、责任担当的人格品质，从事件始末中反思自律、法治意识、生命价值。

新冠无情人有情，"以人为本，为每一位学生的终身发展负责"不是口号，也不是套话，而是以实实在在的行动贯彻的教育宗旨和理念！

在我看来，一名真正的师者必定是一位人道主义者，关心学生，尤其关心弱势者、关心边缘者。在我的手机中，有超过100个"成长群"，我们对每一个在学业、经济、心理、纪律上存在困难的学生组建了这种"由一个德育主任、一个级长、一个班主任、一个心理老师、一个学科导师"组成的"5个1"成长陪伴群，我每天都要花一半以上的时间和精力去跟学生们谈心、跟家长们沟通，我知道这些工作领导不知道，同事也不知道，但是我想，总得有人去擦亮星星！

> 总得有人去擦亮星星，
> 它们看起来灰蒙蒙。
> 总得有人去擦亮星星，
> 因为那些八哥、海鸥和老鹰
> 都抱怨星星又旧又生锈，
> 所以还是带上水桶和抹布，
> 因为，总得有人去擦亮星星。
> ——（美）谢尔·希尔弗斯坦《总得有人去擦亮星星》

走在校园中，我最关心的是学生们身心健康、吃穿住行，每一个孩子在这所学校是否具有安全感。我和我的团队老师们一起构建了《基于生命成长的123456基础德育体系》，一起开设"一心三全"学生发展指导课程，组织校园"三礼四节，青春五月"活动和学生社团活动，让每一个学生都能站在校园大大小小各式各样的舞台中央。

我只是一条河，但我想带学生去看海。

一路走来,有太多的学生令我感动,让我幸福。我永远记得,当年成绩最后一名的学生军已经成为东莞外国语学校的"最受欢迎教师",停课专业户玮在校友回家日穿着他珍藏了十年的校服回来了,无数个周末只能在万江汽车总站的椅子上睡到天亮的女孩带着她的白马王子回来看我,毕业了3年的威在得知我生了小孩后带给我土鸡蛋,性格腼腆的男孩华逢年过节一定会发来问候短信,已经成家立业的咏每次从英国回来都来看望我,周末总是以练琴为借口到我家蹭饭的昂,我抽屉里永远珍藏的上百张明信片……

为师十八载,人文最珍贵!正如习近平总书记在《思政课是落实立德树人根本任务的关键课程》文章中所言,"思政教师要有人文情怀,把对家国的爱、对教育的爱、对学生的爱融为一体,心中始终装着学生,让思政课成为一门有温度的课。"我的教育理想就是成为一名富有人文情怀的教师,"虽不能至,然心向往之"!

2019年1月,中共中央、国务院印发的《中国教育现代化2035》强调了"国家治理体系"和"治理能力"的概念。根据现代治理理念,现代学校治理体系的建构,需要体现出治理主体的多元性、治理过程的民主参与性,以及治理目标是促进学校管理的改进和发展等特征。基于现代治理思想,学校应从办学目标出发,在观念层面上形成师生的共同愿景和普遍认同的学校文化;在制度层面上建立适合学校整体优化的制度体系;在行动层面上实现民主参与,建立校长、教师、学生、家长的合作伙伴关系等。"见树又见林"的"四位一体"系统变革模式把学校运作的不同子系统用学校文化统一起来,不仅强化了学校发展的思想性和一致性,更重要的是为民主参与、协同合作奠定了基础,提供了空间和平台,从而让学校实现有机高效的运行。

文化、课程、活动、管理四大办学要素与学校整体系统的关系,可以用人的生命现象中各器官功能发挥的有机关联作比喻解读。文化就像人的大脑,支配人的思维和动作;课程就像人体的骨骼,组成人体的结构和形态;活动就像人体的肌肉,实现骨骼功能的发挥;管理就像神经系统,决策、指挥、控制动作的效果。看似是四个要素或者部分,却能相互作用、相互支撑,最终完成人体运转(学校运作)的整体功能。

总体思路是既整体推进,又分轻重缓急。比如,首要和较为表层的是改变文化和校园环境,发现并用好社区家长校友等各种资源,建构校内外支持体系去改变校容校貌;从材料中呈现的学生问题来看,完善德育课程体系、用扎实的基础德育和丰富的校园活动滋养学生的心灵和人格是我要重点考虑的抓手;而教师和机制的问题是我最难啃的骨头。总体思路是了解教师的核心需求,凸显教师主体地位,实现教师主体的发展。具体来说是:

1. **善意与师德**

人性并无绝对的好坏善恶,每个人的身上都是善与恶并存,一半是天使,一半是魔鬼。但是管理是有好坏的，好的管理总是能激发人性之善，而不好的管理往往将人性中负面的东西逼出来，最后也必将付出不必要的成本和代价。基于人性善良的假设，是良善的管理、人性化的管理，这样的制度设计可以大大降低管理成本和社会成本，这样的成本是隐性的，却是不可估量的。对于老师的管理要基于一种学校文化：学校对教师信任和关怀，教师对工作敬业与热爱。切忌"一人生病，全体吃药"的管理方式，这是一种简单化的管理思维，是粗暴的管理行为，体现的是管理者的傲慢，是对大多数遵守规矩的人的一种不信任，是制度性羞辱，必然会引起抱怨和不满，增加隐性的管理成本。作为新任且年轻的校长，在做教师工作时需要在信任和善意的前提下，做好沟通和倾听，用好的管理和人性的温情去激发人性的善意。

强化立德树人，加强师德建设，构建教师的"345"价值观体系，即三项"核心师德"——爱心、责任、敬业，四大"职业素养"——容言表率、行为示范、博学专精、团结创先，以及五种"敬业精神"——坚定理想、善待学生、学而不厌、诲人不倦、拼搏奉献，形成了以"345"为核心的具有校本特色的教师核心精神文化，引领教师将心智改进和职业素养提升走向自觉。

2. 专业与盘活

贺兹柏格的二因动机理论认为，人的需要包括外在性需要和内在性需要，内在性需要的满足和激励动力来自当事者所从事的工作和学习本身。当内在激励强时，工作或学习变得有趣、有意义和充满挑战性。学校应加强教师的内在激励，给予教师专业成长的机会、认可与挑战性的工作，使教师实现自我、发挥潜能。"没有教师，整座学校就只是一幢建筑物"，但老师们日复一日，年复一年，按部就班，每天波澜不惊地做着"备课—上课—习题批改—课外辅导"的循环工作，很容易变成赫伯特·马尔库塞笔下的"单向度的人"，丧失自由和创造力，不再想象或追求与现实生活不同的另一种生活。苏霍姆林斯基说过："如果你想让教师的劳动能够给教师一些乐趣，使之天天上课不致变成一种单调乏味的义务，那你就应当引导每一位教师走上从事研究的这条幸福的道路上来……"

为此，我们基于教师发展体系校本化建构重塑教师职业范式，促进教师专业发展。譬如开设校级的"学科名师工作室"，尝试微型校本草根教研，校本课程开发和建设的研究与实践等。特别是课程开发和建设的研究与实践，它是未来教师专业发展的核心。如北京十一学校"面向个体"的教育，提供丰富的课程让学生选择；上海市七宝中学的"全面发展，人文见长"的课程；育才中学实现了差异化、个性化教学，让每个学生都有一张自己的课表。这些学校的办学理念和办学特色各有不同，但在育人的本质上是殊途同归的，那就是"努力让学生成为自己希望成为的人"。这些领航学校通过课程建设的顶层设计、制定《国家课程校本化执行纲要》、项目推动、成立专门的研究所等成功实现了特色发展。在课程建设的过程中,学校因课程而成就名师,教师因课程建设而自豪。

此外,教育的改革,学校的崛起,首先要培养一支能征善战的队伍。而青年教师是一个充满活力的群体,乐于改革,积极拥抱新事物,但不足之处就是缺乏经验。所以,要想"盘活"学校这盘棋,关键就在于青年教师这个学校变革的"最大变量"。加大对年轻老师的培养和激励,带动观望的中间教师成为往前走的中坚力量,让倦怠的老教师也能成为护航者。

3. 民主与赋权

如果一所学校常常通过行政命令和严格的规章制度来实施对教师的管理,只重视工作要求、工作纪律,而无视教师的人格建构和潜能开发,这种原始的"控制式"管理无视教师的意愿、期望、兴趣、情感,束缚了教师的个性与自由,忽视了教师的人格和主观能动性。在这种教育和管理氛围下成长起来的教师,常常具有盲从性、奴化性,甘愿被动地接受领导和管理,渐渐失去了"真我"。现代学校治理体系需要完善学校制度,营造和谐成长环境,包括设立专项激励基金、合理制定绩效工作实施方案、完善竞争上岗制度、完善教师职称评聘制度等;需要向教师赋权,民主管理,点燃教师,激活学校发展内动力……

自然教育,永远是人本取向的治校模式。

专论 5-1

重构生态的自然教育方案

一、自然教育的三维解读

孔子云:禀受才智于自然,回复灵性以全生。理想的高中应该是人本取向下的自然教育,这里的"自然"有三个方面的解读,一个是物理空间的大自然,这是一所绿意盎然的学校,譬如校园里有一座山一片湖,可以让孩子们去仰望、去诗意栖居。二是育人方式的顺应自然、符合规律和教育本质。三是自己的样子,每一个学生老师都能立足自己现在的样子、按照自己适合的样子、成为自己最好的样子。

二、理论背景

(1)源于对生命规律的遵循。爱探索、好奇心,是人的自然天性。自然教育旨在唤醒生命成长的自我觉醒。

（2）源于对教育目的的追问。怀特海认为，教育的目的是激活学生的心灵。

（3）源于对学习本质的思考。日本的教育学家佐藤学认为，学习是相遇与对话。自然教育，正是与己、与他人、与自然、与社会相遇相处。

（4）源于对人本主义的取向。长期以来教育的工具取向使教育迷失在有用性的追求上，学生的人文成长和全面而个性的发展受到冷落。自然教育结合杜威"新三中心"理论为代表的学生本位教育理论，基于人本主义的价值取向展现对个体选择权的尊重，回归了教育的本体价值。

（5）源于时代发展的现实需求。所有的学校都是处于一定的经济社会文化背景中的，我们今天的学校是在第三次文明浪潮背景下，处于后工业社会中而创办的现代学校。我们的教育目标是从学科为本位到关注学生发展，强调培养具备适应现代社会能力的人。

三、价值体系

办学宗旨：为每一位学生的终身发展负责

办学理念：以学生为中心、为生活做准备、为国家育栋梁

这一理念的提出是基于杜威的教育思想，更基于立德树人这一教育的根本任务。1919年杜威把"以儿童为中心，为生活做准备的教育"带到中国，启示我们学校要为每一个学生搭建通往未来生活的各种道路。

育人目标：培养健康、和谐、充实的时代新人

现今社会所认同的好孩子具有以下特质：一是健康，指身体、心理、生活方式健康；二是和谐，指人与人、人与事物、人与社会的和谐，要接受现实，活在当下，不能改变世界，就改变世界观；三是充实，能够有足够的能力、无限制地去追求自己的梦想！

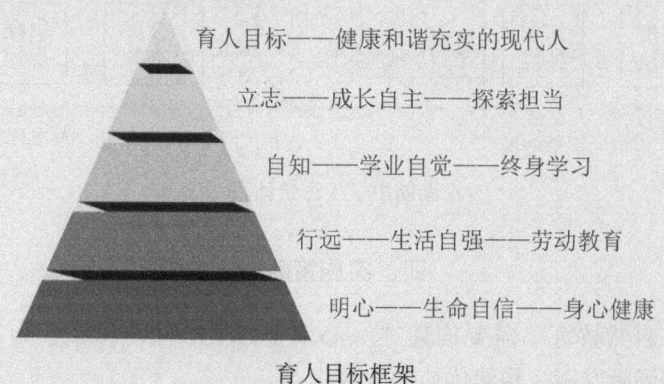

育人目标框架

育人目标通过"一训三风"来实现。

1. 校训：自主生长，成就未来

"教育即生长，生长就是目的，在生长之外别无目的。"这个观点由卢梭提出，而后杜威做了进一步阐发。"教育即生长"言简意赅地道出了教育的本义，就是要使每个人的天性和与生俱来的能力得到健康生长，而不是把外面的东西，例如知识，灌输进一个容器里。

2. 校风：动静相宜，知行合一

静以养心、养德，动以强身、强技。动与静都是师生的成长方式。师生重视阅读与运动等修行，动静结合，相互促进。师生不仅重视博纳精华，广求知识，而且重视实践与探索，知行相辅。师生在动与静的交替之间，在知与行的统一之间，养美心、怀美行、修美德、成美才。

3. 教风：热爱，精通

教育是生命潜移默化的过程。好的教育如和煦的春风吹拂人，如适时的雨水滋润大地，如春风之和煦的教育是充满爱的，如雨水之适时的教育是尊重生命成长规律的。只有倾注了爱、尊重学生的教育，才能保护学生的好奇心等天性，催开学生们的梦想之花。

4. 学风：志远意坚，敏学精进

仰望星空，心怀梦想，志向远大，又脚踏实地，意志坚定，坚强勇敢，跨越追梦路上的种种障碍，把荆棘与汗水都化作成长的养分。追梦路上，聪敏好学、博纳精华，乐于进取、敢于超越，每天进步一点点。

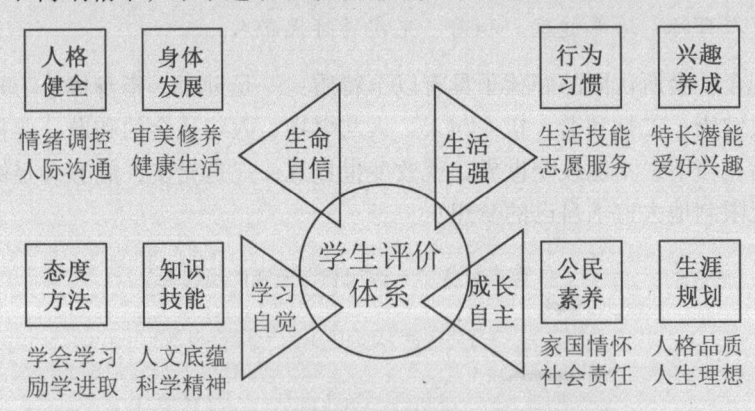

松湖朗中学生评价体系

四、实施策略

实现"自然教育"需要构建"一心三全四梁八柱"体系，为每一位师生的个性和健康发展，构建优质的教育生态。

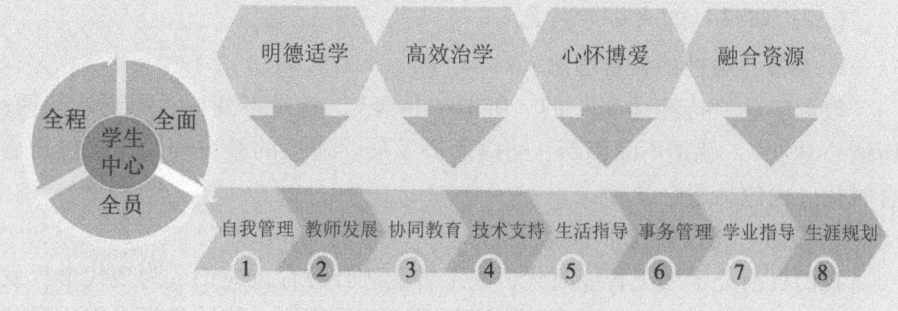

"一心三全四梁八柱"治理图谱

(一) 一心：以学生为中心

首先，包容每一个学生的个性，围绕学生的学习需要构建特色教育体系：进行学情和教情的调查，借助丰富的数据了解学生各自的学习水平、资质兴趣和需要学校满足的需求，促进学生潜能的发挥和找出存在的薄弱点，以此提炼学校特色。其次是结合学校特色分层分类构建课程体系，按学生学习水平分层，按全体学生、部分学生、个别学生开设基础类、拓展类和特长类课程，或结合学生的生涯规划，实行专业分类，在每个专业类型内部设置课程群。再次是提供课程菜单，根据学生选课情况，综合考虑时间安排、科目分布和教室配置等因素，为每一位学生量身定制个性化课表。

同时，学校在以学生为中心的核心点上进一步具体化为"以学生的参与度为核心"，创造一个真正属于学生的学校，给他们搭建舞台，提供空间，创造条件，我们希望在所有的教育教学，甚至管理活动中都能看到学生活跃的身影，我们希望我们所从事的所有活动都是以学生为出发点的。

(二) 三全：全程、全面、全员育人

(1) 时间（全程）：贯穿高一到高三全过程。

(2) 场域（全面）：涵盖学习、生活和生涯规划全方面。

(3) 导师（全员）：学科导师、德育导师、生活导师、朋辈导师、家长和社区导师等全员育人。

四大办学特色

（三）四梁：四大办学特色

1. 高度：适性的教育理念

教育应是"持经达变"的。所谓"持经"，就是不变的、原则的东西；所谓"达变"，就是不断创新、适应形势发展。适性的教育理念，既包括适合时代，也包括适合学生。

2. 效度：现代的技术手段

我们目前处于人工智能时代，人工智能融合教育也应该成为现代学校发展的必然趋势。例如，基于实时协同的全球通信网络，能够提供丰富优质的全球共享学习资源和实时的学习反馈。人工智能技术和虚拟现实的有机结合，能够提供增强性的虚拟现实环境，极大地提高学习者的认知效率。

3. 温度：大爱的人文情怀

先进技术的运用，也给我们的教育带来了四个元认知的问题：学习是怎么发生的？人为什么要到学校去学习？技术能帮助教育做什么？技术不能帮助教育做什么？学习的发生是一个人在与人物环境交互当中构建概念的过程，交流情感、建立信念、发现自己就是学习的结果。到学校去是为了交流，因此学校里要把大量的时间留给学生交流。技术能够丰富学习资源，加快感官刺激，增进学习的反馈。技术不能代替情感体验和交流。有人说，教育就是一棵树摇动另一棵树。教育最本质也最不可替代的就是那些充满人性的东西，比如帮助学生发现并产生感动，陪伴和关爱。教育是塑造心灵的一个复杂过程，并不是单纯的知识传授。学生在成长的过程中，需要得到教师的感情关怀，需要师生间心灵的沟通交流，需要教师的榜样引领。

在真正的学校里，应该是充满爱的，老师和学生在运用各种方式（如仪式、故事）去传承去培养爱的文化。对于一个孩子来说，他在这所学校的每一天都是一个关于爱和教育的文化日。例如，在我现在任职的松湖朗中学校，11月10日那天从来就不只是一个吃鸡腿的日子，它是师生校友心中的图腾。比如9月12日是一个关于阅读的日子，因为我们一位语文老师第三本专著出版在那一天，我们定为夫子日。比如4月28日是微尘日，因为我们有一位学生在高中三年，坚持收集废旧草稿纸，这种微尘志愿服务精神值得所有人传颂。除了师生，我们也要记录职工、后勤老师的故事。3月12日就不仅仅是植树节，也是我们那位能正确无误地叫出每一位孩子的姓名、记住每一位孩子的房号的宿管员的生日。我们还有一草一木的故事，5月3日是向日葵日，2月10日是桂花日，一个个日子、一个个故事，写的都是爱，这种无声的教育是孩子毕业后伴随一生的温暖。

总之，教育无小事，说实话，教育也没有多大事。就像雷夫，把56号教室内外遇到的一切都演绎为平凡而又动人的教育故事,平凡简单里折射出复杂丰富。

4. 宽度:完善的课程体系

【课程目标】

让每一个孩子热爱阅读,让阅读成为生活方式。

让每一个孩子热爱运动,让运动成为生活习惯。

让每一个孩子热爱艺术,让艺术成为生活情趣。

让每一个孩子热爱实践,让实践成为生活特质。

【课程内容】

①文心课程。"文心课程"由"书香润心"课程和"追梦励志"课程组成,旨在培养学生的人文精神,涵养美德,培育理想,养成健康心态。

②悦动课程。包括体能课程和游戏课程,旨在培养体魄强健、朝气蓬勃、意志坚毅的现代学子。

③艺韵课程。包括艺海拾趣、艺术欣赏、生活艺术三大子课程。通过游历艺术海洋,培养学生的艺术兴趣和生活意趣,培育他们发现美、欣赏美、创造美和表现美的能力。

④尚行课程。挖掘高校资源、家长资源、社区资源、校友资源和地方文化资源,协同教育,组织爱国主义基地探访、博物馆考察、社区服务、志愿服务、职业体验、社区调查、高校及专业调查、研学旅行等综合实践活动,开阔学生视野,进行生涯规划。

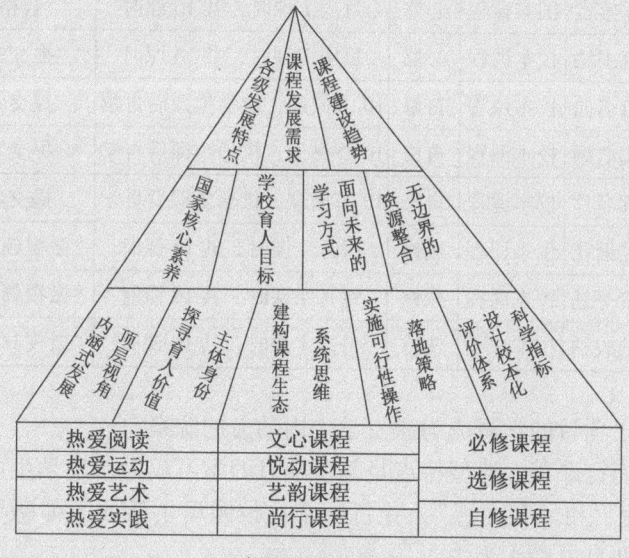

完善的课程体系

【课程类型】必修课程、选修课程、自修课程

【课程起点】学校师生发展特点及需求,国家、地方及学校课程发展要求,学校的课程建设现状与方向。

【课程方向】国家核心素养、学校育人目标、面向未来的学习方式、无边界的资源整合。

【课程设计】以顶层视角,实现内涵式发展;以主体身份,探寻育人价值;以系统思维,建构课程生态;以落地策略,实施可行性操作;以科学指标,设计校本化评价体系。

【课程特点】

(1) 打通与融合,让今天的学生适应未来的生活。

以艺韵课程为例,我们通过必修、选修、自修方式来实现国家课程校本化、校本课程特色化、特色课程生活化。课程的特点是打通与融合,跨越学校内外、弥合学习边界、洞悉社会需求,让今天的学生适应未来,为生活做准备。高中教育的内容就是生活的外延,生活有多大,教育的内容就有多广;高中教育的形式就是生活的形式,不拘泥于课堂,不拘泥于书本,在自由学习中做一个自我实现的人。

艺韵课程内容

课程名称	内容	课程形式	类型	课时与实施	考核与评价
艺海拾趣	美术鉴赏	国家课程	必修	每周1课时,共16课时	合格性考试
	音乐鉴赏	国家课程	必修	每周1课时,共16课时	合格性考试
	硬笔书法	校本课程	必修	每周1课时,共16课时	提交书法作品
艺术欣赏	十首名曲	校本课程	自修	10节微课,供学生课后自学	提交鉴赏心得
	十幅名画	校本课程	自修	10节微课,供学生课后自学	提交鉴赏心得
	十部名片	校本课程	自修	10节微课,供学生课后自学	提交鉴赏心得
生活艺术	园艺插花	校本课程	选修	每月4课时,共16课时	"微视频"成果展示
	美食烹饪	校本课程	选修	每月4课时,共16课时	"微视频"成果展示
	清洁收纳	校本课程	选修	每月4课时,共16课时	"微视频"成果展示

(2) 基于项目的学习成为激发学生内动力的源泉。

例如,尚行课程,典型特点是基于项目的学习成为激发学生内动力的源泉。"生长性"和"存在感",让每一个在校园里生活的人都感受到自己存在的意义,凸显以学生为中心。

尚行课程内容

课程名称	内容	项目内容	学习方式
红色课程	红色,作为时代精神内涵的象征,旨在培养学生关心时事、挑战自我、服务他人、奉献社会的崇高精神	爱国主义基地探访、博物馆考察、社区服务、志愿服务、社区调查	★ 课程内容:在17个专业领域或职业技能模块中,45%内容适合于满足AP及以上水平的跨学科高端学习,55%内容满足职业与未来生活的技能型学习。 ★ 学习方式:基于项目的学习,总数超过250个项目可供选择;一个项目的完成最短三周,最长一个学期;项目内容的设计完全基于生活中的问题与问题解决,最终一定要产生成果,甚至是产品。在这样的学习方式下,要求教师每次讲解时间不得超过10分钟,以防止教师的深度介入
绿色课程	绿色,帮助学生建立尊重自然、崇尚科学、敬畏生命、减少浪费、保护生物圈、人类命运共同体的发展观、价值观和自然观	研学旅行、国外文化交流、大自然行走之旅、环保健步活动、科技探秘活动	
金色课程	金色,代表未来,与未来生活完美结合在一起	职业体验、高校及专业调查、影视创作、摄影摄像、创意设计、宠物护理、手工艺品焊接、制造、建筑、简易工程设计、耕作、编程、三维动画	

(3)学会选择,指导学生做好生涯规划,与未来挂钩。

对于一个高中生来说,最大的"成长烦恼"莫过于想知道自己是谁、想干什么、可以做什么。通过高中教育,让学生能了解自己、走进社会、思考人生,从而学会负责并顺利完成其人生的初次选择,这比什么都重要。

我曾就选修课程对学生进行了一次全面调研,从对选修课的满意度、出勤率、知识面的扩展到教师的课堂组织形式、教师的备课及学生学习的兴趣、学习能力的提高、学习情况和满足当初的欲望情况、学习状态以及对未来生活是否会产生影响等方面进行了问卷调查,尽管学生对课程的满意度很高,但当提到选修这样一门课程,对你未来的生活是否会产生影响时,却只有不到一半的学生做了肯定的回答,我们感到问题非常严重,因为学生在选修课的选择上还非常盲目,几乎完全是凭兴趣,缺乏理性的思考。学校刚刚开设选修课的时候,大部分学生凭兴趣去选择是可以理解的,但我们开设选修课的目的绝不仅仅是为了满足学生的兴趣，应该和学生未来的生活、未来的成长和未来职业的选择及未来的人生规划联系在一起。学生选择课程的原因是什么？对此学生应该有自己的思考，应该跟他的未来职业选择挂钩，但遗憾的是绝大部分学生都没有这样的思考。于是我们成立了学生生涯规划中心，专门培训教师来回答学生在生涯规划上的咨询，并对每一位老师提供基础的辅导，由这些种子老师在所有老师群体中播撒生涯规划的理念。

生命无垠，人生海海。因为世界丰富多元，每个人都能找到自己喜欢的方向，每个人都能发展自己的特长，每个人都抬得起头来，也让每个学生都有爱上学校和学习的理由。校园内灵动着学生们的身影，荡漾着学生们的笑声，弥漫着学生们的快乐，欣欣向荣，蒸蒸日上，这就是一幅生机勃勃的自然教育图景。

丰富的课程不仅促进了学生的成长，还促进了教师的专业发展。为了帮助学生，老师们就要先学习，学会了再指导学生。或者与学生们一起，共同参与，共同学习，共同成长。更为重要的是，老师们在参与中，保持了一颗童心，涵养了一份童真，收获了职业幸福，远离了职业倦怠。

（四）八柱：八大支持系统

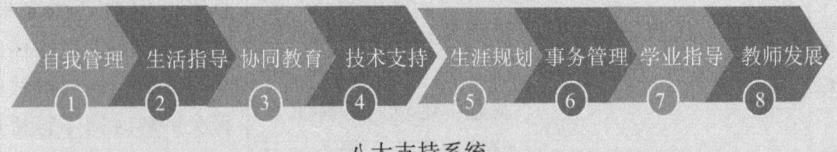

八大支持系统

首先，学校是一个知识型的组织，每个人都有自己的想法和个性，学校的管理尽量减少自上而下的行政管理，更多的是让教师当学校的主人，授予老师权力开展各方面的工作。同时，民主有效的管理，需要打破金字塔式的科层制的组织管理架构，转变为扁平化、多中心的组织。

在这所高中里，基于学生的成长需求，原来的德育处、教务处、总务处等部门调整为学业指导中心、生涯规划中心、协同教育中心、技术支持中心、自我管理中心、生活指导中心、事务管理中心、教师发展中心。这8大中心相互合作、互相搭台，让整个学校的课程育人、活动育人、文化育人、管理育人四大育人体系更具有可操作性。

五、结语

还记得15年前那个从未接受过师范训练的我，看到的第一本教育学著作就是苏霍姆林斯基的《给教师的100条建议》，这也成为我最重要的书籍，它奠定了我的学生观和教育观。我希望创造一所真正属于学生的学校，一所在东莞的帕夫雷什中学，给他们搭建舞台、提供空间、创造条件，在所有的教育教学甚至管理活动中，都能看到学生的身影，所有的活动都是以学生为出发点。从这所高中走出去的学生，自信阳光，勇于担当，有着宽厚的肩膀；睿智机敏，纵横捭阖，有着智慧的韬略；热情友善，乐于助人，有着仁爱的情怀。

二、来自媒体的系列报道

南粤校长｜刘秋燕：在未来教育中追寻人文

本刊记者｜黄丽娟

从教18年，刘秋燕先后兼任东莞中学松山湖学校副校长、东莞市松湖朗中校长，从六年一贯的完全中学到初级中学，从新建校到老牌学校，从成绩卓著的集团总校，到升级更新的集团成员校……无论什么样的学校，身处什么样的位置，她都坚守朴素的教育之道：人永远是最根本的。

刘秋燕身上有很多光环，"最美敬业女性""东莞市第二批基础教育领军人才培养对象"……但她最想做的还是捧出一颗滚烫的心，对老师好，对孩子好，帮助老师发展，服务孩子成长，坚守具有人文情怀的大教育观。

做以人为本的教育，教学基于学生为起点，关注到学生学的状态，"禀受才智于自然，回复灵性以全生，给学生纯粹的爱和力量"，这是刘秋燕的教育理念，也是她的职业信仰。而这颗做教育、做"人文"之师的种子，早在很多年前就埋下了。

埋下一颗种子

原来老师不经意间阐述的学术态度会在学生心里种下一粒种子。

见过刘秋燕的人，大概都能够体会到她身上旺盛的生命力，和她掩藏不住的对教育的热情。她的工作行程排得满满当当，我们的采访在下午临近傍晚进行，之前她已经工作了很长时间，刚刚结束领导的视察任务，但她还是保持着思维的跃动。近两个小时的对话，她似乎没有疲惫的时刻，似乎只要谈起她的学生、她的老师、她的教学就有源源不断的动力。

但她却说自己有过一段时间的沉沦，差点就放弃了教师这份职业。她形容刚成为老师的第一年是"满盘皆输的一年"。即使十几年过去，刘秋燕仍然记得那时的挫败，以及那节课的窘迫。

那是刘秋燕的第一堂公开课，原以为讲起来能够得心应手，结果准备的内容讲完，下课铃却迟迟没有响起。孩子们和听课老师都盯着刘秋燕，不知道这位年轻老师预留了怎样的惊喜。一时间教室里寂然无声。这下刘秋燕彻底慌了，只好对着课本又念了一遍，才艰难地挨过最后十分钟。

"有点接受不了这个事实。"回忆起这个尴尬的瞬间，刘秋燕苦笑不已。当年深受马小平老师讲座的震撼，又为黎德文校长的教育理想和追求所折服，满腔都是对自己"作为一名普通中学老师，是否也可以达到同样高度"的憧憬。更何况当时她还是全校唯一一个刚毕业就当班主任的高中老师，是同批新教师的领誓人，"学校给予很大的信任，我却没接住。"刘秋燕说。

不过好在穷则思变，刘秋燕也因此开始认真思考：为什么自己上不好一节课？别人究竟比自己好在哪里？

在工作的前3个年头，她每个学期听课近200节，不仅听本备课组的，还包括本科组其他年级、其他学科或者是各级优质课比赛的视频。刘秋燕首先对她任教班级的所有学科进行听课学习，甚至包括数学学科。几节课听下来，刘秋燕忍不住翻看数学老师的教案本，备课思考密密麻麻写满了内容，全是笑话、脑筋急转弯。当时的数学老师蒋美衡说："这笑话不是乱写的，用在什么时间点，用什么内容都是有讲究的，为的是提起学生兴趣，激发学生的思维。"

"原来课还能这么上！教案还能这么写！"刘秋燕醍醐灌顶，仿佛在迷茫中看到了一束光。那么政治课能不能也跳出传统教学的条条框框，赋予新的可能？刘秋燕开始了自己的探索。

为了上好一节比较满意的课，她要先后修改五六次教案，一节40分钟的课可能要4个小时的准备，仅凭教材照本宣科的传统教学已然行不通，刘秋燕试着融入自己的阅读积累，融入丰富的生活体验，在课本解读中"做加法"，让政治课有趣起来。

找到教学路径的刘秋燕厚积薄发，在松湖莞中的教学圈子里"声名鹊起"，连续三年蝉联校内"最佳教案"。她将此内化为自己的教学习惯，即使到了今日，成为校长的刘秋燕也没有一天离开过教育的一线，她真正形成了自己的教育主张和坚守，那就是"人文情怀"。

靠着孜孜不倦地备课、听课、研究教学，刘秋燕发现了一个问题：教育永远不可能将所有知识点都传授给学习者。于是她逐渐明白，不能将政治课堂当作一个单一的知识课程，要在学生心中埋下一颗探究的种子、一颗思考的种子、一颗通往世界的种子。

2023年开春后的一天，刘秋燕收到一篇来自北京大学招生办的文章，原来是2022年的毕业生陈爱琴同学写的，细数了她在母校和老师共度的美好时光。里面有这样一段内容：当她在北大听历史课，讲到诸子百家的针锋相对时，突然就想起了高中政治老师曾经说的人要有自己鲜明的个性和独到的见解，不为其它而屈服。

刘秋燕十分感动:"原来老师不经意间阐述的学术态度会在学生心里种下一粒种子。"在刘秋燕18载的教育年华中,这样的事例还有很多。从很小的问题让孩子多角度思考,生出更多的可能性,从小给孩子树立思辨的影子,这就是"人文思政"的意义。

愈渐茁壮

始终保持着对这个世界的强烈好奇,不断刷新和迭代教育的生命状态。

靠着孜孜不倦地备课、听课,研究教学,刘秋燕的教学成绩、赛课成绩开始遥遥领先。她一步步稳扎稳打,从班主任逐步走向德育管理岗,走向校长领导岗位。年仅35岁就已经当上了松湖莞中的副校长,这在当年已足以让人钦佩与艳羡。

"我当时才35岁,如何胜任这个岗位?"刘秋燕表示自己战战兢兢!更何况除了主管德育,还要负责学校的艺术、体育领域。

但好在刘秋燕身上有一股韧劲,还有一份"相信的力量"。她总是以激情和创造的姿态行走,把每一份工作都擦洗得熠熠生辉。她始终保持着对这个世界的强烈好奇,不断刷新和迭代教育的生命状态,准备着迎接各种创新和挑战。

她不懂艺术,就找到一个个标杆研究,她想要将学校管乐团做起来,又找到东莞管乐团发展得最好的学校去考察学习,软磨硬泡想要挖对方的老师到松湖莞中兼课。"最后当然是不可能啦,"刘秋燕笑笑,"我又让他们给我推荐好苗子,心里想着这个学校也才起步两年就能做到这么好,我就更有信心了,我们松湖莞中不可能搞不好。"

后来,刘秋燕找到广州,这位被推荐的"好苗子"是省直属学校老师,听起来好似更加不可能挖回松湖莞中。但她好像天生就有种认准了就不回头的魄力,也总能找到那个关键的突破口。

她通过网络和这位老师聊天,得知对方已经在广州安居,但房子和工作的地方不在一个区。刘秋燕当即邀请他们来松山湖看看,来学校看看。她说:"来松湖莞中幸福感高太多了,走路三分钟就能到办公室。而且六年一贯的学校,可以为拔尖创新的高水平艺术学生提供充足的培养周期。"刘秋燕一点点分析,将承诺摆在前头,最终成功说动,将这一枚"大将"收入囊中。

她说,为了落实管乐团花了三年时间,不容易但值得。刚开始管乐团只有一个排练厅,后来征用了对面的团委活动室,隔出来十几间声部教室,再后来刘秋燕又看上了隔壁民乐团的排练厅。"毕竟民乐这方面的发展缺少路径,缺少抓手,在当时必须为能有信心发展起来的管乐让步。"她希望老师们能够理解,"当松湖莞中的艺术品牌打出去,民乐的知名度也相继水涨船高。"

学校"松湖之韵"合唱团首次登上世界青少年合唱节的舞台,就一举摘得合唱金奖桂冠，在广东省第六届中小学艺术展演活动中，力挫群芳再次捧回金奖，2023年东莞市中小学合唱比赛中斩获双金奖……乐团收获颇丰，曾获广东省第四届校际管乐节初中组"示范乐团"、深圳市第24届校际管乐比赛中学组"一等奖"、2022年第十三届广东音乐邀请赛中学组金奖、2023年东莞市中小学生器乐大赛初中组"一等奖"及高中组"二等奖"、广东省第五届校际管乐节初中组"示范乐团"、深圳市第25届校际管乐比赛初中组"一等奖"……

拿着现在的成绩回望，刘秋燕虽年轻，但眼光始终毒辣。无独有偶，刘秋燕负责的体育工作同样出色。她以"和以成事、善慧达人"为理念，"让每一位学生站在学校中央"，带领团队在德育、劳动教育、艺术教育、体育、心育工作上进行"以小见大、百花齐放"的改革，学校被评为省文明校园、省市劳动教育、艺术教育、心理健康特色学校，足球和网球特色得到进一步彰显，完成2022年市教育改革攻关项目并获评"优秀"等级。

老根育新芽

大量先进的集团化教育经验、办学模式在这里生根发芽，开花结果。

这些特质，在刘秋燕身上是一以贯之的，同样也体现在她在松湖朗中的工作当中。

原松湖朗中是一所创建六十多年的老牌学校，刚刚经历了东莞推进集团化办学朝更规范、紧密、高质量发展的关键年，升级为东莞中学松山湖学校（集团）松湖朗中，面临着迭代更新。

37岁那年，刘秋燕临危受命，担任松湖朗中的第9任校长。身居校长之职，刘秋燕从来不愿意僵化地、为了不负责任而做事，她总能够在缝隙之中，找到生动地解决问题的办法。她坚持"引入－带动－内生"的发展路径，通过文化共生、教师共成、课程共建、资源共享，使松湖朗中的校园面貌焕然一新。

2022年10月一支交响管乐团在松湖朗中"猛军突起"，在只有一名新入职的管乐老师的情况下成立。自成立以来得到了集团总校的大力支持。由总校选派专业教师担任艺术指导，每周过来授课，既培训了师资，又培养了学生。

近两年来，"松朗交响"管乐团多次参加学校艺术节、开学典礼现场奏乐、新生教育活动、管弦乐鉴赏讲座等校内外文化活动，已经成为东莞市镇街学校学生乐团中的一颗新星；先后获得深圳市第25届校际管乐比赛"二等奖"及"最佳中国作品演奏奖"、东莞市中小学器乐大赛三等奖、大朗镇器乐大赛第一名、大朗镇优秀社团评选第一名等荣誉。

正如交响乐团学生家长所言，集团化办学改变了160个学生，更影响了160个家庭。交响管乐团的诞生和发展，就是东莞中学松山湖学校教育集团教育教学成果的一个缩影。

刘秋燕说："以集团化、课程化推进品牌化"，首先要让总校和成员校双边认同，一是搭建桥梁加强教师之间的交流，多邀请总校的老师及领导到松湖朗中指导授课；二是多在总校面前"刷存在感"，多"薅"点总校的资源。

"最夸张的是有一天，我带着50个孩子回总校参观，让每个学生捧着一盆从松山湖薅回来的荷花。"每每讲到这个故事，刘秋燕都掩不住笑，"这些荷花种了一年多，只要他们经过就会想起这是来自松湖莞中的，我们是同源连根的。"

刚刚就任那段时间，她走遍了整个学校，记录下不少问题。她问学校的老教师，松湖朗中和松湖莞中差别在哪？对方说，松湖莞中很漂亮。而这也是刘秋燕要突破的第一个关键难题——借助重建校舍实现文化育人。

夏天，是最热烈的季节。刘秋燕每天跟400多个工人奋战在气温超过35℃的工地上，重新组建班子、招聘教师、讨论文化建设、安排开学工作……9月顺利开学，扩容400%，提供了4200个优质学位。

新校舍很大，如何合理利用资源建设具有深刻记忆点的校园文化，是一个重要的课题。学校的每一处设计、每一个标识，甚至每一块草皮，都有刘秋燕参与的痕迹。变化在不知不觉中发生，短短两年时间，校舍搬迁、教育装备迭代、学校标识亮眼、校友资源被盘活……

校长冲在一线，越来越多的老师学生也参与其中。刘秋燕拿出一套勾线娃娃介绍，这是孩子们设计制作的"朗娃"，又指着窗外说："每一个地方都有故事，每一棵树背后就是一个或一群校友。"松湖朗中重建的不仅是校舍，更是师生们对学校的信心和希望。

文化建设只是刘秋燕在松湖朗中改革的冰山一角，两年多来，大量先进的集团化教育经验、办学模式在这里生根发芽，开花结果。

比如把老师放在第一位，从招聘开始就花费了不少心思，对每一份投递简历的邮件"人人有回应"，同时揽收因考核机制落选其他学校的优秀考生。刘秋燕笑称自己是"既撒网又捡漏"。但不得不说，这种做法非常奏效，松湖朗中在职教师由原来的40人激增为280人，研究生学历就占了40%。

她认为自己无法完全放心地平白无故地把学生交出去。"我要对这些学生负责。"她说。因此，刘秋燕实行起了"双导师制"，由"总校+本校""教学+德育"的形式组合，让新教师们更快更高质地适应和成长。

对教师按教龄划分成长阶梯，针对性培养。过去一年多来，在教研方面的成绩，从国家到省级市级的获奖多达251项。其中教师获得国家级奖项6个、省级奖项36个、市级奖项163个、镇级奖项46个。刘秋燕坦言，不敢说现在的教师培养做得有多好，但按照这个势头，相信在三五年之后一定很强。

刘秋燕带领着老师们一口气开设了81门校本课程及15门共建课程，研发"智慧的脑""健康的身""灵巧的手""温暖的心"四大课程体系，都指向同一个目标：为了孩子一生的发展。这些课程不是一口又一口深挖而独立的井，而是相互连接的河流，汇集在一起，形成为孩子提供滋养终身的汪洋。

转变松湖朗中原来关起门来做教育的理念，倡导全员育人，盘活学校外部资源。刘秋燕先后引进毛织、粤剧、财经等课程。基于这些引进的机构与学校情况，这是双赢，她说。

一定意义上说，刘秋燕是位非典型管理者，也是位非典型校长。她拒绝为了学生成绩而压缩非文化课的时间，反而提出"活动育人"，以总校"三礼四节，青春五月"系列活动为蓝本，结合学校原有的"三礼四节一月"校园活动体系等特色项目，努力打造"艺术校园""体育校园""科创校园""书香校园"，为学生搭建施展个性和才华的舞台。好的教育未必要与分数挂钩，但好的教育最后一定能收获一个好的分数。

在松湖朗中的两年，刘秋燕的许多举措，都让学校成为了师生生活中的伙伴，走进了老百姓心里，得到了老百姓的认可。到如今，松湖朗中各科成绩在联考中夺得第一，这是此前从未有过的。

集团化办学的两年间，获奖数量呈井喷之势，学生比赛获奖共304项，其中省级奖22个、市级奖141个、镇级奖141个。

在松湖朗中深入推进集团化办学，与总校同频共振，通过课程共建、教师交流等方式，老牌的松湖朗中拥有了新未来，焕发出新的生命力。

浇灌爱与力量

把教育过成幸福的模样，踏实上好每一节课，介入学生的生命成长。

刘秋燕身上有很多光环，"最美敬业女性""东莞市第二批基础教育领军人才培养对象"……

然而在她看来，一名真正的师者必定是一位人道主义者，关心学生，尤其关心弱势者、边缘者。"不放弃任何一个学生"，是刘秋燕反复提及的。在不断与弱势群体接触的过程中，她慢慢形成了新的理念：一切工作不能以管理方便为中心，要以学生未来为中心。

在她的手机里，有超过100个"成长群"，针对每一个在学业、经济、心理、纪律上存在困难的学生组建的由"一个德育主任、一个级长、一个心理老师、一个学科导师组成的"5个1"成长陪伴群，她每天都要花一半以上的时间和精力去跟学生们谈心、跟家长们沟通。

对于这类型的学生，她显示出细致入微的体恤，同时她又顶住压力，轻易不允许学生办理休学、退学。这是刘秋燕的原则。学生，就应该上学，不然还能去哪里？

这么多年来，每年刘秋燕都能收到一大兜曾经的学生的来信，它们从五湖四海而来，里面写满了对学校和对刘秋燕本人的想念。这些信就躺在抽屉里，被刘秋燕仔细收藏。

刘秋燕非科班出身，成为老师，经历过挫败，走过高光，依然保持着热情和热爱。她将自己 18 年的教育生涯总结为"三个六年"成长规划:"站稳讲台,做班主任""教学能手,十佳教师""省赛、考研、校长"。

她说,要把教育过成幸福的模样,踏实上好每一节课,介入学生的生命成长。幸福就是二十岁时有人教导你,三十岁时有人听你的,四十岁时能做成一件事,到老了快退休时还有人时常记得回来看你。

这样的内容对外提及过很多次,刘秋燕愿意和老师们交流,也愿意分享自己的感受和力量。2023 年以来,刘秋燕作为东莞市教育系统师德师风建设导师,录制近 20 期"我为什么当老师"师德主题学习视频,观看教师超过 100 万人次,引导全市教师教书育人、培根铸魂。

目前,刘秋燕是清华大学的在读教育博士,谈到未来三年的规划,她认为一定把个人前途命运与国家、与东莞的发展紧密结合在一起,将她"新时代中学'大思政'育人体系的实践研究"论文写在东莞教育这片沃土上。

用纯粹的爱与力量浇灌的人,依然走在路上。

(本文发表在《南粤校长》2024 年 8 月 2 日总第 22 期)

感谢有你!东莞教育"最美半边天"

柔肩扛重任,巾帼显担当。2023 年,东莞成千上万的女教师立足讲台,在教育高质量发展的跑道上奋力奔跑!她们粉笔染白发,浇花朵育桃李,面向未来育新时代人才;她们绞脑汁洒心血,赤诚奉献,托举祖国的花朵和未来,在教育事业的大舞台建功立业,展现了巾帼新风采!

玉壶存冰心,朱笔写师魂!在第 114 个"三八"国际妇女节到来之际,让我们一起领略东莞女性教育者的风采,一睹教育界的巾帼魅力!

用"工匠精神"点亮教育之光
东莞中学松山湖学校副校长、松湖朗中校长　刘秋燕

从站上三尺讲台的那一天起,"教书育人"这四个字便深深地刻在刘秋燕的心底。她始终坚定一个信念:"做一名有人文情怀的老师,坚持以工匠精神打磨每一堂课,给学生纯粹的爱和力量。"东莞市东莞中学松山湖学校副校长、东莞市松湖朗中校长刘秋燕在 2024 年东莞"最美女性"名单中获评"最美敬业女性"称号。

非师范科班出身的刘秋燕,走上讲台之前,从未有过教学备案的经验,所以她从大量听课开始做起,汲取经验,并逐步形成了"人文思政"的个人教学风格。从工作第一年开始担任班主任,后来在校团委任职,再后来转岗德育处,她坚持"教师不仅为'经师',更要为'人师'"的理念,始终都在进行着学生

工作。

2020年开始,刘秋燕担任东莞中学松山湖学校副校长;2022年,刘秋燕受命担任松湖朗中第9任校长,她提出"以集团化、课程化推进品牌化",坚持"传承-移植-内生"的发展路径,促进学校管理和教育事业和谐发展,赢得社会各界一致好评。在刘秋燕的推动下,松湖朗中校本课程建设取得突破,共开设81门校本课,并设计完成课程图谱。

作为东莞市第二批基础教育领军人才培养对象,作为一名思政老师,她深入开展新时代中学"大思政"育人体系的实践研究,构建学校"大思政"育人格局。与此同时,作为东莞市教育系统师德师风建设导师,她录制11期"我为什么当老师"师德主题学习视频,引导全市教师教书育人、培根铸魂。

在新时代教育赶考之路上,刘秋燕始终不忘的是自我学习和提升,她现在是清华大学的在读教育博士,"我要将博士论文写在东莞教育这片沃土上,为东莞基础教育事业贡献自己微薄之力。"

(本文载于东莞慧教育,2024年3月8日)

领军人才丨刘秋燕:做有人文情怀的老师,给学生纯粹的爱和力量

于她而言,从站上三尺讲台的那一天起,"教书育人"这四个字便深深地刻在心底。看到孩子们求知若渴的眼神,她坚定了一个信念:做一名有人文情怀的老师,坚持以工匠精神打磨每一堂课,给学生纯粹的爱和力量。

她注重培养学生的学习习惯,对情境教学、探究学习进行深入思考和探索,提高学生的思维能力,课后及时辅导,作业全批全改,实践课程新理念,追求课堂高效率,取得很好的教学效果,任教班的成绩在年级名列前茅。在她看来,一所理想的学校,必定是充满奶和蜜的地方,一名真正的师者,必定是一名人道主义者,始终关心爱护学生。

近日,东莞市第二批基础教育领军人才培养对象公布,东莞市东莞中学松山湖学校副校长、东莞市松湖朗中党总支书记、校长刘秋燕名列其中。现在,刘秋燕是清华大学在读教育博士,专业是"思想政治教育",她说自己的使命是"教书育人",将把博士论文写在东莞教育这片沃土上,把个人前途命运与国家、与东莞的发展紧密结合在一起,为东莞的基础教育贡献自己微薄之力。

一株在松湖沃土中成长的向日葵

2005年11月,正在中山大学读大四的刘秋燕第一次来到东莞中学松山湖学校。初秋的松湖毫无萧瑟之景,处处展现出蓬勃生机,尤其是那一片绚烂的向日

葵，一下子就打动了她，从此，便与松湖结下了不解之缘。

2006年8月，刘秋燕作为新教师代表郑重承诺："爱校如家、爱生如子，与松湖莞中共同成长。"非师范科班出身的刘秋燕，走上讲台之前，从未有过教学备案的经验，所以从第一天开始就提醒自己："谦虚好学，主动成长。"于是，她从大量听课开始做起，不断学习前辈老师的上课方法、教学方式，汲取经验，并逐步钻研出了"人文思政"的个人教学风格。

她至今仍清楚地记得，第一次参加科组活动，原政治科组长秦锋老师说了一句话："教师阅读的边界就是教学的边界。""是的，阅读到哪里，教学就到哪里。"刘秋燕深为认同。为此，刘秋燕开始大量阅读学习，陶行知、肖川、苏霍姆林斯基等名家的教育思想使她对教育的理解更加深刻；认真钻研教材和教参、教育教学期刊，使她构建了科学、完整、健全的知识体系。同时积极学习各种现代化信息技术软件的使用，她锲而不舍的学习态度和终身学习的坚定信念潜移默化地影响着一届届学生。

东莞中学松山湖学校有一个理念："课大于天"。在工作的前3个年头，刘秋燕每学期听课100节以上，不仅听本备课组的，还包括本科组其他年级、其他学科或者是各级优质课比赛的视频。通过大量的听课，前辈教师们亲切民主的教学态度、端庄典雅的教学气质、科学严谨的教学方法、优美流畅的教学语言、机敏灵活的教学机制，都给她教学风格的形成带来了深刻影响。

为了上好一节比较满意的课，她先后修改了五六次教案，一节40分钟的课往往要4个小时来准备。因为她知道，这种对教学本能的痴迷，这种理想主义般的疯狂，一定会让学生感染，会让学生感动，也一定会内化成自己的教学习惯。在她的课堂，一定有笑声，学生可以随时打断老师提出疑问，能够让学生发声的时候一定还课堂于学生，她的理念是："政治课绝对不能光教知识，还要教方法，更要教思想！"

松湖天堂编织成生命中最美好的记忆

柏拉图说过："每一个人都是遗落在人间的天使，在世间饱尝丑恶。如果有一天你遇到一个人能让你想起天堂的美好，那就是爱了。"刘秋燕常说，东莞中学松山湖学校就是她的天堂，因为在这里，始终有可爱的学生让她温暖幸福，不管走到哪里都能听到热情的一声"秋燕姐"，抽屉里永远珍藏着上百张明信片……正是这点点滴滴的感动，汇聚成了她一路前行最强大的动力，编织成了生命中最美好的记忆。

孔子说，"志于道，据于德，依于仁，游于艺"。教师不是简单的"教书匠"，不能仅满足于把几本书教好、让学生有个好分数，老师更是学生的精神导师，不仅为"经师"，更要为"人师"。刘秋燕更是深深地懂得这一道理，从工作第一年开始担任班主任，后来在校团委任职，再后来转岗德育处，始终都在进行着学生工作。2020年开始，刘秋燕担任东莞中学松山湖学校副校长，主管德育、艺术和体育工作，当时她才35岁。这么年轻如何胜任如此重要的岗位？刘秋燕战战兢兢，最后是从历次全国教育大会和市教育局发展定位中逐渐理清思路。

她带领团队躬身入局，挺膺担当，学校被评为省文明校园，省市劳动教育、艺术教育、心理健康教育、足球和网球特色学校，作为主持人或主要成员参与的课题先后获得广东省教育教学成果二等奖、广东省教育创新成果二等奖，德育管理案例两次入选教育部典型案例。

2022年，刘秋燕完成市教育改革攻关项目并获评"优秀"等级，并深度融入集团化办学的大势中，接受集团任命外派到东莞市松湖朗中，成为松湖朗中第9任校长。一到松湖朗中，刘秋燕就提出"以集团化、课程化推进品牌化"，坚持"传承－移植－内生"的发展路径，倡导"全员育人""活动育人"，坚持"文化立校""教师第一"，促进学校管理和教育事业和谐发展，建设一支高素质专业化的师资队伍，深入激发师生自我发展的欲望，以开放的教育心态促进师生全面发展的教育理念。

集团化办学一年来，松湖朗中日新月异。学生获得市级及以上奖励71项，教师获得市级及以上奖励74项，学校办学活力充分激发，校园面貌焕然一新，社会影响力不断扩大，得到老百姓的普遍认可。本学期，校本课程建设取得突破，学校共开设81门校本课，并设计完成课程图谱。校本课以"校内教师开发课程"为主体，老师们根据自己的特长、大朗的特色、学生的喜好及学科的延展开设了学科拓展、国际理解、实践创新、公民素养及体艺特长等五个大类主题课程。

"'办老百姓家门口的高水平学校'是我的使命。"在刘秋燕看来，信任就是责任，责任意味担当，担当在于付出，成为松湖朗中人是值得骄傲的。接下来，她将聚焦"公平"和"质量"，让大朗学子享受"家门口的优质教育"。

开展新时代中学"大思政"育人体系实践研究

17载光阴，刻骨铭心，刘秋燕把最好的青春年华献给了孩子们；17载韶华，不长不短，刘秋燕逐渐形成了自己的教育主张和坚守，那就是"人文情怀"。每一年都有很多毕业生回母校，刘秋燕会和他们畅聊松湖往事：校长面对面、邀请法官进课堂甚至连线人大代表，把教室搬到了非遗中心……学生们常说："这是中学时期最美好的回忆。因为'秋燕姐'的思政课不仅有课，更有人、有事、有生活！"

开春后的一天，刘秋燕收到一篇来自北京大学招生办的文章，原来是去年的毕业生陈爱琴同学写的，细数了她在母校和老师共度的美好时光。看着她写下的这段回忆文字，刘秋燕十分感动："原来老师不经意间阐述的学术态度会在学生心里种下一粒种子。"

在刘秋燕看来，一所理想的学校，必定是充满奶和蜜的地方，一名真正的师者必定是一位人道主义者。于是，她坚持开设"松湖之约"校园讲坛，听故事、悟成长，8年来，204场分享会。在她的手机中，有超过100个"成长加油站"，每天都要花一半以上的时间和精力去跟学生们谈心、跟家长们沟通。

前行的路上，刘秋燕始终不忘的是"自我学习和提升"，她现在是清华大学的在读教育博士，专业是"思想政治教育"，将把博士论文写在东莞教育这片沃土上，"一定把个人前途命运与国家、与东莞的发展紧密结合在一起。"

作为一名思政教师，此次当选东莞市基础教育领军人才培养对象，刘秋燕将深入开展新时代中学"大思政"育人体系的实践研究，以"融"思政为抓手，通过党团队融通、学段融贯、学科融入、活动融合、校家社融汇、新媒体融创等路径构建学校"大思政"育人体系，努力培养担当民族复兴大任的时代新人，培养德智体美劳全面发展的社会主义建设者和接班人。

17年就像一个里程碑，它正好处于刘秋燕教育生涯的中间点。下一个17年该如何走好走稳？刘秋燕信心满满地说，将主动加强学习，开阔视野格局，与全体东莞教育人一起，踔厉奋发、勇毅前行，谱写"学有优教"的幸福画卷。

（本文载于东莞慧教育，2023年5月26日）

松湖朗中校长刘秋燕：给学生纯粹的爱和力量

从教十七载，从初出茅庐到桃李满园，从普通老师到一校之长，她就是现任松湖朗中校长刘秋燕。

非师范科班出身的她，走上讲台之前，从未有过教学备案的经验，但是凭着"咬定青山不放松"的韧劲，从大量听课开始做起，不断学习前辈老师的上课方法、教学方式，汲取经验，迅速成长，并逐步钻研出了"人文思政"的个人教学风格。

刘秋燕凭借此套独特的教学理念，一步一脚印，用了三年时间，便稳稳地扎根于讲台之上一直至今。从普通老师到德育处主任再到松湖朗中校长，从未停止前进的步伐。

从刘秋燕站上三尺讲台的那一天，"教书育人"这四个字便深深地刻在了她的心里。看到孩子们求知若渴的眼神时，她有了一个坚定的信念，要坚持以工匠精神打磨每一堂课，给学生纯粹的爱和力量。

刘秋燕作为思政课教师，践行习近平总书记所强调的"思政课不仅应该在课堂上讲，也应该在社会生活中来讲"，积极推动思政小课堂与社会大课堂结合，讲好大思政课，培育时代新人，负起为党育人、为国育才使命，以实际行动迎接党的二十大胜利召开！

十七载的教学生涯经历，让她更加坚定地坚守教师初心，担当教育使命，遵循内心"自然教育"，尊重师生成长规律。

刘秋燕倡导"全员育人"，松湖朗中转变原来关起门来做教育的理念，用开放的心态吸引热心的家长、校友、社会各界精英，将有利于学校发展的社会资源融入学校的建设当中，与教学实际相结合，更好地助力学生成长。

松湖朗中的校园风貌

松湖朗中在坚持"文化立校""教师第一""以课程化和集团化推动品牌化"，促进学校管理和教育事业和谐发展的同时，也建设了一支高素质专业化的师资队伍，并深入激发师生自我发展的欲望，以开放的教育心态促进师生全面发展。

未来，"松湖朗中"会与东莞中学松山湖学校在办学理念、管理制度、师资队伍、教育科研、课程设置、学生活动等方面深度借鉴融合，进一步提升松湖朗中的教育品质，构建更高水平的育人模式，办人民满意的教育，创人民满意的学校，做人民满意的教师。

（本文载于荔香大朗，2022年9月9日）

参考文献

[1] 王国炎,陈爱生.论高校大思想政治教育观[J].思想·理论·教育,2006:20-22.
[2] 储德峰.高校"大思政"教育模式的特征及理念[J].中国高等教育,2012(20):34-36.
[3] 冯刚.思政教育需要有担当、有思考的新时代青年加入[N].中国青年报,2023-07-18(009).
[4] 李雪荣."大思政"视域下大学生思想政治教育研究[D].西安:陕西科技大学,2021.
[5] 蓝波涛,覃杨杨.构建大思政课协同育人格局:价值、问题与对策[J].教学与研究(下),2022(2):92-100.
[6] 潘玉昆.新形势下大思政体系工作机制研究[J].管理观察,2018(26):147-148.
[7] 王加昌,郭非凡."大思政"的意蕴、困境与实践逻辑[J].福建师大福清分校学报,2016(2):99-104.
[8] 朱静静,张帅.大思政背景下中学党建"五有"育人路径研究[J].决策探索(下),2021(6):34-35.
[9] 余晨.大思政视域下高校思想政治教育的社会资源整合研究[D].黄石:湖北师范大学,2023.
[10] 孙红霞,刘昌荣.建构"大思政"融合课程协同育人的实践探索[J].湖南教育(D版),2020(10):52-53.
[11] 焦光源."大思政课"资源平台建设略探[J].学校党建与思想教育,2023(18):52-54.
[12] 肖香龙,朱珠."大思政"格局下课程思政的探索与实践[J].思想理论教育导刊,2018(10):133-135.
[13] 唐翠萍,张剑,骆晶晶.集团化背景下"大思政"课程与教学体系的建构[J].北京教育(普教版),2022(9):80-82.
[14] 林琼宇.结合校本课程开展"大思政课"建设初探——以广州七十五中学思政特色课程为例[J].中学政治教学参考,2022(45):62-63.
[15] 鲁洁.道德教育的当代论域[M].北京:人民出版社,2005:126-133.
[16] 李琼.杜威德育思想对我国中小学德育的启示[J].新课程,2020(27):233.
[17] 王瑞荪.比较思想政治教育学[M].北京:高等教育出版社,2001:106.
[18] [法]卢梭.爱弥儿[M].北京:商务印书馆,1999:184-187.
[19] 张斌贤.外国教育思想史[M].北京:高等教育出版社,2007:349.
[20] [美]杜威.我的教育信条[M].上海:上海人民出版社,2013:113.
[21] 习近平谈治国理政(第二卷)[M].北京:外文出版社,2017.
[22] 杜尚泽."大思政课"我们要善用之(微镜头·习近平总书记两会"下团组"·两会现场观察)[N].人民日报,2021-03-07.

后　记

　　作为一名耕耘在思政课讲台 18 年，担任德育副校长 5 年、校长 2 年的思政人，一直在思考"一个普通的思政课教师能做什么？中学思想政治教育该做什么？"，也一直在不断地实践和探索。

　　2020 年开始，我对自身的教育思想进行了梳理，提出"大思政育人"的理念，前后经过了整整两年时间；我阅读了大量文献，形成理论与实践两个层面都较为完整的框架，这一过程花费了将近一年时间；这样算下来，完成整个研究足足走过了 5 个春秋。本书反映的就是我在思政教学上、在学校管理上践行"大思政育人"理念的研究和实践的成果。在这 5 年中，我历经了职务调整、工作变化、博士就读甚至身体病痛等各种困难与挫折，但困难再大，都被一一克服，虽然步履缓慢，但依旧在前行，因为我始终坚信，思政是有力量的，只要坚持，就会看到黎明前的曙光。

　　研究只是一张纸，育人才是一幅画，而指导这幅画创作的重要一笔就是"人文思政"。作为一名中学思政课教师，我历经了从初中到高中的完整六年教学，学段不同，知识在变，方法迥异，但是我的思政教学中始终不变的是人文性：以人为本，关注人性。学生在我的课堂上获得的感动与人文关怀，会引领和促进他们的精神发育，唤醒他们人性中最宝贵的东西。作为一名中学校长，我管理过发达地区市直属最好的学校，也主管了普通乡镇新扩建的初级中学，生源差异大、硬件差别远，但我的办学理念中始终坚守的是人文性：唤醒灵魂，生发可能。学生在绿意盎然的学校里可以诗意栖居，师生共度符合规律和教育本质的美好教育生活，每一个学生和老师都能立足自己现在的样子、按照自己适合的样子、成为自己最好的样子。心中的教育蓝图在慢慢绘就，但实践和研究的步伐不敢停滞。

　　书稿即将付梓，内心一成激动两成不安七成感谢。"激动"是因为这毕竟是我的第一本专著，如同期盼怀胎十月的孩子早日分娩，我渴望这个"孩子"早点"降生"，以此向关心我的师长、朋友们汇报自己在思政路上的思考和成长；"不安"就好比母亲担心自己刚诞生的孩子健不健康、好不好看，我担心这本小书能否被同行认可，书中的观点、做法能否给大家带来借鉴和启发。但更多的感谢源于一路走来得到无数前辈和同事的帮助和支持。

　　首先要感谢的，必须是东莞中学松山湖学校和东莞市松湖朗中的全体同仁。18 年来，是他们给予了我无比的信任和支持，给我提供了一个很好的平台历练自己、展示自己、成就自己。

　　其次要感谢的，是我专业成长之路上的良师益友，他们有来自莞邑的王定国老师、潘房雄老师、陈月强老师、王建新老师、杨永社老师、王宁老师、余明锦老师、唐维伦老师、胡嵘苹老师，还有刘敬东老师、张瑜老师、陈式华老师、李俊辉老师，更有钟守权老师、朱广亮老师……他们都在我研究和实践的不同阶段，给予无私的教诲和指导，他们都是我一辈子的精神财富和持续成长的动力。

  还要感谢的，是《学校品牌管理》杂志编辑部的同志，从框架的搭建、书名的打磨，再到书稿的筛选、文字的整理编辑……一次又一次地研讨，手把手地带着我调整、求证、确认。

  这本小书的诞生，得到了太多人的指导、支持和帮助。每每回忆，都会被一种温暖包围、被一种感动充满、被一种甜蜜浸润。尽管这一句句感谢的话语显得有些苍白，但我还是要借此机会，郑重地、真诚地向大家道一声：谢谢！

  回到问题的原点：一个普通的思政课教师能做什么？中学思想政治教育该做什么？法国文学家巴尔扎克说，教育是一个民族最伟大的生活原则，是一切社会里把恶的数量减少、把善的数量增加的唯一手段。思政课教师是一群普通的劳动者，但更是一群特殊的劳动者，因为立德树人是思政教育的根本任务，思政课是落实立德树人根本任务的关键课程，让我们用好思政的力量，共同构建"大思政"育人格局，推动思政课改革创新，不断开创新时代思政教育新局面，为教育的高质量发展贡献我们的一份光和热！

刘秋燕

2024 年 10 月